KB097774

서중석의 현대사 이야기 ❽

서중석의 현대사 이야기

서중석 답하다
김덕련 묻고 정리하다

8

경제 성장,
박정희 공로? 위험한 착각!

오월의봄

일러두기

본문의 추가 보충 설명은 모두 김덕련이 정리했다.

책머리에

1

우리는 21세기에 들어와 극렬한 '역사 전쟁'을 겪고 있다. 역사 전쟁은 한국과 일본 사이에, 또 한국과 중국 사이에 벌어지는 것으로 알고 있는 사람들이 많겠지만, 오히려 한국 사회 내부에서 더 치열하다.

사실 최근에 와서야 비로소 역사 교육이 정상적인 길로 들어서는가 싶었다. 박정희 한 사람만을 위한 1인 유신 체제의 망령인 국정 역사 교과서가 21세기 들어 사라졌고, 가장 중요한데도 공백이나 다름없었던 근현대사 교육이 이루어지면서 한국사 교육이 조금씩 자리를 잡아가고 있었다. 이런 흐름을 따라 이제 극우 반공 체제나 권력의 손아귀에서 벗어나 역사 교육이 학문과 교육 본연의 자세로 조심스럽게 나아가는 듯싶었다.

우리 현대사에는 조금 잘될 듯하다가 물거품이 된 경우가 종종 있다. 역사 교육도 그렇다. 교육의 현장이 순식간에 전쟁터가 된 것이다.

2008년 이명박 정권이 들어서자마자 수구 세력은 오염된 현대사를 재교육하겠다고 나섰다. 과거 중앙정보부 간부, 수구 언론 논설위원 등이 포함된 강사들이 서울을 비롯해 전국 각지로 보내져 학생과 교육계, '사회 지도층'을 상대로 현대사 재교육에 나섰다. 강사라

기보다 유세객遊說客이라는 표현이 맞겠지만, 이들 중 현대사 전공자라고 볼 만한 사람은 없었다. 현대사 전공자가 아니면 역사학자도 잘 모를 수밖에 없는 한국 현대사, 특히 해방 전후사를 수구 세력 이데올로기 대변자들한테 맡긴 것이다. 얼마나 다급했으면 그렇게 했을까 싶지만 해프닝이나 다름없었다.

거기까지는 그나마 양호했다. 그해 8월 15일은 공교롭게도 정부 수립 60주년이 되는 날이었는데, 특히 이날을 벼르고 벼르던 세력들이 광복절을 건국절로 명칭을 변경해 기념해야 한다고 나섰다. 일부는 뭐가 뭔지 모르고 가담했겠지만, 그것은 역사 교육의 목표, 국가 기강이나 민족정기를 한순간 뒤집어엎고 혼란에 빠트릴 수 있는 위험천만한 행동이었다. 친일파를 건국 공로자로 만들 수 있는 건국절 행사장에는 참석하지 않겠다고 독립 운동 단체가 단호히 선언하고, 독립 운동가들이 자신들이 받은 서훈을 반납하겠다고 강경히 주장해서 간신히 광복절 기념식을 치를 수 있었다.

가을이 되자 일선 역사 교사들에게 날벼락이 떨어졌다. 지금 쓰는 교과서를 바꾸라고 난리를 친 것이다. 모든 권력을 총동원해서 압력을 가해왔다. 그 전쟁터 한가운데에 서서 교사들은 어떤 사념에 잠겼을까. 역사 교사로서 올바르게 산다는 것이 무엇이라고 생각했을까. 그렇지 않으면 기구한 우리 현대사를 되돌아보았을까.

그로부터 5년 후 박근혜 정권이 등장하자 또다시 역사 전쟁이 벌어졌다. 이번에는 역사 교과서를 둘러싼 전쟁이었다. 2004~2005년부터 구체적인 본색을 드러내고 조직적으로 활동하며 수구 세력 내에서 역사 문제에 대해 강력한 발언권을 확보해온 뉴라이트 계열이 역사 교과서를 만든 것이다.

뉴라이트 계열 역사 교과서는 어이없이 참패했다. 일본 극우들이 2001년에 만든 후쇼샤 교과서보다 더한 참패였다. 일제 침략, 친일파와 독재를 옹호했다고 그 교과서를 맹렬히 비판하던 쪽도 전혀 상상치 못한 결과였다. 그 교과서가 등장하기 몇 달 전부터 수구 언론이 여러 차례 크게 보도해 분위기를 띄우고, 권력이 여러 방법으로 지원을 하는 등 나름대로 총력전을 폈으며, 수구 세력이 지배하는 학교 재단도 있었기 때문에 어느 정도는 채택될지도 모른다고 크게 우려했는데 결과는 딴판이었다.

2

왜 역사 전쟁에서 이승만을 띄우는가. 박정희의 경제 발전 공로는 진보 세력 일부도 인정하기 때문에 이제 이승만만 살리면 다 된다고 보기 때문일까. 그렇지 않다. 근현대 역사에서 너무나 중요한 '비결 아닌 비결'이 거기 내장되어 있기 때문이다.

우리에게는 '역사의 죄인'이 있다. 우리 역사에서 제일 큰 죄인은 누구일까. 우선 친일파, 분단 세력, 독재 협력 세력이 쉽게 떠오를 것이다. 이승만을 존경하는 사람들에는 여러 유형이 있다. 친일파, 분단 세력, 독재 협력 세력이 거기 포함된다. 이들은 이승만을 살리고 나아가 그를 '건국의 아버지' '국부'로 만들어놓을 수만 있으면 '역사의 죄인'에서 벗어날 수 있다고 믿는 것 같다. 나아가 이승만이 국부가 되면 권력이나 사회적 지위, 기득권을 계속 움켜쥘 수 있다고 확신하고 있는 것 같다.

역사 전쟁은 수구 세력이 일으키는 불장난이라는 생각이 들 때가 있다. 60~70년 전 역사를 가지고 지금 아무에게도 득이 되지 않는 소모적인 전쟁을 일으킬 필요가 없기 때문이다. 사실을 왜곡하는 일 없이, 개방 시대에 맞게 그 시대를 폭넓게 이해하도록 가르치면 되는 것이다. 문제는 친일파, 분단 세력, 독재 협력 세력은 그렇게 생각하지 않는다는 데 있다. 자연인으로서 친일파는 생명이 다했지만, 정치적·사회적 친일파는 여전히 강성하다. 그러니 자꾸 문제를 일으킨다. 어두운 과거를 떨치고 새 출발을 할 때 보수주의가 자리 잡을 수 있는데, 비판자들을 마구잡이로 '종북'으로 몰아세우고 대통령 선거에서 NLL로 황당무계한 공격을 하는 데서 알 수 있듯이, 그들은 과거를 떨치지 못하고 독재 권력이 행했던 과거의 수법에 의존하고 있다. 이렇듯 수구 세력이 정치적 생명을 연장하려고 하기 때문에 역사 전쟁이 지겹게도 반복되고 있는 것이다.

우리에게는 '역사의 힘'이 있다. 항일 독립 운동과 반독재 민주화 운동이 줄기차게 계속된 것도, 우리 제헌 헌법에 자유·평등의 독립 운동 정신이 담겨 있는 것도 역사의 힘이다. 우리 국민이 친일파, 분단, 독재를 있어선 안 되는 잘못된 것으로 보는 것도 역사의 힘이다. 막강한 힘의 지원을 받은 역사 교과서가 참패한 것도 그렇다. 2014년에 국무총리 후보가 역사의식 때문에 순식간에 추락한 것도 역사의 힘이 아니고서는 설명하기 어렵다. 그런데도 해방-광복 70주년이 되는 2015년에 들어서자마자 역사 교과서를 국정화하겠다는 소리가 들리고, 수구 언론은 과거처럼 '이승만 위인 만들기'에 노력하고 있다.

진보 세력은 역사의 죄인 혐의에서 자유로울까. 현대사 진실 찾기, 역사 바로 세우기를 방기한 것은 어떻게 설명할 수 있을까. 1980년대에 운동권은 극우 반공 세력의 역사관을 산산조각 냈다고 생각하기도 했지만, 그것은 자만이었다. 현대사 진실 찾기를 방기할 때, 그것은 또 하나의 이데올로기이자 도그마로 경직될 수 있었다. 진보 세력은 수구 세력이 뉴라이트의 도움을 받아 근현대사 쟁점에 나름대로 논리를 세워놨는데도 더 이상 자신을 채찍질하지 않았다.

1980년대에 그렇게 현대사에 열을 올리던 사람들 가운데 몇이나 해방과 광복, 광복절과 건국절의 차이를 설명할 수 있을까. 그들은 단정 운동에 대해서 어느 정도 지식을 가지고 있을까. 이승만이 대한민국을 건국한 국부가 아니고 제헌 국회에서 표결에 의해 선출된 초대 대통령에 지나지 않는다는 것은 또 얼마나 알고 있을까. 한마디로 이승만 건국론이 잘못된 주장이라는 것을 일반 사람들에게 구체적인 사실을 들어 조리 있게 설명해줄 수 있을까. 현대사의 이런저런 문제를 가지고 생각이 다른 사람들과 논전을 벌일 경우 상대방을 얼마나 설득할 수 있을까.

3

나는 역사 전쟁이 싫다. 특히 요즘은 이제 제발 그만두었으면 싶은 마음이 간절하다. 내가 현대사에 관심을 가진 것이 1960년대 중반부터이니, 반세기라는 긴 세월 동안 극우 세력의 억지 주장이나 견강부회와 맞닥트리며 살아온 셈이다. 하지만 어떡하겠나. 숙명이려니

하고 받아들이지 않을 수 없다.

2013년 6월 제자와 지인들 앞에서 퇴임사를 하면서 이런 이야기들을 전했고, 젊은이들이 발분하여 현대사를 공부해줄 것을 거듭 당부했다. 그러고 나서 얼마 후 프레시안 김덕련 기자에게서 현대사 주제들을 여러 차례에 걸쳐 인터뷰하고 싶다는 요청이 왔다. 그다지 부담이 없을 것 같아 응했다. 한국전쟁부터 시작했다.

김덕련 기자는 뉴라이트가 제기한 문제들을 포함해 여러 가지를 예리하게 추궁했다. 당연히 쟁점 중심으로 얘기가 진행됐다. 그런데 곧 출판 제의가 들어왔다. 출판을 한다면 좀 더 체계적으로 인터뷰를 이끌어가야 할 것 같았다. 그래서 이승만 건국 문제, 친일파 문제, 한국전쟁과 이승만 문제, 집단 학살 문제, 5·16쿠데타 평가, 3선 개헌과 유신 체제, 박정희와 경제 발전 문제, 부마항쟁과 10·26과 광주항쟁, 6월항쟁 등 중요 쟁점을 한층 더 깊이 파고들어가기로 했다.

욕심도 생겼다. 이승만에 대해서는 직간접적으로 다룬 여러 저작과 논문이 있지만, 박정희에 대해서는 두세 편의 논문과 일반적인 글이 있을 뿐이었다. 그렇지만 현대사에서 박정희는 18년이라는 커다란 몫을 가지고 있고, 1960~1970년대의 대부분이 포함된 그 18년은 정치적으로나 경제적으로나 대단히 중요한 시기였다. 그 중요한 시기 동안 박정희가 집권했으니, 그 시기를 통사로 한번 써야 하지 않겠느냐는 의무감 비슷한 것이 있었다. 그러던 차에 인터뷰가 책으로 나오게 된다니, 박정희 집권 18년의 전체 상을 박정희 중심으로 살펴보고 싶은 의욕이 생겼다.

해방 직후의 역사도 1980년대에 와서야 연구되었지만, 박정희 시기도 마찬가지였다. 그 당시 한국인의 대다수가 박정희의 창씨 명을 알지 못했고, 심지어 그가 남로당의 프락치였다는 사실조차 모르고 있었다. 적지 않은 사람들이 막 보급되던 TV 화면에 빠지지 않고 등장하는 박정희의 모습을 그의 참모습으로 알고 있었다. 더욱이 1990년대 중반, 특히 IMF사태 이후 박정희 신드롬이 일어나면서 그는 대단한 능력자로 신비화되기도 했다.

나는 박정희가 쿠데타를 일으켰던 그때부터 이미 박정희의 모습을 지켜보았다. 덧칠하지 않은 있는 그대로의 박정희를 볼 수 있었다. 그는 그렇게 특별한 능력이나 지식을 가진 사람이 아니었다. 다만 권력에 대한 집착이 생사를 초월하도록 강했고, 상황을 판단하는 총기가 있었으며, 콤플렉스도 있었고, 색욕이 과했다.

그런데 나는 박정희의 저작, 연설문집, 그에 관한 여러 연구와 글을 들여다보면서 의외로 일제 때의 군인 경험이 그의 일생에 지대한 영향을 미쳤음을 알게 되었다. 유신 체제, 민족적 민주주의-한국적 민주주의, 민족과 주체성 강조 등 '정치 이념'이 해방 이전의 세계

관에서 먼 거리에 있지 않았다. 일제 때 군인 정신으로 민족, 주체를 강조하게 되었다는 것이 아주 이상하게 들릴지 모르겠지만, 거기에 박정희의 박정희다운 특성이 있고, 한국 현대사의 일그러진 자화상이 담겨 있다.

김덕련 기자와 인터뷰를 하게 된 것은 행운이다. 그는 대학 시절 국사학과에 재학 중일 때 내 현대사 강의를 들었다고 하는데, 현대사 지식이 풍부하고 문제의식이 날카로웠다. 중요 쟁점도 놓치지 않았고 미묘한 표현도 잘 처리했다. 거기다 금상첨화 격으로 꼼꼼하며 자상하기까지 하다. 김덕련 기자와 나는 이러한 작업에 잘 어울리는 좋은 팀이라고 생각한다. 출판에 대해 자신의 철학을 가지고 있고 공들여 편집하느라 애쓴 오월의봄 박재영 대표에게도 감사드린다.

서중석

차례

경 제 성 장

연표

1950년
3월	농지개혁법 공포

1961년
4월	장면 정부, 경제 개발 5개년 계획 수립
5월	5·16쿠데타

1962년
1월	제1차 경제 개발 5개년 계획(~1966) 발표
6월	최고회의, 화폐 개혁 단행

1963년
	대선 앞두고 식량 파동 발생
12월	한국 광부 1진, 서독 파견

1964년
1월	야당, 삼분(설탕, 밀가루, 시멘트) 폭등 관련 특혜 비판(삼분 폭리 사건)
9월	베트남 파병 시작(파병 계기로 베트남 특수)

1965년
3월	단일 변동 환율제 실시
12월	한일 국교 정상화

1966년
3월	미국, 한국에 브라운 각서(베트남 추가 파병 보상 조치 관련) 전달
9월	경향신문, 한국비료 밀수 사건 폭로

1967년
	제2차 경제 개발 5개년 계획(~1971) 시작

1970년
4월	포항종합제철 기공식
	와우아파트 붕괴
	박정희, 새마을 가꾸기 운동 주장
7월	경부고속도로 개통
11월	전태일 분신

1971년

8월   광주 대단지 사건

12월   단체 교섭권·행동권 등 금압하는 국가보위법 제정

1972년

제3차 경제 개발 5개년 계획 시작(~1976)

8월   8·3 사채 동결 조치('경제 쿠데타')

10월   유신 쿠데타

1973년

1월   박정희, 중화학 공업화 선언

10월   제1차 석유 파동(~1974)

1974년

중동 건설 본격적으로 시작(중동 특수)

1975년

이중 곡가제 전면 시행

1976년

10월   코리아게이트(박동선 사건) 발발

11월   함평 고구마 사건(~1978) 발생

1977년

제4차 경제 개발 5개년 계획 시작(~1981)

수출 100억 달러 달성

1978년

2월   동일방직 똥물 사건 발생

7월   압구정 현대아파트 특혜 분양 사실이 세상에 드러남

12월   2차 석유 파동(~1979)

노풍 피해로 농민들 큰 손실

1979년

8월   YH사건

10월   부마항쟁

10·26사건

1980년

1952년 이후 28년 만에 처음으로 마이너스 성장

경제 성장

경제 성장은 박정희 덕분?
잘못 만들어진 신화, 위험한 착각

경제 성장, 첫 번째 마당

박정희 아니었으면 발전 못했다?
고도성장 없었으면 그게 더 이상한 일

김 덕 련 1960~1970년대에 한국 경제는 말 그대로 도약한다.

서 중 석 박정희 집권 18년간 한국은 경제적으로 엄청난 변화와 발전을 했다. 농업 국가에서 공업 국가로 변신했고, 배고픔도 해결됐다. 또 경공업 국가에서 중화학 공업 국가로 바뀌었다. 1971년에 37.5퍼센트였던 중화학 공업 비중이 1981년엔 51.1퍼센트가 되면서 고도 산업 국가가 됐다. 이 시기에 포항종합제철과 거대한 중화학 공장들이 들어서고 고속도로도 뚫렸다.

또 대단한 경제 성장률을 기록했다. 제1차 경제 개발 5개년 계획 기간인 1962~1966년에는 연평균 7.9퍼센트를 기록했는데, 그 다음 시기에 비하면 그리 높다고 이야기할 수는 없다. 제2차 경제 개발 5개년 계획 기간인 1967~1971년에는 연평균 9.7퍼센트라는 아주 높은 성장률을 보였다. 더구나 이 시기에는 제조업 성장률이 연평균 21.5퍼센트나 됐다. 제3차 경제 개발 5개년 계획 기간인 1972~1976년에도 9.2퍼센트라는 상대적으로 높은 고도성장을 했다.

그러나 제4차 경제 개발 5개년 계획 기간인 1977~1981년에는 5.8퍼센트라는, 당시 수준에서는 아주 저조한 성장을 했다. 유신 체제 말기에 경제가 몹시 나빠져서 1980년에는 한국전쟁 시기인 1952년 이후 28년 만에 처음으로 규모가 큰 마이너스 성장을 한 데서도 이 점은 잘 드러난다.

1960~1970년대에는 무엇보다도 수출 신장이 그야말로 눈부셨다. 눈부시다는 말이 제일 적절할 것이다. 1962년에 5,400만 달러

첫 번째 마당

를 수출한 나라가 1970년에는 그 10배가 넘는 8억 3,500만 달러어치나 수출하게 된다. 1977년에는 다시 그 10배가 넘는 100억 달러 수출 목표를 달성했다. 정말 경이적인 수출 신장이었다. 1962년에서 1980년까지 한국은 국민총생산GNP 연평균 성장률이 8.9퍼센트였고 수출 신장률은 40.7퍼센트였다. 당시 전 세계에서 GNP 성장률이 이렇게 높은 나라는 대만을 빼고는 없었다. 대만과는 어느 시기를 갖고 비교하느냐에 따라 1, 2위를 다투게 된다.

라디오만 하더라도 1965년에 125만 대였는데 1980년에는 950만 대를 소유하게 됐다. 텔레비전은 1964년에는 3만 대 정도였는데 1975년에 180만 대나 됐다. 이때는 흑백텔레비전이었지만, 어쨌건 굉장히 늘어났다. 1980년대에 들어서면 690만 대를 기록해 대개 가구당 흑백텔레비전 한 대씩은 갖게 될 정도로 생활이 많이 변하는 것을 볼 수 있다.

—— 비약적인 성장의 원동력이 무엇이었는지에 대해서는 의견이 엇갈린다. 경제 발전은 박정희 대통령 덕분이라고 여기는 이들도 있다. 어떻게 보나.

박정희 정권 시절에 이렇게 놀라운 변화가 이뤄진 건 누구도 부인하지 못할 사실이다. 그러나 이런 놀라운 변화가 어떻게 해서 일어났는가 하는 부분에 대한 설명에 차이가 많은 것 같다. 로마는 하루아침에 생기지 않았다는 건 누구나 아는 평이한 상식 아닌가. 그런데 해방 후 남한이나 북한이나 한 사람에 의해 모든 것이 이뤄진 것처럼 여기는 쏠림 현상 같은 것이 많이 보인다.

사실 국내외의 여러 조건을 검토해보면 박정희 집권 18년 동

1970년대 포항종합제철소 전경. 박정희 집권 18년간 한국은
경제적으로 엄청난 변화와 발전을 했다. 농업 국가에서 공업
국가로 변신했고, 배고픔도 해결됐다. 또 경공업 국가에서
중화학 공업 국가로 바뀌었다. 사진 출처: e영상역사관

안에 경제 발전이 크게 안 됐다면 그게 참으로 이상한 일일 것이라고 보는 것이 더 정확하다고 생각한다. 실제로 '박정희가 대단한 경제 발전을 하게 만들었다', '박정희에 의해 경제 발전이 이뤄졌다', 이런 생각을 1960~1970년대 당시 사람들이 갖고 있었다고 보기는 아주 어렵다.

10·26과 박정희 부활의 역설

— 그렇게 판단하는 근거는 무엇인가.

그건 여러 자료로 입증할 수 있는데, 단적으로 보여주는 게 선거 아니겠나. 1963년 대통령 선거는 지금까지 있었던 대선 중에서 당선자와 차점자의 차이가 가장 적은, 15만여 표 차이밖에 안 난 선거였다. 서울, 경기도 일대에서 박정희 표가 너무나 적게 나왔다. 그건 5·16쿠데타 세력의 실정, 경제적 무능에 대한 강한 심판이었다고 볼 수밖에 없다. 1963년에 우리 경제가 아주 나빴다. 5·16쿠데타 이후 한 번도 경제가 잘될 것 같은 전망을 보인 적이 없었고, 1963년까지는 좋아질 수 있다는 어떤 희망도 없었다.

1963년과 달리 1967년 대선에서는 박정희 후보가 윤보선 후보를 큰 차이로 이겼다고 하지만, 그것도 사실은 경상도 몰표 때문이라고 보는 게 더 정확하다. 서울, 경기도, 충청남도, 전라남북도에서는 전부 윤 후보가 이겼다. 1966년부터 우리 경제가 좋아지지 않나. 1967년은 그다음 해인데, 서쪽 지방에 사는 사람들, 경기도부터 전라남도에 이르는 이 지역 사람들이 '경제가 박정희 덕에 좋아졌다'

고 생각했으면 박정희 후보를 많이 찍었을 것이라고 난 본다. 그렇지 않았으니 그런 결과가 나온 것 아니겠느냐고 판단할 수밖에 없지 않나.

1971년 선거를 보면 정말 백중지세여서 중앙정보부가 바짝 긴장하고 박정희 후보한테 '특별한' 공약을 하도록 요구했다. 결과적으로 김대중 후보가 졌지만, 이렇게 된 데에는 경상도 몰표가 그야말로 결정적으로 작용했다. 유권자 수준이 제일 높다고들 이야기하고 지역 색깔이 상대적으로 약한 서울에서는 압도적으로 김대중 표가 많이 나왔다. 그만큼 박정희 후보에 대한 불신이 컸다는 걸 이야기한다. 난 1971년 선거에서도, 심지어 경상도에서조차 박 후보가 경상도 사람이기 때문에 몰표를 던진 것이지 '박 대통령이 경제를 잘했다. 경제 대통령을 뽑자', 그렇게 해서 많은 표를 던진 건 아니라고 본다. 1970년에 경부고속도로 전 구간이 뚫리고 포항종합제철 기공식을 하고 그랬는데, 그다음 해 선거를 앞두고 한 것이 아닌가. 그런데도 선거 결과는 그랬다. 박정희 후보 쪽에서 '기적 이룬 박 대통령'을 주된 구호의 하나로 내놓았지만, 사람들은 그런 구호에 시큰둥했다.

그런데 사실 경제 성장률이 제2차 경제 개발 5개년 계획 기간 전체를 놓고 보면 아주 높았지만 1970~1971년에는 그렇게 높지 않았다. 그리고 1969년에 83개의 대표적인 차관 업체 중 45퍼센트가 부실기업이라고 정부가 발표했다. 차관 업체의 절반 정도가 부실 업체라는 말이었다. 그래서 그 당시에 회자된 얘기가 "기업은 빚더미에 올라앉고 기업주는 잘산다", 이것이었다. 돈을 빼돌렸다는 얘기다. 그런 이야기가 많이 돌았다. 이 시기에 김대중 후보는 부정부패를 막 공격하고 빈익빈 부익부 현상을 아주 강렬하게 짚었다. 그

1971년 제7대 대통령 선거 당시 박정희가 청주에서
군중들을 향해 손을 흔들고 있다. 1971년 선거는
백중지세여서 중앙정보부가 박정희 후보한테
'특별한' 공약을 하도록 요구했다. 결과적으로 김대중
후보가 졌지만, 이렇게 된 데에는 경상도 몰표가
결정적으로 작용했다. 사진 출처: e영상역사관

경제 성장

것에 대한 호응도가 높았다. 그 당시 못사는 사람이 너무 많지 않았나. 집이 없는 사람도 많아서 1970년 통계로 도시에서 무주택자가 48.5퍼센트였다. 유주택자 중에서도 제대로 된 집, 집다운 집을 가진 사람이 많지 않았다. 이 당시 유권자들이 성장의 혜택을 피부로 느끼면서 경제가 잘돼간다는 생각을 안 한 게 분명하다.

— 1971년 대선에서 중앙정보부가 특별한 공약을 요구했다고 말했다. 박정희 후보가 "한 번 더 신임해준다면 후계 인물을 육성하겠다"고 한 것을 가리키는 것인가? 당시 김대중 후보가 이번에도 박정희 후보가 승리하면 영구 집권 총통제가 실시될 것이라고 경고하자, 박정희 후보는 대통령직을 3번만 수행하고 물러날 것이라고 거듭 강조했다. 그러나 이듬해(1972년)에 박 대통령은 유신 쿠데타를 일으켜, 자신의 공약을 스스로 휴지 조각으로 만들어버리지 않았나.

그것이다. 그 후 유신 시대는 그야말로 박정희 1인 유신 체제를 유지하기 위한 총력전으로 홍보·선전을 한 시기라고 난 본다. 홍보를 굉장히 많이 했다. 유신 시대에 이렇게 대단한 발전이 이뤄졌다는 것이었다. 앞에서 이야기한 것처럼 그 당시 TV가 많이 보급되지 않나. 많은 사람이 여가를 즐길 만한 시간이 없어서 일하는 시간을 빼놓고는 대부분 TV 앞에 앉아 있던 때다. 그만큼 TV 위력이 컸던 시기인데, 박정희 정권은 이렇게 홍보를 많이 해가면서 경제 발전이 엄청나게 이뤄졌다고 강조했다. 그런데도 유신 제2기로 들어가는 1978년 12월 12일 총선, 유신 체제는 대통령이건 지역구 국회의원이건 임기가 6년이었는데, 어쨌건 이 선거를 보면 민주공화당이 불과 31.7퍼센트밖에 득표를 못하면서 제1야당(신민당)한테도 1퍼센트포인트 넘게 뒤졌다. 그뿐만 아니라, 더 선명하다는 이야기를 듣던 제2야당(민주통일당) 표까지 합치면 야당에 8.5퍼센트포인트나 뒤졌다.●

그 당시 국내외에서 '세상에 어떻게 유신 체제에서 이런 일이 일어날 수 있느냐'고 했지만, 그건 '지금 경제 문제 같은 것이 심각하다. 경제가 잘 돌아가지 않는다', 이것을 이 선거가 단적으로 보여준 것이다. 심지어 농민들조차 노풍 피해가 컸기 때문에 박 정권을 그다지 지지하지 않았다.●●

그다음 해인 1979년 10월에 일어나는 부마항쟁은 박정희 경제가 얼마나 심각한 문제를 안고 있었는가를 단적으로 보여준 구체적 예였다. 김재규 중앙정보부장이 부산에 가서 실제 상황을 다 듣고 보고 나서, 부산에서 발생한 것과 같은 놀라운 민란이 전국 5대 도시에서 일어날 것이라고 이야기하지 않았나. 이때 일어난 시위는 1960년 4월혁명 시기를 제외하면 그때까지 현대 한국에서 한 번도 없었던 시위였다. 민중, 일반 시민이 대거 참여한 시위였다는 점에서 그렇다. 과거에는 그런 시위를 찾기가 어려웠다. 실제로 그다음해(1980년)에 '사북 사태'가 있고 광주항쟁이 일어난 걸 보면 김재규의 예언은 틀렸다고 보기가 어렵다.

이런 엄청난 민란, 시민 항쟁이 일어나게 된 것은 경제가 전반

● 국민이 직접 선출한 지역구 국회의원과 달리, 박정희 대통령이 지명한 유신정우회 국회 의원들의 임기는 3년이었다.
●● 노풍은 통일벼 계열의 신품종으로 1977년에 탄생했다. 박정희 정권은 이 신품종을 대대적으로 보급했다. 그러나 1978년 전염병으로 인해 엄청난 규모의 노풍 피해가 발생했다. 그해에 78만 명이 농촌을 떠나야 했을 정도로 농민들은 큰 고통을 겪었다. 정부의 성급한 농정이 빚은 참사였다.

적인 배경을 이루고 있다. 다른 정치적인 것은 하나의 계기가 됐을 뿐이다. 그러니까 1978년 12·12선거 때도 그렇고 1979년을 봐도 이 시기에 경제가 몹시 잘못 돌아갔다는 것을 알 수 있다. 이러다 큰일 나겠다 싶어 김재규 중앙정보부장이 "야수의 마음으로 유신의 심장을 쏘았다"고 말하지만, 일부 연구자는 김재규 때문에 박정희가 살아났다고도 이야기하지 않나. 박정희 대통령이 그 시기에 죽었기 때문에 박 정권 말기에 얼마나 경제가 나빴는가를 사람들이 제대로 인식할 기회를 충분히 갖지 못한 채 텔레비전에서 항상 위대한 사람으로 나왔던 박정희의 죽음에 통곡하게 됐다는 얘기다. 그래서 박정희가 경제적으로도 문제가 있는 사람이라는 점을 잘 모르게 됐다는 것이다.

— 김재규의 총탄이 박정희에 대한 균형 잡힌 평가를 가로막는 결과를 낳았다는 지적은 여러 가지 생각할 거리를 담고 있다. 그런데 장군 출신 대통령들의 정권이 막을 내린 후, 군사 독재의 문을 연 박정희가 되살아나는 일이 벌어지지 않았나.

박정희가 인기를 얻는 건 죽은 다음이다. 그것도 1990년대 이후, 더 직접적으로는 전두환과 노태우가 체포, 구속되던 1995년 무렵부터인 것 같다. 1995년경부터 박정희 현상이라고 할 만한 것이 나타나고, 특히 그 2년 후(1997년)에 IMF(국제통화기금) 위기를 맞으면서 절정에 오르는 것을 볼 수 있다. 아이러니하게도 박정희 정권 시기에 가장 설움을 받았고 어렵게 살았던 서민이나 빈곤층이 IMF 위기 이후에 특히 박정희를 지지하는 현상이 나타난다.

난 강만길 선생님하고 이야기할 때 이따금 농담 비슷한 것을

하는데, "어떻게 선생님 학교에서 60~70퍼센트의 학생이 박 아무
개를 지지하는 현상이 생길 수 있었습니까", 이런 말씀을 드리곤 했
다. 바로 그 시기였는데 여론 조사 결과가 그렇게 나왔다. 선생님은
그냥 웃기만 하셨는데, 하여튼 이 시기 여론 조사에서 중요한 것은
이 학생들이 또 대부분 이민을 가고 싶다고 이야기했다는 것이다.
이것이 뭘 말하는 건가. 그 당시 젊은 층이건 나이 먹은 층이건 한
국에 사는 그 자체에 대해 상당히 불만이 쌓이고, 이런 상태에서 벗
어나고 싶다는 마음이 강했던 것 같다. 그러면서 박정희에 대한 복
고주의적 인기가 엄청난 기세로 2012년 대통령 선거 시기까지 나
타난다.

1960~1970년대 한국이었기에
박정희는 성공할 수 있었다

— IMF 구제금융 위기는 박정희 정권 시기에 기본 틀이 만들어진
한국 경제의 구조적 문제점과 떼어놓고 생각할 수 없다. 그런
면에서 IMF 위기가 박정희 신화를 강화하는 계기로 작용했다
는 건 매우 역설적인 현상이다. 그러한 박정희 신화가 오늘날
에도 널리 퍼져 있다는 것은 여러모로 걱정스러운 일이다.

나는 '박정희 대통령 때문에 이런 경제 발전이 이뤄졌다', 심
지어 '박 대통령이 없었다면 경제 발전이 없었을 것이다', 이렇게까
지 얘기하는 현상에 문제가 많다고 본다. 이 자리에서 특별히 강조
하고 싶은 건 박정희 정부 시기의 경제 발전에서 박정희가 맡은 역

할은 부분적인 것이었다는 점이다. 박정희가 아니었더라도 이 시기에 경제가 발전하게 돼 있었다는 점을 정확하게 인지하는 게 아주 중요하다.

그뿐만 아니라 성장 제일주의, 과도한 해외 의존, 재벌 중심의 경제 편성 같은 심각한 문제점을 박정희 정권 시기에 갖고 있었다는 점을 무시해선 안 된다. 그것들은 그 이후에도 지속적으로 작용하는 메커니즘이 돼서 한국 경제를 잘못 가게 하지 않나.

그리고 1950년대 초 박정희가 이용문(이건개 전 의원의 아버지) 장군하고 같이 품고 있던 군부 쿠데타 구상을 실행에 옮기고 그게 성공해 정권을 잡았다고 하더라도 그 시기에 경제 발전이 이뤄졌을까? 이 점을 생각해볼 필요가 있다. 나는 그 시기에는 전혀 이뤄질 수 없었다고 본다. 박정희 식으로 경제 발전이 이뤄질 수 없었던 시기다. 또 1960~1970년대라 하더라도 만약 박정희 같은 사람이 필리핀이나 인도네시아, 버마(미얀마) 등 동남아시아에 가서 정권을 잡았다고 하면 어땠을까? 당시 이 지역의 권력자들 중엔 군부 출신이 많지 않았다. 박정희 역시 그런 권력자들과 마찬가지로 경제적으로 별다른 성과를 거두지 못했을 것이다.

다시 말해 1960~1970년대 한국이라는 특정한 역사적 조건에서 박정희는 성공할 수 있었던 것이다. 그전에도 안 됐을 것이고, 같은 시기라 하더라도 다른 지역에서 정권을 잡았다면 1960~1970년대에 한국인들이 이룩한 만큼의 경제 성장은 안 되게 돼 있었다. 이런 점을 분명하고 명료하게 인식할 필요가 있다.

— 특정한 역사적 상황에서 한 사회의 구성원들이 함께 노력해 이뤄낸 성과라는 점에 눈감고 어느 한 사람의 공으로 몰아가

는 것은 사실에 부합하지도, 바람직하지도 않다. 모든 것이 "김일성 수령" 혹은 "김정일 장군"의 은덕이라고 강변하는 북한 같은 곳을 제외하면 세계적으로 찾아보기 어려운 현상 아닌가.

독일과 일본이 제2차 세계대전 이후 엄청난 경제 발전을 하지만, 아무도 한 개인 때문에 경제 발전이 이뤄졌다고 이야기하지 않는다. 앞에서 말한 것처럼 대만은 한국과 함께 이 시기에 기린아라고 이야기할 정도로 대단한 경제 발전을 했다. 그런데 2·28사건 50주년이던 1997년에 대만에 갔더니, 장개석(장제스)에 대한 평이 보통 나쁜 게 아니었다. 그야말로 다시는 생각하고 싶지 않은 인물로, 역사에서 완전히 떠나보내야 할 인물로 여기고 있더라. 그런데 그 무렵 한국에서는 막 박정희 신드롬이 일어나고 있었다. '한국하고 너무 차이가 나네. 어째서 이런 차이가 나는 걸까' 하는 생각이 아주 많이 들었다.●

지금으로부터 10여 년 전에 과거사 문제 때문에 스페인에 갔는데 거기도 마찬가지였다. 거대하게 만든 독재자 프란시스코 프랑코의 묘지에도 가고 조출하게 만들어놓은 프랑코 기념관에도 가고 그랬는데, 스페인 사람들은 프랑코 시대를 악몽의 시대로 기억하고 있더라. 경제 발전이 많이 이뤄졌다고 하더라도 다시는 그런 시대가 와선 안 된다는 뜻이었다. 그리고 프랑코의 딸, 나이 먹은 분이 있었는데, 이분이 '아버지 영혼이 안식하기를 바란다. 내가 죽을 때까

● 2·28사건은 1947년 장제스가 이끄는 국민당 정권이 수만 명의 시민을 학살한 사건으로, 대만 현대사에서 가장 비극적인 사건으로 꼽힌다.

경제 성장

지 바라는 건 그것뿐이다', 이런 태도를 취하는 것을 봤다. 박근혜처럼 아버지를 위대한 인물로 기려야 한다는 것이 아니었다. 그러니까 '프랑코 시대는 영원히 떠나보내야 한다. 프랑코는 그렇게 기억할 만한 인물이 아니다', 이런 분위기였다. 그런데 박정희라는 분이 인격적으로나 성실성에서나 정책을 수립하고 집행하는 능력에서 장개석·장경국(장정궈) 부자, 프랑코 총통 같은 사람보다 낫다고볼 수 있나? 스페인에서 이런저런 것을 보면서 그런 생각이 많이들었다.

'단군 이래 최대 호황', 그럼에도 전두환 신화는 생기지 않은 이유

—— 한국 경제는 1980년대 중후반에 다시 도약한다. 그런데 박정희 신화가 만연한 것과 달리 전두환 신화는 접하기 어렵다는 것도 흥미로운 대목이다.

사실 한국의 경우도 경제 성장만 갖고 이야기한다면 전두환 정권의 어떤 시기에 더 경제 성장이 이뤄졌다고 말할 수도 있다. 물론 전두환 정권의 어느 시기를 갖고 따지느냐가 논란이 되는 것이기도 하고, 어느 시기에 낸 통계인지에 따라 우리나라 통계는 다 조금씩 다르기 때문에 그런 차이를 항상 염두에 둬야 한다. 하여튼 2007년에 나온 자료로 따지면 전두환이 집권하고 있던 1983~1987년 사이에 연평균 9.5퍼센트 성장률을 기록해 1968~1972년, 그러니까 박정희 집권기 중 성장률이 가장 좋은 편에 들어가는 시기에 기록한 연평균 9.3퍼센트보다 더 높은 것으로 나왔다.

그런데 아무도 전두환이 잘나서, 훌륭해서 이렇게 경제가 성장했다고 하지는 않는다. 전두환 집권 초기에 박정희 정권의 경제적 유산 때문에도 굉장히 고생하지 않았나. 유신 말기인 1978~1979년에 이어 1980~1981년에 경제가 아주 어려웠다. 1982년경부터 경제가 다시 살아나는 건데, 어쨌든 아무도 전두환이 잘났다고 이야기하지 않는다. 이것도 박정희와 형평성을 따질 때 너무하다는 생각이 안 들 수 없다.

더군다나 1986~1988년에 단군 이래 최고의 경제 발전을 했다고 이야기하지 않나. 의식주 생활 전반이 엄청난 변화를 하는 건 오히려 이 시기라고 볼 수 있다. 고기를 많이 먹게 된 것이라든가 아파트가 보편화하고 좋아진다든가 가정용 연료가 가스 같은 걸로 일반화돼 간다든가 하는 것이 다 이 무렵에 일어난다. 승용차도 1970년대까지는 그리 많지 않았다. 그러다가 아시안게임과 올림픽을 치르며 전 세계에 한국이 많이 알려지는 1986~1988년을 거쳐 1990년에 가서야 한국이 190만 대 정도의 승용차를 가진 나라로 변한 것으로 나와 있다. 그 후 승용차가 엄청나게 늘어나지 않나. 다시 말하면, 한국에서 또 하나의 급격한 변화는 1986~1988년에 일어난다. 이와 관련해《전두환 육성 증언》이라는 책에서 전두환은 이렇게 경제 발전을 많이 했으니 거대한 시위가 안 일어날 것이라고 장담도 하고 그러는데, 1987년 6월항쟁은 일어났다. 거듭 말하지만, 1986~1988년 그 호경기에 대해서도 전두환 공로로 이야기하는 사람은 없다.

거기엔 분명한 이유가 있다. 1980년대 후반기에 들어서면서 세계적으로 저유가, 저달러, 저금리 현상이 일어나는데, 전 세계에서 3저 현상으로 제일 덕을 많이 본 나라가 한국이라고 볼 수 있다. 왜냐하면 이 시기에 한국은 에너지의 거의 대부분을 석유에 의존하고 있었기 때문이다. 또 차관 망국론이라는 게 1970년대 말에 등장한 데서 알 수 있듯이 '차관 때문에 망할 것이다. 빚을 너무 많이 얻어 쓰고 있다'는 우려가 많았는데, 상환해야 할 차관이 저이자와 저달러 때문에 확 줄어버렸다. 한두 해만 그런 게 아니라 수년간 그랬다. 누가 잘하고 잘못한 것과 상관없이 이런 것들 때문에 한국 경제가 새롭게 엄청난 도약을 할 수 있었던 것이다. 그러니 당연히 전두환 공로라고는 이야기하지 않는다. 이런 점도 생각하면서 박정희 시기를 들여다보는 것이 공정하지 않겠는가.

자본주의 황금기, 방대한 산업예비군…
도약 위한 여건이 아주 좋았던 박정희 집권기

—— 당시 세계 경제 상황도 한국에 유리하지 않았나.

구해근 교수가 이런 이야기를 했다. "1960년대경부터 1970년대 초반 자본주의 세계 경제는 상승 주기를 탔다. 중심부의 자본가들이 투자에 열정적이었고 유럽 자본을 쉽게 다른 지역에서 공여받을 수 있었고 이자율도 이 시기에는 낮았다. 그뿐만 아니라 제3세계 공산품에 대한 무역 장벽도 별로 없었고 한국 뒤를 추격하는 태국 같은 개발도상국이 이 당시에는 추격할 힘이 없어 별로 추격을 못 하고 있었다. 그러니까 대만, 한국 등 네 마리 용만 앞장서는 유리한 점을 이 시기에 갖고 있었다."

박정희 집권 18년 시기는 인류 역사상 세계 자본주의의 황금기로 불리는 시기와 많은 부분 겹친다. 미국은 제2차 세계대전이 발발할 때부터 전 세계 어디서도 볼 수 없는 전무후무한 생산력 증강 시대를 맞이한다. 앙드레 모루아가 쓴 《미국사》를 보면, 난 믿기지 않는데 참 놀라운 기술이 있다. 제2차 세계대전이 발발한 후부터 전쟁이 끝날 때까지, 그러니까 1940년대 전반기 4~5년 동안 이뤄진 생산력 발전이 그 이전 100년간 미국이 발전한 것과 맞먹을 정도라는 것이었다. 제2차 세계대전이 끝났을 때 유럽과 일본이 전쟁으로 폐허가 된 상태에서 세계 경제의 3분의 2 정도를 미국이 장악했다고 하지 않았나.

그런데 제2차 세계대전이 끝난 후 독일이, 또 프랑스가, 조금 있으면 유럽의 다른 몇 나라가 무서운 속도로 경제 발전을 한다. 이러한 발전을 기반으로 유럽에 복지 국가들이 출현했다. 일본은 한국전쟁이 나면서 순식간에 경제 발전으로 들어간다. 1960년대에 들어서면 한국, 대만, 싱가포르, 홍콩 이런 데에서 경제 발전이 아주 무섭게 일어난다. 이런 지역에서는 인류 역사상 찾기 어려운 대단한 경제 번영을 하는 걸 볼 수 있다.

—— 고도성장을 가능하게 한 요인은 국내에도 있지 않았나.

원래 한국, 일본, 대만, 중국은 경제 발전을 이룩할 수 있는 충분한 잠재력을 갖고 있었다. 김대중 정부 때 한국은행 총재를 지낸 전철환 교수가 그전에 이런 얘기를 한 적이 있다. 전 교수는 근면하고 노력하는 민족성, 끊임없이 진리를 추구하는 두뇌 활동, 그리고 축적과 성취욕이 강한 상향 의식 등을 한국의 잠재력으로 지적했다. 그런 것에 더해 나는 노다지 중에서도 노다지였던 중동 건설 특수에서 보여준 바대로 한국인이 매우 진취적이고 저돌적인 순발력도 대단하다고 본다. 이런 면이 강한데, 이것이 1970년대와 1980년대에 아주 잘 먹혀들 수 있었던 여건에 한국이 놓여 있었다는 점을 중시할 필요가 있다.

그뿐만 아니라 오랜 역사와 문화를 발전시키면서 축적된, 역사의 힘이라고 해도 좋고 역사적 역량이라고 해도 좋은데 바로 그것을 한국은 갖고 있었다. 한국만큼 독립 운동, 민주화 운동을 장기간에 걸쳐 전개한 나라가 지구상에 없다. 1910년 나라를 뺏긴 그 순간부터 1945년 나라를 되찾을 때까지 한 해도 쉬지 않고 국내에서건 이역만리에서건 독립 운동을 전개하지 않았나. 민주화 운동도 1960년 4월혁명 때부터 30여 년이나 계속된다. 이런 것도 그런 역사적 역량을 보여준 것이라고 볼 수 있다. 서유럽이라든가 북미권이 역사적, 문화적으로 하나의 권역을 형성하고 있듯이 한국, 일본, 대만, 중국도 역사적, 문화적으로 하나의 권역을 형성하고 있다. 그런 역사적 역량, 역사의 힘이 경제 발전을 이룰 수 있는 국내외의 좋은 여건을 맞으면서 역동적으로 작용했다는 점을 아주 중시할 필요가 있다.

아울러 해방 후 근면하고 성취욕이 강한 그리고 아시아에서 일본 다음으로 교육 수준이 높은 한글세대가 방대하게 축적됐다. 그야말로 엄청난 산업예비군이 1945년부터 1950~1960년대에 걸쳐 형성됐다. 이 사람들은 무슨 일이든 열심히 할 수 있는 마음 자세를 갖고 있었다. 이런 방대한 산업예비군이 해외 자본과 결합한 것이 한국 경제 발전의 기본적인 힘으로 작용했고, 그것에 여러 요인이 작용하면서 1960년대 후반기부터 경제 발전이 이뤄지게 된다.

이런 점에서 박정희 대통령은 너무나 운이 좋은 분이라고 이야기할 수 있다.

앞으로 박정희 집권 18년 동안에 경제 발전을 이뤄낼 수 있었던 국내외 조건을 두루 살펴봄과 동시에 박정희의 경제 정책이 어떤 문제점을 안고 있었는가를 다각도로 살펴보려 한다. 그와 함께 박정희 집권 시기의 경제 발전을 객관적으로 이해하기 위해 대만과 한국의 경제 발전의 성격을 비교해보고자 한다.

대만과 한국은 역사, 문화면에서 유사성을 많이 지니고 있다. 또 두 나라 다 1950년대에 지독하게 못살았다. 물론 차이점도 있었다. 대만은 1차 산업에서 수출할 게 많았다. 그 반면에 미국 원조는 우리가 대만보다 월등 많이 받았다. 또 대만은 베트남전쟁 특수라는 게 약했다. 그 점에서 한국이 매우 유리한 면이 있었다. 두 나라를 비교해보면 왜 이 시기에 한국과 대만이 그렇게 놀라운 경제 성장을 이룰 수 있었는가, 그러면서도 왜 다른 길을 갔는가를 이해할 수 있을 것이다.

산림녹화에서도, 경제 발전에서도 박정희 역할은 부분적일 뿐이었다

경제 성장, 두 번째 마당

김 덕 련 1960~1970년대 경제 발전에서 박정희가 맡은 역할은 부분적인 것이었다고 지난번에 강조했다. 아울러 당시 국내외 조건 등 역사의 흐름을 큰 틀에서 봐야만 이 문제를 제대로 인식할 수 있다고 이야기했다. 이에 대해, 그런 접근 방식은 박정희 정권의 리더십을 온전히 인정하지 않으려는 태도에서 비롯된 것 아니냐는 반론도 가능하다.

서 중 석 박정희 대통령이 18년 집권 기간 동안 어떤 역할을 맡았는가를 이해하는 데 아주 좋은 예가 있다. 바로 산림녹화다. 산림녹화를 다룬 프로그램을 TV에서 여러 번 봤는데, '박정희가 산림녹화를 위해 노력했다', 이렇게 이야기하는 것이 아니라 '박정희 때문에 산림녹화가 됐다. 박 대통령이 노력해서 산림녹화가 된 것이다', 이렇게 말하는 걸 보고 놀랐다. 그것도 여러 사람이 그런 이야기를 하는 걸 보면서 몹시 놀랐다. 박정희 대통령이 산림녹화를 위해 노력했다는 것과 박 대통령이 아니었으면 산림녹화가 안됐을 것이라는 것, 이 두 가지는 엄청 큰 차이가 나는 것이다.

박정희 대통령이 1960년대에 산림녹화에 많은 노력을 한 건 사실이다. 산골을 비롯한 시골 마을 부근에서 그런 산림녹화의 흔적을 오늘날에도 쉽게 볼 수 있다. 그 당시 국민학생(오늘날 초등학생)들을 아주 많이 동원했고, 마을 주민들이라든가 중·고등학생들도 동원해서 나무를 심었다. 그때 심은 나무들은 쉽게 구별이 간다. 리기다소나무라든가 낙엽송처럼 빨리빨리 자라는 것들, 그리고 밤나무 같은 유실수를 많이 심었다. 밤나무는 무지하게 흔하지 않나.

우리나라에는 산이 아주 많고 지금 그 산들이 다 울울창창하다. 그런데 이런 것의 거의 대부분은 자연적으로 나무들이 자란 것이다. 가서 보면 '아 저건 나무를 심고 가꾼 부분이다', '아니 그렇지 않다' 하는 것을 대략 알 수 있지 않나. 산속 절 부근 같은 데 나무가 그렇게 좋은 것은 나무를 가꿨기 때문이다. 그런데 대부분의 지역은 들어가기도 나쁘다. 칡넝쿨이 뒤엉켜 있고 그렇다. 그런 지역은 저절로 나무들이 자란 것이 틀림없다.

이렇게 산림녹화가 되게 만드는 데 기본적으로 작용한 게 뭐냐 하면 구공탄이다. 난 구공탄이라고 본다. 박 대통령보다 구공탄의 위력이 월등 컸다.

'나무→구공탄' 난방용 연료의 변화와
산림녹화, 그 뗄 수 없는 관계

— 산림녹화는 역대 정부의 중요한 과제였다. 그러나 박정희 집권
　기 이전에는 큰 성과를 거두지 못하지 않았나.

이승만 대통령 시절에도 산림 문제를 굉장히 중시했다. 여당은 농촌에서, 야당은 도시에서 강세를 보이는 여촌야도 현상이 1958년 국회의원 선거에서 나타난다고 하지만, 그전부터 산림법(산림보호임시조치법)에 의해 농민들이 꼼짝 못하는 걸 볼 수 있다. 산림법에 걸리지 않을 농민들이 그 시기에 거의 없었다. 부자를 빼놓고는 그랬다. 왜냐하면 우리나라 겨울 추위라는 게 아주 심하지 않았나. 그러니 나무를 베어다가 뗄 수밖에 없었다. 사실 나무를 베어다가 때는 건 그나마 괜찮은 사람이 할 수 있는 일이었고, 낙엽조차 박박 긁어다가 때지 않으면 당장 추워서 견딜 수가 없었다. 그러니까 아무리

엄하게 산림법으로 다스려도 안 되는 것이었다.

아, 이승만 대통령 담화를 봐라. 그 양반, 아주 엄혹한 말, 심한 말도 많이 쓰지 않았나. 나무를 베면 엄벌에 처하겠다고 그렇게 강하게 이야기를 하고 나무 심는 것도 장려했지만, 될 수가 없었다.*

장면 정부 후반기를 보면, 집권기가 너무 짧아서 후반기라 하기도 뭣하지만 하여튼 1961년에 가면 대규모로 국토 개발 사업을 벌인다. 그렇게 대대적으로 벌인 국토 개발 사업의 대부분은 산림 녹화와 연결된다.

이렇게 집권자들은 민둥산을 보고 가만히 있을 수 없는 것 아니었나. 다들 총력을 기울여 푸르게 하려고 노력했다. 그런데 왜 1960년대 중후반부터 나무가 많이 자라게 됐느냐. 그게 앞에서 이야기한 구공탄의 위력이다. 그 점에서도 박 대통령은 운이 좋았다.

— 구공탄은 5·16쿠데타가 일어나기 훨씬 이전, 즉 한국전쟁이 마무리될 무렵 보급되기 시작한다. 구체적으로 어떤 영향을 끼쳤나.

우리나라 사람들은 수천 년 동안 온돌로 겨울을 지냈다고 이야기하는데, 한국전쟁이 났을 때도 서울에서는 대부분 나무를 가져다 땠다. 그리고 한강물을 길어다 먹는 경우가 많았다. 19세기에서

---

* 이승만 대통령은 산림녹화에 상당한 관심을 보이며 여러 차례 강도 높게 지시했다. 예컨대 1958년 1월 7일 국무회의에서는 다음과 같이 주문했다. "연탄이란 것은 참으로 신기한 것이다. 그것을 이용하도록 하라. 내무부 장관은 시내에 반입되는 신탄新炭을 일절 엄금하고 (이를 어기면) 군경을 막론하고 잡아넣도록 하라." 이외에도 "산림 감시를 강화하라", "책임 구역제를 철저히 시행하라", "입산을 금지하라", "낙엽 채취를 금하라" 같은 지시를 거듭했다.

1960년대 산림녹화에 동원된 사람들. 산림녹화가 성공하게 된 건 박정희 대통령 덕분이 아니라 구공탄이 보급되어서 산에 나무하러 가는 사람이 점차 사라졌기 때문이었다. 사진 출처: e영상 역사관

20세기 전반기에 북청 물장수가 있지 않았나.**

이 시기에 나무꾼이 서울에 아주 많았다. 그런데 1952~1953년경부터 무연탄으로 만든, 연탄의 일종인 구공탄이 보급됐다. 구공탄이 그 비싼 나무, 신탄을 때는 것보다 얼마나 유리한 게 많나. 편하기도 하고. 그러니까 서울 사람들이 상당히 빠른 속도로 구공탄을 가정에서 사용하는 것을 볼 수 있다.

그러면서 정부에서 1957년에는 임산 연료의 도시 반입을 금지하고, 유연탄에 비해 쓸모가 없는 무연탄 사용을 권장했다. 다시 말해 나무꾼이 서울에 못 들어오게 막은 것이다. 들어오면 잡아가겠다는 식이었다. 그런데 사실은 1956년 신문을 보면 이미 나무꾼이 서울에서 사라지고 있다고 쓰여 있다. 나무를 팔려는 사람이 이

●● 20세기 전반기에 상수도 시설이 서울에 들어서긴 했으나 불충분했고 특정 지역에 집중돼 있었다. 그래서 상수도 등장 후에도 물장수가 활동했다.

제는 서울에 안 온다는 것이었다. 왜냐하면 예전처럼 사지 않으니까. 다른 말로 하면 많은 사람이 이미 구공탄을 때고 있었다는 것이다. 이때쯤엔 대도시가 대개 그렇게 된다. 1960년대에 가면 이제는 군청 소재지, 읍면 소재지에서도 나무를 때지 않고 구공탄을 사용한다.●

내가 1970년대 초에 고향 집에 갔더니 어머니가 구공탄을 때고 계시더라. 그런 시골에서도 구공탄을 때게 되면서 이제는 산에 나무하러 가는 사람이 없게 된다. 우리나라는 비도 적당히 오고 땅도 그렇게 나쁜 땅이 아니다. 그래서 좋은 나무를 못 심더라도 나무들이 쉽게 자랄 수 있는 토질을 가진 나라다. 그렇게 산에 나무하러 가는 사람이 점차 사라지면서 1960년대 중후반부터 산림녹화가 이뤄져 1970년대 어느 때부터는 울울창창하게 된다. 나무들이 너무 빽빽하면 좋지 않기 때문에 일부 나무를 베어놓아야 할 때도 있지 않나. 그런데 1970년대 후반에서 1980년대 초가 되면 그런 이유로 산에 나무를 베어놓아도 그 나무를 가져가는 사람이 없는 상태가 돼버렸다. 그렇게 우리 사회가 변해간 것이다.

이승만·김일성은 못 이룬 산림녹화,
박정희 때 성공한 이유

—— 금지하는 것만으로는 산을 지킬 수 없다는 점은 18세기 조선

● 1960년대 신문을 보면, 정부가 전국 주요 도시를 임산물 반입 금지 구역으로 설정하고 주요 도로에 임산물 검문소를 설치해 단속한다는 내용도 나온다.

에서도 확인할 수 있다. 온돌을 오래전부터 썼지만 조선 중기까지는 온돌이 없는 집도 적지 않았으며, 온돌 난방이 보편적으로 이뤄진 건 18세기 무렵이라고 이야기한다. 그런데 이 시기에 도성을 둘러싼 네 개의 산(낙산, 인왕산, 남산, 북악산)이 점차 황폐하게 되는 일이 벌어진다. 산에서 나무가 대거 사라지면서 개천의 유량이 줄어드는 문제도 발생한다. 온돌이 널리 보급된 것에 더해 도성 및 그 주변 인구가 크게 늘면서 땔감 수요가 폭증한 탓에 생긴 일이다. 이 시기 도성의 인구 증가는 농촌의 계층 분화가 심화되면서 땅을 잃은 가난한 농민이 늘어나고 그중 상당수가 서울 쪽으로 몰려든 것 등과 관련 있다.

이런 상황에서 조정은 도성을 둘러싼 네 개의 산에서 소나무 등을 베지 못하도록 금지령을 내리지만, 별다른 효과를 거두지 못한다. 힘없는 백성들이라 하더라도 가만있다가 얼어 죽을 수는 없었기 때문이다. 18세기이건 해방 이후이건 이런 사례들은 산림녹화가 난방용 연료 문제와 밀접한 관계를 맺고 있음을 잘 보여준다는 생각이 든다. 다시 돌아오면, 북한의 산들이 민둥산으로 변해버린 것과 대비하며 박정희 대통령의 산림녹화 업적을 강조하는 이들도 적잖다. 이 문제, 어떻게 보나.

산림녹화가 박정희에 의해 이뤄진 것인가 하는 부분은 북쪽을 보면 아주 쉽게 이해할 수 있다. 1971년에 남북 적십자사가 교류하고, 그러면서 남북이 왕래하게 되지 않았나. 그때 북한에 처음 갔다온 사람들이 놀라버렸다. 왜냐하면 개성에서 평양까지 차를 타고 간 모양인데 나무가 없었다. 우리가 꼬맹이 때부터 북한은 산이 많고 나무가 많은 지역이라고 배웠는데, 그렇지 않았던 것이다. 나도 평양에 여러 번 가보고 개성과 평양 사이도 가보고 평양에서 묘향산도 여러 번 가고 그랬는데, 나무를 찾아볼 수가 없었다. 그건 북쪽에 간 사람이 모두 아는 사실이다. 백두산 근처는 울울창창하고 좋은 나무가 많다지만, 사람들이 사는 데에는 나무가 없다.

세상에 이럴 수가 있느냐, 개탄하지 않을 수가 없는데 그 이유는 뻔하다. 북한은 유연탄도, 무연탄도 많이 난다. 남쪽보다 석탄이 월등 많이 난다. 그런데 빨리 경제 발전을 시키려고 석탄을 산업용과 수출용으로만 사용한 것이다. 우리처럼 구공탄 같은 아주 쉬운 걸 만들어서 집집마다 사용하게 하는 게 결과적으로 훨씬 좋았는데, 그걸 북한에서 안 하다가 나중에 가서야 조금 변형된 형태로 새로운 연료를 개발하고 한 것이다. 그게 북한의 산림을 저렇게 황폐하게 만든 것이다.

우리는 어릴 때부터 북한은 지독한 독재 국가라고 배우지 않았나. 물론 남쪽은 독재 국가라고 배우지 않았지만. 그렇다면 북한에선 아무도 나무를 베어선 안 되는 것 아닌가. 얼마나 무섭게 했겠나. 그렇지만 추위 앞에선 아무도 못 견디는 것이다. 앞에서 이승만 때를 이야기하지 않았나.

그러니까 저렇게 산림녹화가 된 것은 한두 사람이 호령하고 사람을 동원해 나무 좀 심는다고 해서 되는 게 아니다. 그것에는 엄청난 새로운 힘이라고 할까, 기제가 작동한다. 박정희 경제를 이해하는 데는 이 점이 대단히 중요하다고 본다.

1960년대 이후 경제 발전을 하면서 고층 콘크리트 건물이 점점 늘어난다. 그러면서 이제는 연탄에서 석유로 옮겨가고, 석유를 대량으로 사용하게 된다. 그리고 1960년대에 이미 가스가 사용되기 시작했지만, 1970~1980년대에 가면 가스를 사용하는 주택이나 호텔이 늘어나게 된다. 내가 1980년대 초에 강원도에 갔다가 깊숙한 산골에 있는 집에서 가스로 방을 덥힌 걸 보고 놀란 적이 있다. 이제 우리는 석유와 가스가 없으면 못사는 나라로 바뀌지 않았나. 그렇다면 이렇게 생활을 바꾸게 된 힘들이 어디에 있었는가 하는 건, 경제 발전을 하게 한 힘들이 어디에 있었는가와 같은 논리 속에서 우리가 찾아나가야 한다고 본다.

피 냄새 짙게 밴 베트남 특수,
어떻게 봐야 하나

경제 성장, 세 번째 마당

서독이 요청한 광부·간호사 파견,
어떤 정권이어도 하게 돼 있던 한일 국교 정상화

김 덕 련 한국 경제가 1960~1970년대에 도약하는 데 밑거름이 된 것 중 하나는 그 이전에 비해 자금 사정이 좋아졌다는 점 아니었나.

서 중 석 자본이 없으면 경제 발전이 안 된다. 그런데 1960년대 중반부터 한국에 상당한 자본이 들어오게 됐다. 서독에 간 광부와 간호사들이 돈을 보내왔고, 한일 국교 정상화를 하면서 청구권 자금이 들어왔다. 제일 큰 건 베트남전쟁 특수였다. 이런 것들이 어떤 한 사람 때문에 된 건가 하는 점을 생각해볼 필요가 있다.

광부와 간호사 파견은, 간단히 이야기하면 서독이 요청한 것이다. 요즘 3D 산업을 동남아시아를 비롯한 가난한 지역 사람들에게 맡기려고 하듯이, 당시 서독에서도 석탄 캐는 일, 간호사 일을 안 하려고 하니까 부지런한 한국 사람한테 와달라고 한 것이다. 이 과정에서 대학생 같은 고학력자들이 상당수 광부에 지원하기도 했다. 그렇게 광부와 간호사로 간 분들이 1960년대 중반부터 1970년대 중반까지 1억 달러나 송금한 걸로 나와 있다. 그 당시 1억 달러는 꽤 큰돈이다.

—— 당시 서독 사정을 조금 더 살펴보면, 제2차 세계대전 패배 후 급속히 경제를 재건하면서 노동력이 부족한 상태가 된다. 서독은 이 문제를 풀고자 외국인 노동자를 대거 불러들였다. 이것이 사양 산업이었기 때문에 새로운 인력을 양성하지 않던 탄광업과 성장 산업이었지만 자국 내 인력 공급은 오히려 줄어

1960년대 서독에 파견된 광부(위)와 간호사들.
당시 서독에 간 광부와 간호사들이 1960년대
중반부터 1970년대 중반까지 한국으로 송금한
금액은 1억 달러 정도이다. 이 돈은 한국 경제가
성장하는 데 상당한 도움이 됐다.

경제 성장

들던 보건 의료 산업에서 한국인을 비롯한 외국인 광부와 간호사가 늘어난 기본 이유였다.

광부의 경우, 이러한 서독의 필요성에 더해 5·16쿠데타 이전부터 한국 정부에서도 파독 가능성을 타진하고 있었다. 2009년 한국파독광부총연합회가 펴낸《파독 광부 백서》에 따르면, 장면 정부 때 대한석탄공사와 서독 지멘스사社는 루르 탄광 지대에 한국 광부를 고용한다는 각서를 체결했다. 광부 파독 계획은 5·16쿠데타로 일시 중단됐지만, 1962년 5월 뉘른베르크의 한 회사가 한국 광부 500~1,000명을 고용할 뜻을 서독 주재 한국 대사관에 밝히면서 다시 급물살을 탔다. 1963년 초 양국 정부 간 공식 교섭이 시작돼 그해 12월 한국 광부 1진이 서독으로 떠났다. 한편 서독에서 한국 광부를 원한 데에는 일본 광부를 고용해본 경험도 작용했다고 한다. 1957년부터 1963년 8월까지 일본 광부를 고용한 서독 측은 그것을 통해 동아시아인이 몸집은 작지만 성실하고 능력 있다는 믿음을 얻었다고 한다.

이러한 역사적 상황을 충분히 고려하지 않고, 독일로 간 광부와 간호사들을 '박정희 신화'를 강화하는 데 활용하려는 이들이 일각에 있다. 안타깝고 걱정스러운 일이다. 이제 일본 쪽에서 들어온 자금 문제를 되짚어봤으면 한다.

전에 이야기했듯이 1960년대 초반에는 누가 정권을 잡았더라도 한일 국교 정상화가 되게끔 돼 있었다. 한국의 경제적 필요성 때문에도 그랬다. 장면 정권이 경제 제일주의를 내걸고 적극적으로 한일 국교 정상화를 추진한 데서도 그런 현상을 볼 수 있지만, 그건 다른 정권이었어도 마찬가지였을 것이다. 예컨대 허정이 그 뒤를 이어 정권을 잡았건 김종필이 정권을 잡았건 마찬가지였을 것이라고 난 본다.

그뿐만 아니라 일본은 1950년대 말에서 1960년대 초에 일본 역사상 최대 호황을 누렸다. 일본 자본에 여력이 생긴 것이고, 그걸 제일 가까운 나라에 투자하고 싶어 하는 건 너무나 당연한 일이다. 그리고 일본도 미국 눈치를 봐야 하지 않나. 친미 국가로서 미국의 요구가 중요했다.

그런데 1960년대에 들어오면 이젠 이승만 정권이 계속됐더라도 일본과 관계 정상화를 안 할 수가 없을 정도로 미국의 압력이 커지고 있었다. 그전에도 한미일 안보 통합 정책을 미국이 추진은 했지만 그렇게 적극적으로는 안 했다. 그러나 1960년대에 들어서자 기시 노부스케 정권과 미일안보조약을 갱신하면서 새로운 안보 시대로 들어가는 걸 볼 수 있다.

왜냐하면 소련만 큰 게 아니라 중국이 계속 커지고 있지 않았나. 1964년이 되면 한일 국교 정상화가 이뤄져야 한다는 미국의 입장은 거의 절대적인 것이 된다. 프랑스의 드골 대통령이 중국을 승인했고, 중국에서 핵 실험에 성공했기 때문이다. 그뿐만 아니라 미국이 1964년 8월 통킹만 사건을 계기로 월맹(북베트남)에 대한 북폭을 대단한 규모로 하지 않나. 통킹만 사건은 월맹 쪽에서 선제공격을 한 것처럼 발표는 됐지만 사실은 미국이 일으킨 것이었다. 통킹만 사건 조작이 말해주듯이 1964년에 들어서면 미국은 월남전에 깊숙이 개입하려는 자세를 취하고 있었다. 그런 걸 보더라도 한일 국교 정상화는 미국에 아주 중요했다. 이런 세 나라의 이해관계를 볼 때 한일 국교 정상화는 1960년대 초, 아무리 늦어도 1964~1965년

경엔 반드시 되게 돼 있었다.

박정희 정권 때에는 한일 회담 반대 투쟁도 치열했다. 1965년에는 한일협정 조인·비준 반대 운동이 그야말로 각계각층에서 거세게 일어났다. 그렇게 된 데에는 박정희 자신이 외교 교섭 부문에는 경험이 전무했던 것도 작용했다. 그래서 미숙한 면이 많았는데도 '군인 정신'으로 하려 하지 않았나. 그뿐만 아니라 군국주의 침략의 원흉들이라고 이야기할 수 있는 만주 인맥 핵심 세력과 긴밀한 관계를 맺으면서 한일 국교 정상화를 하려고 했다. 더욱이 중앙정보부장을 보내 그걸 밀실에서 단숨에 처리하려 하고, 평화선도 너무 빨리 포기해버렸다. 이러니 한국인들이 '저건 참을 수 없는 굴욕적 저자세다. 도대체 자존심도 없느냐', 이렇게 여기면서 강력한 반대 운동이 일어난 것이다. 조금 더 빨리 될 수도 있었던 한일 국교 정상화가 그런 문제들 때문에 오히려 늦어진 것이라고 보는 게 더 정확할 수도 있다. 그리고 박정희 정권이 맨 처음부터 다른 모든 것엔 별 관심을 두지 않고 오로지 청구권 자금에만 매달렸는데, 청구권 자금 명분도 아주 이상하게 돼버렸고 액수도 그리 많지 않았다. '여러 가지를 비교해 볼 때 적게 받은 것 아니냐', 이런 것도 작용하면서 그것에 대한 반발도 컸다.

내가 하려는 얘기는 다른 게 아니다. 한일 국교 정상화도 어떤 정권이 들어섰든 이 시기에는 해야 했고, 그렇기 때문에 청구권 자금이라고 알려진 그 자금은 누가 정권을 잡았더라도 들어오게 돼 있었다는 것이다.

누가 집권했든
한국군은 베트남에 가게 돼 있었다

— 베트남 특수를 짚을 차례다. 한국군의 베트남 파병과 관련해서
도 왜곡과 신화가 많다. 베트남전 당시 한국군의 민간인 학살
문제가 1999년에 본격적으로 제기된 것 등을 계기로 이를 바
로잡으려는 노력이 적지 않았지만, 왜곡과 신화는 여전히 사라
지지 않고 있다.

예컨대 1970년대에 청와대 경제 제2수석비서관이었던 오원철
은 2000년대 들어 베트남 파병이 "우리나라 역사상 처음 행해
진 전국 규모의 대규모 해외 연수", "한국인의 국제화의 출발
점", "오랜 열등의식, 피지배 의식에서 벗어나 …… 자부심을
갖게 된" 계기라고 주장했다. 이런 인식은 오원철만이 아니라,
'박정희 신화'를 지지하는 이들 중 여러 사람에게서 찾아볼 수
있다. 수많은 한국인이 목숨을 잃었고, 민간인 학살이 벌어졌
으며, 파병 군인 중 상당수가 한국에 돌아온 후에도 오랫동안
고통을 겪어야 했던 베트남 파병을 그런 식으로 이해하는 건
위험하기 짝이 없는 일 아닌가.

가장 중요한 문제로 베트남 특수를 이야기하지 않을 수 없다.
한국은 월남에 1965년 맹호·청룡부대, 1966년에는 백마부대를 파견
했다. 그때부터 5만 명 정도가 전투 부대를 중심으로 있었고, 1973
년 3월 한국군이 철수할 때까지 연인원 32만 명이 주둔했다. 육군
본부와 해군본부가 낸 통계에 따르면 사망자는 순직자를 포함해
5,099명, 전상자는 1만 962명으로 돼 있다. 한국과 관련해 상당히 큰

전쟁이었다.

이 베트남전쟁에 관해선 정말 가르치기 어려운 것이 많다. 아마 한국 현대사 중에서 제일 가르치기 어려운 것 중 하나가 아닌가, 나는 그렇게 얘기한다. 왜냐하면 경제적인 면으로 혜택이 너무나 컸는데, 그렇다고 해서 '그러니까 베트남에 가기를 잘했다'고 가르치기도 난처한 것들이 있다. 그 당시 많은 나라가 못마땅하다는 듯이 한국을 주시하고 있었던 것, 한국이 베트남에서 뭘 했느냐에 대한 비판 같은 여러 가지를 볼 때 그렇다. 그래서 이 베트남전쟁 문제를 어떻게 설명하는 것이 가장 적절한가, 이건 그렇게 간단하지 않은 문제라고 본다.

내가 어렸을 때, 그러니까 1950년대에는 한국전쟁이 세계에서 네 번째로 큰 전쟁이라고 이야기하고 그랬다. 베트남전쟁이 한국전쟁보다 더 컸거나 비슷하지 않나 싶다. 미군이 거기서 5만여 명이 죽은 것으로 돼 있다. 통계에 따라 차이가 있지만 한국전쟁에선 미군 전사자가 3만 명이 넘지 않나. 그리고 남과 북의 베트남 병사가 100만 명은 죽지 않았겠는가, 그렇게 얘기한다.

한국은 역사 이래 여러 차례 외국에 원정을 나갔다. 고려 때는 몽골의 강요로 일본 원정을 가고, 조선에 들어와서는 광해군 때 명나라의 압력으로 후금을 치러 간다. 효종 때는 청나라가 요구해 흑룡강, 그러니까 아무르강 부근 만주 동쪽 지대에 조선에서 키워온 조총수 수백 명으로 이뤄진 조총 부대를 파견했다. 이런 것들은 한국이 원해서 원정을 한 것이 아니었다. 그런데 베트남전쟁은 다르다. 그 점에서 차이가 난다.

— 박정희는 국가재건최고회의 의장이던 1961년 11월 존 F. 케네

디 미국 대통령에게 베트남 파병을 제안한다. 그러나 이때는 미국이 베트남에 전면 개입하던 시기가 아니었기에 이 제안은 실현되지 않는다. 그로부터 몇 년 후 본격적으로 파병이 이뤄지는데, 이것이야말로 박 대통령의 "위대한 결단"의 산물이었다고 주장하는 이들도 있다. 그렇게 볼 근거가 있는 건가.

누가 집권했든 베트남전쟁엔 반드시 참전하게 돼 있었다. 이미 이승만 정권 때 인도차이나 사태가 커지니까 거기에 파병하겠다고 이 대통령이 얘기했다. 정전협정으로 한국전쟁의 총성이 멎은 지 얼마 되지도 않았고 탄환, 총기, 유류, 차량 등 거의 모든 것을 미국에 의존할 때였는데도 그런 소리를 했다. 물론 미국은 말도 안 되는 얘기라고 일축했다. 그렇지만 난 1960년대 베트남전에는 한국이 반드시 참전하게 돼 있었다고 본다.

우선 군부가 적극적으로 원했다. 장교들은 전쟁이 있는 곳에 가기를 원하는 경향이 있지 않나. 예컨대 1979년 12·12쿠데타를 일으킨 자들 대부분이 이때 월남에 가서 경력을 쌓은 사람들이다. 아울러 한국이 1950년대 후반부터 경제 발전을 그렇게 절절히 원하고 있었는데, 월남 파병이야말로 경제 발전을 하는 데 아주 좋은 기회라고 여겼다. 정부만 그렇게 생각한 게 아니라 한국인 상당수가 그 생각을 했다.

● 전두환, 노태우, 정호용, 장세동 등 신군부의 핵심 인사들이 그렇게 베트남에 다녀왔다. 이에 앞서 한국 사회는 한국전쟁 전후 민간인 학살의 진상을 규명하지도, 군대 내에서 책임을 져야 할 이들에게 제대로 책임을 묻지도 못했다. 그런 상태에서 베트남으로 간 한국군은 민간인 학살 문제를 발생시켰다. 이런 일련의 과정을 보고 겪은 전두환 일당은 훗날 광주에서 시민들을 학살한다. 한국전쟁 전후 민간인 학살 문제를 외면한 대가를 한국과 베트남은 그렇게 참혹하게 거듭 치러야 했다.

또 미국이 강력하게 요구하고 있었다. 미국은 '한국전쟁 때 우리가 너희를 도와주지 않았나. 이제 그 보답을 해야 한다', 이런 분위기까지 만들면서 강하게 요구했다. 그것에 반대하는 건 엄청 어려운 일이었다. 미국의 베트남전 개입에 대해 이 지역을 지배했던 프랑스는 아주 비판적이었고 유럽의 다른 여러 나라도 냉담한 반응을 보였다. 태평양 지역 국가들도 베트남 파병에 매우 소극적이었다. 그런 것들 때문에도 미국은 한국의 파병을 강력히 요구했다.

그래도 다른 집권자였다면 박정희처럼 5만 명까지 보내진 않았을 것 아니냐는 주장을 하는 사람들이 있다. 난 꼭 그렇게 생각하지는 않는다. 다른 집권자도 적어도 5만 명에 가까운 인원은 파견했을 것이라고 본다.

왜냐하면, 거듭 말하지만 군인들이 가기를 원했고 정부도, 많은 일반 국민들도 경제적으로 유리한 일이라고 판단하고 있었다. 그에 더해 미국은 다른 데서 군대를 별로 파견하지 않으니까 특히 한국에 매달렸다. 그것 말고도, 미국이 제시한 조건이 한국 정부나 한국의 반공주의자들이 보기에는 아주 좋았다. 한국의 군사력을 강화하는 데 유리한 새로운 조건들이 브라운 각서에 많이 들어갔다. 군사 지원 측면뿐만 아니라 경제적 지원 등 다른 면에서도 미국이 '너희들이 월남 파병을 많이 하면 도와주겠다'고 한 점도 중요하게 작용했다고 본다.●●

이런 유리한 조건을 내걸었을 뿐만 아니라 한국군 60만 명 상한, 어떤 데에는 실링ceiling이라고도 표현돼 있는데, 그 실링을 미국이 해제해줬다. 다시 말해 월남에 파견된 인원은 60만 명 안에 들어가 있지 않다. 한국에 남아 있던 군대와 베트남 파견 병력을 더하면 60만 명이 넘는 인원인데, '한국은 군대를 더 늘려도 된다. 그것도 미국이 돈 다 대준다'고 하면 그 당시 분위기에서는 '괜찮다'고 생각하는 것이 일반적이었다. 이 점도 많이 작용했다고 본다. 그래서 난 박 대통령이 아니라 다른 집권자였어도 많이 파병했을 것이라고 본다.

당시 장교들은 서로 지원했다. 경쟁이 심했다. 사병의 경우 초기에는 자의와 상관없이 훈련 받고 월남으로 파병됐지만, 그 이후에는 '가면 돈 번다'고 해가지고 부분적으로는 자원 현상이 있었던 것으로 기억한다.

10억 달러에 달한 베트남 특수…
파병으로 박정희와 미국은 밀월 관계

—— 당시 한국에서는 파병 반대 흐름이 강하게 나타나지 않았다. 이것도 여러 가지를 생각하게 하는 대목이다.

●● 브라운 각서는 1966년 3월 미국 정부가 윈드롭 브라운 주한 미국 대사를 통해 한국 정부에 전달한 문서다. 한국군의 베트남 추가 파병에 대한 미국의 보상 조치에 관한 내용을 담고 있다. 주요 내용은 한국군 현대화를 위해 수년간 장비 지원, 추가 파병에 필요한 장비 제공 및 비용 부담, 베트남 파견 병력을 대체할 보충 병력에게 필요한 장비 제공 및 재정 부담, 주월 한국군에게 필요한 보급 물자 용역 및 장비는 실시할 수 있는 한도까지 한국에서 구매, 미국 정부 및 업체들이 베트남에서 실시하는 건설 사업에 한국 업체들이 참여할 기회 및 한국인 민간 기술자들의 고용을 늘릴 것, 기술 원조 강화 및 추가 차관 제공 등이다.

브라운 각서 이후에도 한국과 미국은 더 많은 병력 파견 및 그에 따른 추가 보상 문제를 두고 줄다리기를 거듭했다. 시간이 흐를수록 전쟁 비용은 미국이 감당하기 어려운 수준으로 점점 불어났고, 반전 시위도 거세게 일어났다. 그런 상황에서 자국 군대에 비해 비용이 훨씬 덜 들고 반전 시위 문제에서도 자유롭던 한국군은 미국 정부에 매력적인 대상이었다.

경제 성장

월남 파병은 굉장히 큰 사건인데도 반대가 많지 않았다. 한일 문제하고 또 달라서, 반대하고 싶어도 반공주의 때문에 그렇게 하기가 힘들었다. 자유 세계를 지키기 위해 싸우러 간다는데 반대를 하면 자유 세계에 반대하는 사람으로 여겨질 수 있었다. 그 강한 반공주의 앞에서 유럽이나 미국의 반전 운동에서 나타난 것과 같은 베트남전쟁에 대한 반대 논리를 세우고 시위한다든가 반대 글을 쓴다는 게 거의 불가능했다고 봐야 할 것이다. 나중에 노무현 정권이 이라크에 한국군을 파병할 때 굉장히 강렬한 반대가, 특히 젊은 층을 중심으로 일어나는 것을 보면서 참으로 격세지감이 들더라.

윤보선 전 대통령, 《사상계》 사장 장준하 그리고 전남대 학생 등 대학생 일부가 반대를 했다. 특히 윤보선과 장준하는 아주 강한 말을 쓰면서 반대했다. 윤보선은 1966년 5월에 "박(정희) 씨의 소위 민족적 민주주의는 결국 월남전쟁의 청부 행위에 그치고 말았다", "청장년의 피를 팔아 정권을 유지하고 정치 자금을 마련하기 위한 행동으로 볼 수밖에 없다", 이렇게 이야기했다.

월남 파병으로 박정희 정권과 미국은 그야말로 밀월기라고 하는, 아주 돈독한 관계를 맺었다. 한미 간에 역사상 최고로 사이가 좋았다. 1960년대 후반기에 그랬다고들 이야기한다.

── 베트남 특수 규모는 어느 정도인가.

무엇보다도 월남 파병에서는 경제 문제가 제일 중요한 역할을 한 것이 아니냐고 보는 사람들이 많다. 이 시기에 얼마만큼 경제적으로 이득을 봤는가 하는 부분에 관해서는 자료마다 조금씩 다르게 나온다.

한 자료를 보면 1966년에서 1972년 사이에 베트남전쟁을 통해 약 8억 5,800만 달러의 소득이 있었다고 돼 있다. 거기에는 용역 수출, 주월 한국군 송금, 군납, 기술자 송금이 다 들어 있다. 베트남에 기술자들이 가 있지 않았나. 또 미군 1명한테 지불하는 돈으로 한국 군인 5명 정도를 쓸 수 있었다고 하는데 그래도 미국에 유리했다고 돼 있다. 미국 측으로서는 한국인 군인 수당을 지불하는 게 아주 적다고 볼 수도 있었지만, 한국 측에서는 그걸 그렇게 적다고 생각하지 않았다. 주월 한국군 송금이 약 2억 달러, 서비스 및 건설 분야에 진출해 1972년까지 국내에 송금한 액수가 2억 3,800만 달러, 민간 기술자로 해외에 진출해 송금한 것이 약 1억 6,600만 달러로 나온다. 그런데 다른 한 자료를 보면, 이와 비슷하긴 한데 1965년에서 1972년 사이에 이런 여러 부문의 총수입이 10억 3,600만 달러로 나온다. 그래서 대개 10억 달러라고 한다. 일본에서 들어온 청구권 자금 중 이른바 '무상' 3억 달러와 비교하면 엄청나게 큰돈이다. 그리고 당시 군인이라든가 기술자들이 TV, 냉장고, 트랜지스터라디오 등을 국내에 보내온 것도 적지 않았다.

　이런 큰 수입 못지않게 중요한 것은 한국이 공공·상업 차관을 도입하는 것을 미국이 크게 지원한 점이다. 월남 파병을 했기 때문에 장기 차관이 들어왔고 국제부흥개발은행IBRD, 국제통화기금IMF, 세계은행 등을 통해서도 한국에 상당히 큰 규모의 저리 공공 차관이 들어온다. 이것도 한일협정 결과 들어온 차관보다 더 유리한 것들이었다. 상당히 액수가 컸다. 이런 간접 지원까지 합치면 월남전 특수로 생긴 돈이 10억 달러를 월등 넘는다.

위. 1965년 월남 파병 청룡부대 결단식에서
카퍼레이드를 하고 있다. 사진 출처: 국가기록원
아래. 월남 파병 청룡부대 장병들. 사진 출처: 국가기록원

세 번째 마당

위. 1965년 월남 파병 청룡부대 결단식에 참여한 장병
가족들. 사진 출처: 국가기록원
아래. 1965년 5월 베트남 현지에서 체조로 몸을 풀고 있는
군인들. 사진 출처: 국가기록원

경제 성장

위. 1966년 10월 김종필 공화당 의장이 베트남 현지를
방문했다. 사진 출처: 국가기록원
아래. 1966년 12월 베트남 파견 장병을 위한 연예단 위문
공연. 사진 출처: 국가기록원

세 번째 마당

1967년 8월 부산에서 월남 파병 교체 부대 귀국을
환영하는 사람들. "자유의 십자군 이기고 돌아왔다" 등의
환영 구호가 적혀 있다. 사진 출처: 국가기록원

반전이 세계를 뒤덮던 때
죽음의 밀림으로 간 한국 젊은이들

— 베트남 특수가 한국 경제에 큰 도움이 된 건 분명하지만, 사람들이 죽어가는 남의 나라 전쟁을 기회로 삼아 적잖은 돈을 번 것을 찬양만 할 일은 아니라는 생각이 든다. 한국전쟁 당시 일본이 누린 '조선 특수'는 못마땅하게 여기면서도, 한국의 '베트남 특수'는 당연한 것으로 생각하는 듯한 일부 사람들의 태도가 적절한 것인지도 의문이다.

그 이외에도 짚어볼 문제가 여럿 있다. 그중 하나가 베트남 특수의 과실을 공평하게 누렸는가 하는 것이다. 예컨대 베트남 파병은 재벌들이 크게 성장하는 계기로도 작용한다. 베트남에서 큰돈을 번 대표적인 기업 중 하나가 2014년 '땅콩 회항'으로 물의를 일으킨 한진 그룹이다. 한진은 세간에서 '월남상사'라는 이야기까지 들을 정도로 베트남 특수를 톡톡히 누리며 신흥 재벌로 부상했다. 그러나 베트남에 가서 목숨 걸고 일하던 기술자들에게 임금도 제대로 지급하지 않아 결국 칼KAL 빌딩 방화 사건(1971년 9월 15일, 미불 임금을 달라는 요구를 한진 측이 계속 받아들이지 않자 노동자들이 칼 빌딩을 점거하고 불을 지른 사건)을 불러온다. 베트남 특수, 더 나아가 한국인의 베트남전쟁 문제를 생각할 때 이런 부분을 충분히 고려할 필요가 있지 않을까?

베트남 특수 규모가 크긴 했지만 '그러니까 베트남 파병은 잘한 일이다', 이렇게 이야기할 수 없다는 데 어려운 점이 있다. 이 전쟁에 대해 박 대통령은 자유를 위해 고귀한 피를 흘려야 한다고 초기에는 강조했지만, 나중에 베트남에서 미군과 정부군이 크게 밀리니까 그런 이야기를 아예 안 하더라.

국제 사회에서는 그렇게 인식하지 않았다. 1954년 디엔비엔푸 전투 이후 미국이 프랑스를 대신해 베트남에 들어오는데, 전쟁 확대의 결정적인 계기는 통킹만 사건이다. 그래서 북폭이 일어나는 건데, 이 전쟁은 2003년 조지 부시가 이라크전쟁을 일으킬 때와 비슷한 점이 있다. 북베트남이 통킹만 사건을 일으켰다는 미국 측 발표가 사실이 아니었던 것과 마찬가지로, 조지 부시는 이라크에 대량 살상 무기가 있다면서 전쟁을 일으켰지만 다 속임수로 드러나지 않았나. 이라크전과 다른 점도 있었다. 이라크전쟁이나 2001년에 시작된 아프간전쟁만 해도 유럽에서 많이 파병하지 않았나. 그러나 프랑스의 드골은 미국의 베트남 개입 전쟁을 노골적으로 비난했고, 스페인이 열 명 안팎을 보낸 걸 제외하면 유럽 국가들은 사실상 파병하지 않았다.* 그야말로 유럽에서는 이 전쟁을 패권 전쟁 또는 신제국주의 전쟁이 아니냐고 봤다.

이 전쟁은 세계사에서 하나의 이정표가 됐다. 이렇게 큰 영향을 끼치게 된 데에는 1968년 1월 30일에 있었던, 베트콩의 구정 공세라 불리는 그 유명한 사건이 하나의 계기가 됐다. 이때 베트콩은 사이공만 공격한 게 아니라 남부 베트남 전역에서 공세로 나왔다. 그래서 7개 성도를 일시적으로 점령했고, 1월 31일에는 사이공의 미국 대사관에 깃발까지 꽂고 대사관을 장시간 점거하는 놀라운 사태가 일어났다. 2월 1일에는 고도古都이자 중부의 중요 도시인 후에

• 1966~1970년에 최소 7명, 최대 13명의 스페인 병력이 베트남에 있었다. '더 많은 깃발'을 원한 미국의 뜻에 따라 상징적인 숫자만 보낸 셈이다.

를 점령했다. 이런 일이 일어나면서 베트남 주둔 미군이 50만 명을 돌파해버렸다. 베트남 주둔 미군 사령관 윌리엄 웨스트모어랜드 장군 휘하 병력이 55만 명에 육박했다.

이러면서 미국에서 청년들을 중심으로 반전 운동이 거세게 일어나기 시작했다. 1968년 하면 우리 모두 기억하는 게 있지 않나. 프랑스, 독일을 중심으로 68혁명이 일어난다. 그런데 바로 미국에서도 엄청난 인원이 베트남에 가게 되고 청년들이 많이 희생되면서 반전 운동이 거세졌다. 그런데 미국에서 일어난 반전 운동에는 인종 문제까지 개재됐다. 1968년 4월 마틴 루터 킹 목사가 암살당하지 않나. 이를 계기로, 한 자료에 따르면 전국 41개 도시에서 흑인 폭동이 일어나고 그게 80개 도시로 확대되는 속에서 연방군이 출동하면서 72명이 사망하고 2,000여 명이 다쳤으며 8,900명이 피검되는 사태가 일어난다.•

그때까지는 백인들이 아시아인을 아주 깔봤다. 정말 무시했다. 흑인에게만 그런 게 아니었다. 유색 인종은 사람 취급을 안 했다. 미국인뿐만 아니라 유럽인도 그랬다. 그런데 68혁명은 모든 인류가 평등하다는 새로운 가치관을 갖게 하는 데 굉장한 역할을 한다. 그래서 사상 혁명, 교육 혁명이라고도 하지 않나. 교육관, 여성관, 인간관, 이 모든 것에 대한 혁명이었다. 인간, 생명, 평화에 대한 거대한 운동이 일어났다. 그러면서 청년, 대학생들의 사고, 의식이 많이 변화했고 문학, 음악에도 영향을 줘서 우리가 많이 듣는 조안 바에

• 소요 발생 도시 및 사망자 수는 자료마다 조금씩 다르게 나온다. 예컨대 "125개 도시", "168개 도시" 혹은 "최소 46명 사망"으로 돼 있는 것도 있다. 분명한 건 민권 운동 지도자이자 희망의 상징이던 마틴 루터 킹 목사의 죽음이 수많은 사람에게 절망과 분노를 안겼고 그것이 거리에서 폭발하며 미국을 뒤흔들었다는 사실이다.

즈 등의 반전 음악이 나왔다.

용병 시비가 끊이지 않은 이유

—— 반전 운동이 세계를 강타하던 그때 한국은 반전의 무풍지대였
고 오히려 국민에 대한 국가의 통제를 강화했다. 이는 국제 사
회에서 한국의 이미지를 좋게 만드는 일과는 거리가 먼 일 아
니었나.

그런 상황에서 한국은 미국 다음으로 대규모로 파병했다. 미국
을 제외한 다른 여러 나라가 파견한 병력을 다 합친 것보다도 한국
이 파견한 병력이 더 많았다. 그러니까 월남 파병은 한국전쟁 이후
다시 한국이 알려지는 한 계기는 됐는데, 1970년대에 한국이 미국
에 크게 알려진 코리아게이트 사건(박정희 정부가 로비스트 박동선을 통해
미국 정치인과 관리들에게 엄청난 뇌물을 뿌렸다는 폭로가 1976년에 나오면서 불
거진 사건)처럼 한국 인상을 안 좋게 만드는 데 역할을 했다. 이른바
용병 시비도 끊이지 않았고, 일본 같은 데서도 한일협정을 반대할
때 그것과 함께 꼭 끼워 넣은 것이 베트남 문제였다. 나중에 일본
우익이 과거사를 이야기할 때 한국의 베트남 파병을 가지고 물귀신
처럼 물고 늘어지지 않나. 참 씁쓸한 일이다.
　사실 일본은 한국보다 훨씬 큰 특수를 누렸다. 세계 제2의 경
제 대국으로 성장하는 데 베트남 특수가 큰 도움이 됐다. 베트남 파
병을 두고 우리를 비난하지만 진짜 큰돈 번 건 일본 아니냐고 이야
기할 수 있다.

용병 시비 문제는 한국군 파병이 어떤 방식으로 이뤄졌는가와 관련돼 있다. 1966년 브라운 각서에는 '모든 무기와 장비는 물론이고 증파에 따른 부담도 미국이 다 지겠다', 그리고 '한국의 3개 예비 사단을 정규 사단화하는 것도 인정하겠다'는 내용이 있었다. 한국 군부로선 정말 원하던 것들이었다. '별'(장군)들의 자리가 늘어나는 것 아닌가. 하여튼 미국은 파월에 따른 한국군 병력 및 장비 보충에 필요한 경비도 자신들이 부담하겠다고 하면서 많이 파견해달라고 했다.

이와 관련해 주한 미국 대사 윌리엄 포터는 1970년 2월 미국 의회 비밀 청문회에서 "한국의 신병 1인에 대해 하루에 1.25달러, 중장의 경우 10달러의 해외 수당을 미국이 직접 지불했다. 직접 지불 방법은 전례가 없다"라고 인정한 것으로 돼 있다. 상원 소식통은 여기서 한국의 파병에 '고용'적 성격이 꽤 있다는 것이 명확해졌다고 지적했다. 미국은 주월 한국군을 유지하기 위해 1965년에서 1969년 사이에 9억 2,750만 달러를 지출했다고 나와 있다. 이런 것들이 해외에서, 특히 일본 같은 데서 용병 시비의 한 사례로 이용되는 걸 볼 수 있다.

용병 논란과 관련해 한국군 사단장이 미국에서 받은 월 급여가 354달러인 반면 필리핀군 소대장은 442달러, 타이군 소대장은 389달러였고, 일반 사병들은 남베트남 군대의 월 급여에도 못 미치는 대우를 받았다는 주장이 2000년에 나왔다. 사실 이와 비슷한 주장은 파병 당시에도 나왔다. 하여튼 이런 주장이 논란의 대상이 됐지만, 나는 액수가 핵심 문제는 아니라고 본다. 어떤 태도로 박정희 정권이 이 전쟁에 임했느냐, 그게 중요하다고 본다.

한국군이 유독 늦게 철수한 속내

─ 베트남 파병과 관련해 논란이 되는 건 용병 시비만이 아니지 않나.

파병 과정, 전투 행위와 관련한 몇 가지 문제도 논란이 되고 있지만, 근래 박태균 교수가 많이 지적하고 있는 것인데 왜 베트남에서 한국 군대가 그렇게 늦게 철수했느냐 하는 것도 문제가 되고 있다.

1967년 클라크 클리포드(해외정보자문위원회 위원장, 1968년 미국 국방부 장관에 취임)가 태평양 연안의 여러 미국 우방국에 증파를 호소했어도 우이독경이었다. 베트남의 이웃 나라인 타이도 그해 베트남 주둔 병력이 한국의 20분의 1에도 못 미치는 2,205명밖에 안 됐고, 바다 건너 이웃이자 미국과 그렇게 가까운 나라였던 필리핀은 '반대 세력 때문에 파병이 어렵다'면서 의무단, 공병 대대를 파병했다. 미국이 베트남전쟁에 개입한 논리인 도미노 이론(한 나라가 공산화되면 주변 국가들도 차례로 공산화된다는 주장)에 의하면 두 나라가 제일 먼저 영향을 받을 수 있었다. 그런데도 두 나라는 한국에 비하면 파병을 얼마 하지 않았다. 한국은 대규모 전투 부대를 파견하지 않았나. 철수할 때도 필리핀은 이미 1969년 말에 '공병단도 철수하겠다'고 밝히고 1970년에 가서 철수하는 걸 볼 수 있다. 타이도 1970년 8월에 철수를 발표했고 호주, 뉴질랜드도 1970년 11월에 일부 병력을 철수했다.°

이 무렵(1971년 3월) 주한 미군 제7사단이 23년 10개월 만에 철수했다. 야당인 신민당에서는 이미 1970년부터 주월 한국군 철수를 요구했다. 그런데도 한국군은 철수가 늦었다. 그래서 박태균 교수에 따르면 1971년 5월에는 베트남에 있던 외국 군대 가운데 실질적 전투 부대가 한국 군인밖에 없었다고 한다. 1972년 한국군은 외국 군대의 60.5퍼센트, 그러니까 미군(2만 4,200명)보다도 훨씬 더 많은 3만 7,438명이었던 것으로 돼 있다. 한국군이 5,000명 넘게 사망하고 1만 1,000명 가까이 부상자가 생기는 등 피해가 커진 데에는 이처럼 늦게 철수한 것도 많이 작용하지 않았겠나. 당시 미국이 주장한 것처럼 '경제 문제'가 작용해 한국 측이 철수를 미룬 것이라면, 이렇게까지 '경제'를 생각한다는 건 해도 너무하지 않은가.°°

눈감아서는 안 되는 뼈아픈 역사, 베트남전 민간인 학살

— 앞에서도 잠시 언급한 민간인 학살 문제는 참 뼈아픈 일이다.

내가 대학 다닐 때 베트남에 파병된 친구한테서 민간인들에 대한 잔혹 행위 같은 걸 들으면서 '어떻게 이렇게까지 잔혹할 수가 있느냐' 하는 생각을 했다. 1970년 말 이효상 국회의장이 베트남

° 베트남 주둔 타이군은 1969~1970년에 1만 1,500여 명으로 늘기도 하지만 1971년에 다시 그 절반 수준으로 줄어들고 1972년에는 38명만 남는다. 1967년에 2,020명이던 필리핀군은 1968년에는 4분의 1 정도가 줄어든 1,576명이 됐다가 1969년에는 189명으로 대폭 감축된다.
°° 주한 미군 일부 철수 및 주월 미군 철수 계획 발표 후에도 미국 국무부는 한국 측이 수익성이 좋은 베트남에 오랫동안 주둔할 계획을 세우고 있다고 봤다.

을 방문했는데 그때 기자의 첫 번째 질문이 "한국군이 파월된 이래 6,000명을 살해했는데 어떻게 생각하느냐"는 것이었다고 한다.

베트남에서 민간인들에 대한 잔인한 행위가 적지 않았던 것으로 보인다. 1968년 2월 미군 보고에 의하면 한국군이 퐁니·퐁넛이라는 농촌 마을을 공격했는데 이때 늙은이, 어린이까지 74명이 죽었다고 한다. 1968년 1월 20일에는 투이보에서 145명이, 2월 22일에는 하미에서 138명이 죽었다. 이와 같이 여러 군데에서 잔혹 행위가 있었다고 한다.

1999년에 베트남전 당시 한국군의 민간인 학살 문제를 한국에 처음으로 알린 구수정은 1968년 1월에서 1969년 11월 사이에 꽝남성에서 4,000여 명이 희생된 것으로 추정했다. 구수정은 2002년 제주도 인권학술회의에서 80여 건의 학살이 있었고 9,000명의 민간인이 희생된 것으로 발표했다. 한겨레 2016년 9월 23일 자 기사에 의하면, 전투 부대가 추가 파견된 1966년에는 맹호부대에 의해 빈안에서 민간인 1,004명이, 빈호아에서는 청룡부대에 의해 민간인 430여 명이 희생됐다. 아울러 빈호아가 있는 꽝응아이성에서는 18건의 학살로 민간인 1500여 명이 희생된 것으로 나온다. 그리고 1980년대 초반 베트남 정부에서 발표한 '남베트남에서 남조선 군대의 죄악'에는 한국군에 의해 5,000명의 민간인이 죽은 것으로 돼 있다고 한다. 2016년은 빈안, 빈호아 등의 민간인 학살 50주년인데, 그래서인지 한국 군인들의 민간인 학살에 대한 사죄를 요구하는 목소리가 베트남에서 커지고 있다.

— 한국군 철수 후에도 베트남 파병의 후유증은 오랫동안 계속됐다. 그중 빼놓을 수 없는 것이 고엽제 문제 아닌가.

고엽제는 베트남전에서 나뭇잎의 성장을 억제해 정글에서 베트콩의 근거지를 제거할 목적으로 사용된 다이옥신 계열의 제초제다. 베트남전이 끝난 후 유엔은 이것을 제네바 의정서에서 사용을 금지한 화학 무기로 보고 고엽제 사용을 감시하고 있다.

　　한국 군인들도 피해가 많았다. 2000년대에 나온 국가보훈처의 한 자료에 의하면, 고엽제 피해자는 총 8만 9,772명으로 돼 있다. 이 중에서 환자는 3만 9,909명, 후유의증 환자는 4만 9,799명, 2세 피해자는 64명으로 나와 있다. 거의 전부 베트남전에서 생긴 피해자들인데, 우리나라 DMZ에서 고엽제로 피해를 본 사람들도 일부 있다. DMZ 고엽제 피해자는 1,000명이 안 된다고 한다.

　　이야기를 정리하면, 당시 한국 경제 규모를 볼 때 베트남 특수는 대단한 규모였다. 지난번에 제2차 경제 개발 5개년 계획 기간(1967~1971년)에 제일 성장률이 높았다고 하지 않았나. 그렇게까지 높아지는 데 가장 큰 기여를 한 것이 베트남 특수라고 볼 수 있다. 제2차 경제 개발 5개년 계획 기간에 베트남 특수의 역할이라는 건 정말 대단한 것이었다.

　　그리고 한일협정 결과 청구권 자금에 해당하는 3억 달러하고 장기 저리 차관 2억 달러 등을 10년에 걸쳐서 쪼개서 줬다. 그것은 제2차, 제3차 경제 개발 5개년 계획 때 베트남 특수만은 못하다고 하더라도 상당히 유용하게 사용됐다. 서독에 광부와 간호사를 파견한 것도 기여했다. 광부와 간호사 파견은 서독이 요구한 것이었고, 월남 파병이나 한일 국교 정상화는 누가 대통령이 됐더라도, 어느 정권이 들어섰더라도 다 하게 돼 있었다는 걸 강조하지 않았나. 그런 점에서 박정희 한 사람 때문에 그렇게 된 것이라고 하는 건 말도 안 되는 주장이다.

한국 경제 살린 중동 건설 특수, '중화학 무리수'로 발등 찍은 유신 정권

경제 성장, 네 번째 마당

김덕련 박정희 집권기 경제에서 빼놓을 수 없는 것이 중동 특수다.

서중석 그 당시 한국 경제에서 견인차 역할을 한 중요 요소들을 지금까지 살펴봤는데 중동 건설처럼 한국에 큰 행운으로 작용한 건 없다. 박정희한테는 정말 대운이었다. 중동 건설은 뜻밖의, 그것도 엄청나게 큰 규모의 경제 발전을 할 수 있는 행운을 한국에 안겨줬다. 그런 점에서도 중요하지만, 그 시기도 중요하다.

1969년에 한국 경제가 아주 좋았다. 성장률이 굉장히 높았다. 그러나 1970년대에 들어서면서 성장률이 계속 한 자릿수가 된다. 한 자료를 보면 1969년에는 13.8퍼센트였는데 1970년에는 7.6퍼센트로 나온다. 이런 식으로 1975년까지 계속 성장률이 그렇게 높지 않았다. 수출 증가세도 이 시기에는 상당히 둔화됐다. 그러면서 한국 경제가, 유신 체제가 들어섰건 안 들어섰건 상관없이, 어려움을 맞고 있었다. 여기에 그야말로 구세주처럼 등장한 게, 김재규가 건설부 장관을 할 때인 1974년에 본격적으로 시작된 중동 건설이었다. 우리가 중동 건설이라고 한마디로 부르는 해외 건설 경기였다.

── 중동 특수는 당시 세계를 뒤흔든 석유 파동과 이어져 있지 않나.

유럽이라든가 일본은 1973년 제1차 석유 파동의 영향을 크게 받았다. 그런데 한국은 영향을 받지 않은 건 아니지만 그 형태가 좀 달랐다. 중동의 여러 나라가 이스라엘과 맞붙은 전쟁에서 계속 밀리자, 안와르 사다트 이집트 대통령이 중동의 산유국들한테 호소하게 된다.˚ 그것을 계기로 산유 주권 국가로서 석유수출국기구

1973년 제1차 석유 파동 당시 연료 대책 현황 시찰에 나선 김종필 국무총리가 관계자의 브리핑을 듣고 있다. 한국은 제1차 석유 파동 때문에 오히려 엄청 덕을 보는, 지구상에서 어쩌면 제일 크게 덕을 본 참으로 기이한 예가 돼버렸다. 사진 출처: 국가기록원

OPEC가 전 세계 석유를 장악하고 있던 7대 메이저로부터 이제 자율성을 갖고 독자적 행보를 하는 방향으로 힘을 모으면서 석유 가격이 오르지 않나.

석유 가격이 많이 오르면서 사우디아라비아, 이란 같은 중동 여러 나라에 굉장히 많은 달러가 쌓인다. 이 나라들의 지배층이 그

이 지역 산유국들이 뜻을 모아 유가를 조정할 수 있다면 이스라엘을 적극 지원하는 미국을 견제해 이스라엘을 어렵지 않게 이길 수 있다는 것이 안와르 사다트의 생각이었다.

경제 성장

걸 자기들만 먹을 수는 없지 않았겠나. 당시에는 사우디아라비아만
이 아니라 이란도 왕국(팔레비 왕조)이었는데, 왕족들만 그 과실을 차
지할 수는 없었다. 국민들한테도 '우리가 이렇게 너희를 위해 일했
다'는 걸 보여줘야 했는데 제일 표 나게 보여줄 수 있는 것이 다리,
도로를 놓고 아파트 같은 건물을 짓는 건설 사업이었다. 그것도 굉
장히 빨리 지어주는 데일수록 그 사람들에겐 좋았다. '너희를 위해
우리가 이렇게 일하고 있다'는 걸 빨리 국민들한테 보여줄 수 있었
기 때문이다. 서독이나 일본이 일을 잘한다는 건 그 사람들도 알고
있었지만, 빨리빨리 일을 잘하는 건 한국, 특히 정주영의 현대건설
을 따라갈 데가 없었다.

　　내가 10여 년 전에 피라미드에 두 번째로 방문했을 때 꼬맹이
들이 우리 주변을 뱅뱅 돌면서 우리말로 "빨리빨리 빨리빨리" 그
러면서 달음박질하고 다니더라. 어떻게 저런 꼬마들이 저럴까 하는
생각을 당시 했는데, 이집트뿐만 아니라 중동 여러 나라에서 현지
인들이 한국인 여행객들을 보면서 "빨리빨리"라는 말을 하는 걸 나
도 몇 번 들었다. 그만큼 한국인은 빨리빨리 해낸다고 해서 중동 여
러 국가에서 선호했다. 그래서 한국은 오히려 제1차 석유 파동 때
문에 나중에 엄청 덕을 보는, 지구상에서 어쩌면 제일 크게 덕을 본
참으로 기이한 예가 돼버렸다.

박정희도, 한국 경제도 살린 중동 건설 특수
그러나 박정희 지도 능력과는 무관했다

―― 중동 특수 규모는 어느 정도였나.

한 자료를 보면 중동에 발을 뻗기 시작한 1974년에 8,900만 달러였던 총 수주액이 1975년에는 7억 5,100만 달러가 되고, 1975년에서 1979년 사이에 연평균 76.1퍼센트씩 늘어났다고 돼 있다. 이건 수출 증가율하고 비교가 안 되게 높은 수치다. 그러면서 1980년에는 82억 달러가 된다. 변형윤 교수가 쓴 글에서 건설 수출 부분을 보면 수치가 조금 다르게 나온다. 중동 지역이 95퍼센트 이상을 차지하는 건설 수출이 1974년에는 2억 6,000만 달러, 1976년에는 25억 달러, 1977년에는 35억 2,000만 달러, 1978년에는 81억 5,000만 달러나 되는 것으로 나온다. 정말 무서운 성장세였다. 변형윤 교수 글에는 이것이 전체 한국 수출액의 40퍼센트에서 60퍼센트까지 차지했다고 돼 있다. 건설 수출은 상품 수출에 비해 가득률(순이익으로 얻게 되는 외화 획득 비율)이 높을 뿐만 아니라 이윤이 더 크다. 심각한 외환 부족 상황에서 이것이 굉장히 크게 기여했다.

1977년에 100억 달러 상품 수출 목표를 달성했다고 해서 엄청나게 홍보하고 그랬다. 굉장했다. 그때 정말 대단했다. 떠나갈 듯했는데, 이 중동 특수가 떠받쳐주는 역할을 하지 않았으면 그러한 수출의 상당 부분은 이루기 어려웠을 것이다. 중동 특수가 정말 박정희도 살리고 한국 경제도 살렸다. 그래서 우리나라에서 새로 번영한 거리 이름이 테헤란로다.

이렇게 수주액이 많고 건설 수출이 잘되다 보니까 노동자 송금액도 많았다. 노동자는 월급의 80퍼센트를 강제 송금해 은행에 예치하도록 돼 있었다. 이게 1975년에 1억 5,800만 달러, 1976년에 3억 300만 달러, 1977년에 5억 8,400만 달러, 1978년에는 7억 6,900만 달러였다. 이건 월남 특수하고도 비교가 안 된다. 월남 특수가 대일 청구권보다도 훨씬 규모가 큰데, 중동에 간 노동자들의 송금액 이건 그야말로 순수하게 우리 돈으로 되는 것 아니었나.

이때 천재적인 경영 수완을 보인 사람이 정주영이었다. 대단한 기량을 보였다. 정주영의 이때 업적이라는 건 두고두고 한국인들이 기억하게 될 것이다. 현대건설을 중심으로 현대에서 1975년에서 1979년 사이에 약 51억 6,400만 달러를 벌어들였다. 1979년에 현대의 총 매출이 36억 달러나 됐다. 그러면서 1978년 미국 경제지《포춘》에 드디어 한국 기업인 현대가 98위로 이름을 올린다. 정말 놀랍고 무서운 일이 중동 건설을 통해 이뤄진 것이다.

그런데 중동 건설에서 이렇게 돈이 많이 들어오니까 부작용도 많았다. 부동산 투기가 1977년, 1978년경부터 굉장히 거세진다. 남편은 열사의 땅에서 고생하는데 부인이 그 돈을 가지고 사회 문제를 일으키는 경우도 많았다. 하여튼 중동 건설이 얼마나 중요한 역할을 했는가 하는 건 중화학 공업 문제에 가서야 알 수가 있다.

분명한 건 중동 건설은 박정희 대통령의 지도 능력하고는 아무런 상관이 없다는 것이다. 그야말로 횡재수가 터진 것이고, 기발하게 머리를 잘 쓴 정주영 같은 사람이 거기서 엄청난 위력을 발휘한 것이다.

중화학 공업화 위해 유신 쿠데타?
박정희도 그런 얘기는 안 했다

―― 중화학 공업화와 관련해 박정희 대통령의 의지와 추진력을 강조하는 주장이 적지 않다. 최고 권력자의 결단이 중화학 공업화의 밑거름이 됐고, 그것이 한국 경제를 고도화하는 기틀을

마련했다는 논리다. 이러한 주장, 어떻게 보나.

중화학 공업화가 과연 박정희 대통령 개인의 업적인가, 그렇지 않고 이것도 다른 여러 요인에 의해 이뤄진 것인가를 짚어볼 필요가 있다. 많은 사람이 중화학 공업화를 박 대통령 최대의 경제 업적이라고 한다. 심지어 모모 인사들은 '중화학 공업화를 위해 박정희가 유신 쿠데타를 일으켜 유신 체제를 만든 것이다', 이런 주장까지 한다. 그런데 박정희는 한 번도 그런 얘기를 한 적이 없다. 어떤 연설문을 읽어봐도 그렇게 얘기한 게 없다. 중화학 공업화에서는 산림녹화에서 구공탄이 한 것과 같은 역할을 한 것이 한 가지만 있는 게 아니라 몇 가지가 있다.

우선 한국에서는, 북한이 더 강하게 주장했지만, 1950년대부터 '우리 경제가 자립하려면 중공업이 발전해야 한다'는 이야기를 혁신계, 진보 세력 같은 쪽에서 많이 주장했다. 박희범 같은 극우 성향 학자들도 1960년대에 들어가면서 이 주장을 많이 한다. 그래서 박정희 정권은, 장면 정부와 마찬가지로, 제1차 경제 개발 5개년 계획을 세울 때 중공업을 상당히 중시했다. 그런데 자금 문제가 생겼고, 미국이 못마땅하게 생각했다. 경제가 잘 돌아가지를 않았다. 그러니까 수정을 했다. 이 시기에 북한은 중공업 발전에 성공한 사례로 꼽히기도 했다.

박정희 정권 때 청와대 비서실장을 가장 오랫동안 한 김정렴은 회고록에서 자신이 상공부 장관으로 취임한 1967년부터 중화학이 태동했다고 얘기하고 있는데, 제2차 경제 개발 5개년 계획 기간인 1967년에서 1971년 사이의 계획을 보면 제철, 기계, 석유화학을 3대 기본 목표로 세웠다. 제2차 경제 개발 계획을 세울 때, 이건

1967년 이전일 터인데, 이미 한국은 중화학으로 가야 한다고 본 것이다. 그러면서 제2차 경제 개발 5개년 계획 기간에 포항종합제철하고 울산 석유화학 콤비나트가 착공되는 것 아닌가. 제3차 경제 개발 5개년 계획 기간인 1972년에서 1976년 사이의 계획에는 종합제철, 석유화학에다가 중기계, 조선, 특수강, 주물철 공장이 또 중요 사업으로 제시된다. 이처럼 중화학 공업으로 가야 한다는 건 유신 체제 이전에 대세였고 또 구체화됐다. 중공업으로 가야만 한국 경제가 제대로 자립할 수 있다는 분위기는 이미 1950년대부터 계속 있었다.

1973년 1월 12일 중화학 공업화를 박 대통령이 선언했다고들 이야기하면서 많은 사람이 그 담화를 인용하는데, 그 담화도 읽어 보면 중화학 공업화 이야기만 한 게 아니고 농업 등 여러 부문과 함께 중화학 공업도 발전시키겠다고 돼 있다. 그렇지만 이 시기쯤 오면 중화학 공업을 한층 더 발전시켜야 하는 여러 가지 상황에 직면한다. 그러면서 1973년 5월 12일 총리를 위원장으로 한 중화학공업추진위원회를 구성하고 그 밑에 시행 업무를 총괄하는 중화학공업추진위원회 기획단을 만든다. 1974년부터 조세 감면, 관세 보호 등 각종 혜택을 주고, 수입 규제 조치로 중화학 공업 제품의 이익을 보장해주고, 엄청난 금융 특혜를 제공하는 한편 대규모 차관을 정부가 보증하면서 중화학 공업을 발전시키라는 식으로 나오는 것이다. 그런데도 중화학 건설 계획은 1975년까지 2년간이나 동면 상태였다. 제대로 추진되지 않았다.

중화학 공업화 추동한 '구공탄들'

— 구공탄 역할을 한 다른 요인으로 어떤 것들이 있나.

중화학 공업화를 추진하게 된 또 하나의 중요한 이유로 김정렴은 미군 철수에 대비해 방위 산업을 건설하려는 야심찬 의욕을 박 대통령이 10년 가까이 가지고 있었다는 이야기를 한다. 그러려면 중화학 공업을 발전시켜야 한다고 해서 군수 산업, 방위 산업과 관련해 중화학 공업화를 강력하게 추진했다는 점을 김정렴이 여러 군데에서 강조하는 걸 볼 수 있다.

이와 관련해 재미난 게 특수강이다. 앞에서 중기계 등을 이야기했는데 특수강 등 4대 핵심 공장 건설 계획을 구체화하기 위해 일본에 차관을 요청했을 때 일본의 큰 회사들인 후지철강, 야하타 제철소, 니혼강관, 이 3사 대표들은 "경제성 차원에서 이 문제를 다룰 것이 아니라 극동 안보 문제, 나아가서는 직접적인 일본의 안보 문제와 관련지어 이 사안을 다뤄야 한다"고 하면서 "군사 전략적 관점에서 지원하자"고 결정했다. 방위 산업과 중화학 공업, 박정희 정권과 일본의 군사 전략의 관계를 여기서 읽을 수 있다.

그런데 이보다 더 큰 요인, 구공탄 같은 역할을 한 것 중 하나라고 볼 수 있는 것은 그 당시 한국이 중화학 공업으로 가지 않으면 안 되는 상황과 함께 선진국에서 중화학 공업이 사양 산업화한 점이었다. 1970년 서울에서 열린 제2차 한일경제협력위원회 총회에서 대륙 침략의 만주 인맥을 대표하는 인물 중 한 명으로 한일 관계의 막후 인물이던 야쓰기 가즈오가 '한일 장기 경제 협력 시안'을 발표했는데, 여기서 일본의 노동 집약적 산업과 철강, 조선,

석유화학, 전자 공업 등 사양 산업을 남한에 이전할 것을 제안했다. 남한을 일본 경제의 하위 생산 기지로 포섭하겠다는 뜻이었다. 또 한일 합작 회사에서 노동 쟁의를 금지할 것도 요구했다.

당시 한국은 노동 집약적 상품에 중점을 두기가 어려웠다. 선진국의 수입 규제가 강화되고 있었고 태국 등 후발 개발도상국의 추격이 시작됐기 때문이다. 그런데 이것 못지않게, 어떤 면에서는 이보다 더 중요한 역할을 한 것은 미국, 일본, EC(유럽공동체, EU의 전신)의 중화학 공업 여건이 변화한 것이었다. 일부 중화학 공업의 공해 문제로 환경 개선 시민운동이 유럽, 일본에서 일어났다. 그런 상황에서 1973년 유가 파동을 맞이한다. 유가 상승으로 임금도 상승하게 되는데, 그와 함께 이 시기에는 다국적 기업의 활동이 활발해지고 국제 자본 이동 및 기술 이동이 용이해졌다. 그러면서 노동 집약적, 에너지 집약적 중공업을 선진국에서 다른 나라에 수출하기 시작했다. 이때 한국에 이런 것들을 팔기 위해 상업 차관까지 알선하는 일이 생겼다. 그래서 철강, 비료, 조선 등 사양 공해 산업이 이 당시 한국에 많이 들어오게 되는 것이다. 특히 일본이 한일 경제 협력 구상 아래 사양 산업들의 이전을 적극 도와주는 것을 볼 수 있다.

그런데 이 시기 중화학 공업 공장 신설에서 규모의 경제라는 게 작용하고, 또 최신 시설을 도입할 수 있었다는 점에서 선진국보다 유리하게 돼버리는 국면이 나타난다. 이것도 한국, 대만 같은 나라에서 중화학 공업을 발전시킬 수 있는 유리한 조건으로 작용했다. 대만의 경우 1972~1973년경부터 중화학 공업화에 박차를 가해 에틸렌 23만 톤 플랜트 공사를 완성하고, 1974년에 중국제철회사, 중국조선회사를 설립하고 철강, 석유화학, 조선 공장을 활발하게 조성했다. 10대 공업이라는 대규모 중화학 공업화가 장개석(장제스) 아들 장경국(장징궈)을 중심으로 야심차게 추진됐다. 재벌 위주로 중화학 공업화를 추진한 한국과 달리, 장경국은 국유 공영 기업을 통해 중화학 공업화를 추진했고 중소기업도 일정한 역할을 맡게 했다. 그런 점에서 한국과 대조적이었다.

중동 건설 특수 계기로 불붙은 중화학 공업화, 과열 경쟁하며 과잉 중복 투자한 재벌들

—— 유신 체제 후반기에 과잉 중복 투자가 문제가 될 정도로 중화학 공업 붐이 일지 않았나.

앞에서 말한 것처럼 국내외의 여러 여건 때문에 한국 정부에서 적극적으로 중화학 공업화를 추진했지만 1975년까지는 기업 쪽에서 별로 호응하지 않았다. 여러 혜택을 줬는데도 그랬다. 이런 상황에서 엄청난 경제 변화가 일어난다. 그게 바로 중동 특수였다. 중동 건설 특수 덕분에 현대뿐만 아니라 여러 대기업이 그야말로 노다지를 캤다. 엘도라도가 따로 없었다. 기업들이 엄청나게 성장했다. 그렇게 되니까 이 대기업들이 국내 건설업계에 막 뛰어들었다. 이 무렵 부동산 투기가 크게 일어나는데, 재계는 물론이고 한국인들 모두 들떠 있었다.

경제 평론가 박병윤이 지적한 대로 이렇게 중동 건설 경기로 기업의 재무 구조가 크게 개선되고 호경기가 도래한데다가 정부에서도 적극 권장하니까, 그간 주저하던 대기업들이 한꺼번에 중화학

1976년 울산 석유화학 공단 전경. 중동 건설 경기로
기업의 재무 구조가 크게 개선되자 대기업들이 한꺼번에
중화학 공업에 뛰어들었다. 사진 출처: 국가기록원

공업에 뛰어들었다. 한국적 현상이라고도 볼 수 있겠지만 중복해서 막 뛰어들어버렸다. 설탕, 모직 같은 소비재 산업에 주력해 한국 최대 재벌이 됐다고 해서 비난을 많이 받았던 삼성도 1977년 대대적인 체제 개편을 하는 것을 볼 수 있다. 소비재 재벌의 대명사 격이던 삼성은 박정희 정권 시절 전자, 건설, 석유화학 등에 뛰어들었다. 자동차는 나중에 창업주의 아들(이건희)이 뛰어들었다가 잘 안되지만, 자동차를 빼놓고 거의 모든 중화학 공업에 삼성도 조금 늦지만 뛰어들었다.*

문제는 또 여기서 일어난다. 이렇게 해서 중화학 시대가 오게 되는데, 중화학 시대가 열리니까 정부가 앞장서서 중화학 공업 과열을 부채질했다. 1975년까지 잘 안되다가 재벌들이 뛰어들어 이제 유신 체제 경제를 살리는 것 같으니까, 중화학공업추진위원회 기획단의 경제 관료를 비롯한 여러 관련 경제 관료들이 충분한 검증 없이, 경제 성장을 단숨에 높이는 계기로 인식하고 강력하게 밀어붙였다. 어떤 사람은 "충동적으로 밀어붙였다"고 표현했더라. 종합적이고 전체적인 계획에 따라 이뤄진 것이 아니었다. 일관성 없이 단편적으로 추진해 과열, 과잉 투자를 자초했는가 하면 재계에서는 끊임없이 새 계획을 제시하면서 삼성, 대우, 럭키(오늘날 LG) 등이 모두 중화학 체제로 탈바꿈했다. 그러면서 새 사업을 일으켰다.

그런데 팔아먹을 시장이 충분히 있었느냐 하면 그렇지 않았다. 국내 시장은 협소했고, 해외 시장의 경우 제대로 개척도 안된 상태

---

* 1977년 삼성은 삼성종합건설을 설립했다. 그에 앞서 1974년에는 삼성석유화학을 만들었다. 전자 부문에서 삼성은 1969년 삼성전자, 그리고 일본과 합작해 삼성-산요 전기를 세웠다. 1975년 삼성전기로 이름을 바꾼 삼성-산요 전기는 1977년 삼성전자에 합병된다. 1977년 삼성전자는 컬러 TV 양산 체제를 갖추고 수출을 시작했다.

였을 뿐만 아니라 선진국과 경쟁이 안 되는 부문이 많았다. 정부에서 적정하게 분배해 과열 경쟁을 막아야 했는데, 중화학 공업에 뛰어든 대기업들과 그 대기업 대열에 뛰어들려는 기업들이 정부의 구획 정리에 반발했다. 그러다보니까 정부의 중화학 구획 정리가 원칙이 없고, 모처럼 원칙을 정해도 규칙이 제대로 지켜지지 않았다. 그래서 중복 투자가 일어나고 엄청난 과잉 시설이 들어서게 됐다.

유신 체제 지키기에 눈먼 박정희 정권,
'중화학 무리수'로 경제 위기 초래

── 1970년대 후반 한국 경제는 큰 위기를 맞는다. 외채 누적, 재벌 비대화, 살인적이라는 이야기를 듣던 물가 문제 등과 중화학 공업에 대한 과잉 중복 투자가 맞물린 결과 아닌가.

재벌들이 선발 주자건 후발 기업들이건 앞다퉈, 심지어 정주영 형제처럼 형제지간에도 경쟁하면서 서로 큰 규모의 중화학 공업을 세우려고 뛰어든 데는 이유가 있다. 중화학 공업은 엄청난 규모의 자본을 필요로 한다. 거대 시설, 대규모 자본을 요구하는 장치 산업인데, 그건 대량 생산과 판매, 거대 이익을 가능케 하는 것이기도 하다. 무슨 이야기냐 하면, 중화학 공업의 어떤 부문에 뛰어드느냐에 따라 재벌 순위를 바꿀 수 있었다는 말이다. 즉 재벌의 영토 확장, 대형화, 비대화로 가는 첩경이었다. 정부가 이를 지원하고 보호해주기로 다 약속하지 않았나. 그래서 이런 과잉 설비 투자가 중복해 생긴 것이다.

경제 평론가 박병윤에 따르면 이 당시는 재계 최고의 황금기였다. 기회를 잘 잡으면 무명 기업인도 재벌 스타덤에 오를 수 있고 기성 재벌은 더욱더 규모를 확대할 수 있어서 모두 필사적으로 앞장서서 영토를 분할했고, 정부가 구획 정리 작업을 하면 더 심한 과열 경쟁이 일어나는 것이 마치 이 시기의 아파트 청약 과열과 비슷했다고 한다. 청약 투기처럼 과열 현상이 일어나 정부는 손을 뗄 수도, 더 깊이 개입할 수도 없는 상태에 빠졌고, 구획 정리 작업이 제대로 이뤄지지 않는 속에서 재계의 각축전이 돼버리고 말았다는 것이다. 박병윤은 당시 한국일보 경제면을 맡았던 사람인데, 그때 한국일보에 유능한 경제 기자들이 있어 기사가 괜찮았다.

이러한 중화학 공업이 박정희 1인 유신 체제의 발목을 잡고 유신 체제가 붕괴하는 데 중요한 역할을 할 것이라고는 아무도 상상하지 못했다. 중화학 공업 투자는 내자 없이 뛰어들었다. 예컨대 현대양행은 내자 비율이 8.4퍼센트, 쌍용중기(오늘날 STX)는 11.2퍼센트, 삼성중공업도 15.7퍼센트에 불과했고, 중화학 공업에 뛰어든 기업들의 평균 자기자본 비율이 20퍼센트 미만이었다고 한다. 이러한 심각한 내자 부족으로 정부의 긴축 기조를 위협했고, 또 해외 시장을 목표로 중복 과다 투자를 했는데 해외 시장 진출은 어렵게 되면서 엄청난 시설이 유휴화하고 있었다. 거기에다가 1978년 말에 터진 제2차 석유 파동이 1979년에 내습해버렸다. 중화학 공업도 석유하고 관련이 깊지 않다. 1차 파동은 힘겹기는 했으나 그럭저럭 넘겼지만 2차 파동 때에는 한국도 큰 피해를 본다. 물론 1980년대에도 중동 건설 특수가 여전히 효자 노릇을 하지만, 어쨌건 석유 파동이 내습해 한국 경제에 큰 부담을 안겼다.

이 시기 정부는 중화학 공업 기술 수준을 높이도록 뒷받침하고, 제품의 질을 국내외에서 검증해 제대로 수출할 수 있는 제품인 가도 따져봤어야 한다. 그런데 그런 과정을 거치지 않고 막대한 외자를 끌어들여 대규모 공장을 세운 다음 막 수출하게 하려는 식으로 해서 유신 경제를 띄우려 한 것이다.

1975년에 김종필이나 김대중이 정권을 잡았더라면…

— 만약 박정희가 1인 영구 집권이라는 망상에 사로잡혀 1972년에 유신 쿠데타를 일으키지 않았다면 한국 경제는 어떤 모습이었을까. 역사에서 가정은 부질없는 일이라는 주장도 있긴 하지만, 막혀버린 다른 선택의 공간을 탐색해보는 건 특정한 시기를 폭넓게 이해하는 데 도움이 될 것이라는 생각이 든다.

나는 박정희 대통령이 3선 개헌으로 1975년까지만 대통령을 하고 그다음에 김종필이든 김대중이든 혹은 또 다른 누구든 대통령이 됐더라면 중화학 공업에 대한 과잉 중복 투자 등이 불러온 1970년대 말과 같은 사태, 1980년대 초까지 이어지는 그런 사태는 안 일어났을 것이라고 본다. 중화학 공업화는 대세였다. 한국으로서는 대만과 함께 그쪽으로 안 갈 수가 없었다. 그건 누가 집권하더라도 마찬가지였다고 난 본다. 그런 상황에서 김종필이나 김대중 같은 사람은 중화학 공업의 문제점을 그래도 어느 정도 객관적으로 판단하고, 문제점을 보완하면서 중화학 공업을 계속 강력하게 추진하는 정책으로 갔을 것이라고 본다.

그러나 유신 체제에서는 모든 것에 우선하는 것이 유신 보위이지 않았나. 그것을 할 수 있는 수단은 반공과 경제 성장밖에 없었다. 북한이 쳐들어온다고 계속 국민에게 주입해 철통같은 병영 체제로 국민들을 몰아가고, 또 '이렇게 경제 성장을 하고 있다'는 성장 지상주의, 성장 제일주의 정책으로 유신 체제를 유지하려고 하다 보니까 그런 무리수를 둔 것이다.

아울러 이 당시 중화학 공업이 어떤 중화학 공업이었느냐 하는 부분도 살펴볼 필요가 있다. 원래 1950년대부터 한국에서 중공업을 발전시켜야 한다고 했을 때 그 중화학 공업 또는 중공업은 생산재 공업 시설을 목표로 하고 있었다. 박희범도 그걸 강조했다.

그런데 1970년대 후반기에 있었던 중화학 공업은 노동 집약적 소비재 공업의 성격을 지닌 석유 정제 및 석유화학 제품, 최종 화학 제품, 가정용 전자·전기 제품, 자동차, 선박 등에 주로 집중했다. 생산재 부문이라고 이야기할 수 있는 건 철강 정도였다. 그것이 국내 산업 내부에서 가질 수 있는 효과는 미약했다. 분업 효과가 별로 없었다. 중화학 제품 가공 수출의 성격이 강했고, 그로 인해 일반 기계 부문에서 비교 우위를 갖지 못하고 생산재 수입을 유발해 무역수지 적자를 누적시켰으며 국내의 다른 부문에 대한 파급 효과를 약화시켰다.

전철환 교수는 1970년대에 외연적 성장에 집중한 나머지 과학 기술의 체화体化 및 개발 등 내연적 성장에 크게 힘을 쏟지 않았다고 비판했다. 산업 기술을 대부분 수입했는데 그걸 우리 것으로 완전히 소화하지도 못했다. 그래서 기술의 체화 및 개발에 뒤떨어지고, 생산성도 크게 향상하지 못해 제품의 국제 경쟁력을 높이지 못했다는 것이다. 또 정책 금융 비중이 80퍼센트에 이를 정도로 권력이 금융이나 공장 부지 등을 매개로 민간 경제에 과도하게 간섭해 비효율과 낭비가 초래되기 쉬웠다. 무엇보다도 관치 금융은 심각한 정경유착을 낳았고 기업의 체질을 크게 약화시켰다.

중화학 공업 문제가 얼마만큼 유신 체제를 뒤흔들었는가는 나중에 유신 체제 붕괴 과정에서 다시 이야기하도록 하자.

유신 말기 투자 덕분에 1980년대에 도약?
힘겨웠던 조정 작업과 구조적 문제점 기억해야

— 1970년대 후반 중화학 공업에 대한 과잉 중복 투자가 심각한 위기를 낳은 건 사실이지만, 1980년대 후반 한국 경제가 다시 도약할 수 있었던 건 박정희 집권기에 그렇게 투자해놓은 덕분 아니냐는 의견도 있다. 어떻게 생각하나.

유신 체제의 붕괴 과정과 말로 부분에 가서 상세히 살펴보겠지만, 중화학 공업 구조 조정 작업이 얼마나 힘들게 진행됐나. 중화학 과잉 중복 투자로 우리 경제가 1970년대 말, 1980년대 초에 얼마나 출혈이 심했나. 그때 참 암담했다. 중화학 공업이 1980년대 중후반에 큰 역할을 하게 된 것에 대해서는 여러 가지를 생각해야 하지만, 3저(저유가, 저달러, 저금리) 호황을 빼놓고 생각할 수 없다. 3저 호황을 맞으면서 중화학 공업이 살아난다. 그 3저 현상이 1980년대 중반부터 부분적으로 일어나고 1986~1988년에 만개하는 것인데, 그게 없었다면 '중화학 공업이 한국 경제를 망쳤다', 이런 얘기를 들을 수 있었다. 3저 호황이 오면서 중화학 공업이 효자 노릇을 하고 수출의 역군이 되는 건데, 3저 호황은 중동 건설 특수처럼 우연하다면 우연한 요소로 볼 수도 있다. 우리가 예기豫期하지 못했다는 점에서 그렇다. 결과적으로 잘된 것만 가지고 '처음부터 잘한 것이다', 이런 식으로 얘기하는 건 그렇지 않나.

아울러 결과적으로 잘된 면이 있지만, 꼭 잘된 것만 있다고 보기도 어렵다. 중화학 공업의 문제점은 여전히 남아 있다. 너무나 재벌 중심으로 편중된 구조, 예컨대 삼성전자가 망하면 한국 경제도 같이 망하게 돼 있다는 얘기가 계속 나올 수밖에 없는 구조 같은 문제점도 여러 가지 있지 않나. 조선, 철강 부문 등도 과거와 다른 형태로 곤경에 처해 있다. 이런 점을 두루 생각할 필요가 있다.

박정희 정권은 어찌하다가
차관 망국 위기를 자초했나

경제 성장, 다섯 번째 마당

김 덕 련 지난번에 중화학 공업화와 중동 특수, 그리고 박정희 정권의 역할을 짚었다. 박정희 집권기 경제에서 빼놓을 수 없는 또 하나의 사안이 수출 정책이다.

서 중 석 중화학 공업을 박정희 정권의 최대 경제 실적이라고들 하지만, 사실은 국내외 여러 여건 속에서 그리로 가게 돼 있었다는 것을 지난번에 얘기했다. 그런데 초기엔 중화학 공업 발전이 제대로 안되다가 중동 경기로 재무 구조가 갑자기 좋아진 재계에서 적극 뛰어들면서 활성화됐는데, 정부와 기업들이 무분별하게 중화학 공업화를 추진하다보니까 나중엔 중복 과다 투자가 이뤄지고 수출 여건이 악화되면서 유신 경제의 발목을 잡았다는 것도 얘기했다. 그렇기 때문에 박정희라는 한 개인이 중화학 공업에서 차지하는 역할이 그렇게 크다고 보지는 않는다. 꼭 긍정적인 역할만 했다고 보지도 않는다.

　　박정희 대통령의 가장 큰 경제 정책으로 제시될 수 있는 것은 수출 제일주의라고도 이야기하고 어떤 사람은 수출 지상주의라고도 하는, 즉 수출입국立國이라고 하는 수출 정책에 있다고 볼 수 있다. 대부분의 학자들뿐만 아니라 정치가들도 박 정권의 가장 중요한 경제 정책으로 수출 드라이브 정책을 들고 있다. 1960~1970년대 경제 발전과 관련해 지금까지 이야기한 것 가운데 박정희 개인의 역할이 그야말로 크고 중요했다는 것을 잘 보여주는 게 수출입국, 수출 드라이브 정책이라고 볼 수 있다. 1960년대 후반에서 1970년대에 걸쳐 박 대통령이 카랑카랑한 목소리로 수출을 독려하는 모습은 많은 기업인한테 강렬한 인상을 줬다.

　　박 대통령은 수출을 증가시키는 데 그야말로 정력적으로 노력했다. 그런데 수출 정책을 채택하기까지 과정을 보면, 그리고 수출이 크게 증가하는 과정을 보더라도 박정희 1인한테 '잘했다'는 것을 돌릴 수 없는 점이 있다.

미국의 원조 정책 변화…
수출 경제로 바뀔 수밖에 없었다

—— 어떤 점에서 그러한가.

미국의 대외원조법이 개정되면서 1958년부터 미국은 종래의 무상 원조를 개발 차관 기금으로 전환하고자 한국에 주는 원조 중 먼저 시설재 원조를 개발 차관으로 대체하는 방향으로 나아갔다. 그러면서 한국에 대한 무상 원조가 많이 줄어든다. 다시 말해 1958년부터 미국의 원조가 질적인 변화를 한 것이다. 지원 원조에서 개발 원조로, 증여에서 차관으로, 단기에서 장기 차관으로, 한미 간 쌍무 원조에서 여러 국제 기구를 통한 원조로 가게 된다. 순수 원조액이라고 볼 수 있는 것은 1961년 이후 1억 달러 이하로 줄어서 1964년에는 8,000만 달러가 된다.

이런 상황에서 이승만 정부는 오히려 환-달러 환율을 500 대 1로 꽉 묶어놓았다. 미국이 아무리 불평하고 반대해도 그것과 상관없이 환율을 그렇게 낮은 수준으로 묶어놓고, 수출은 별로 생각하지도 않고 원조 물자를 어떻게 더 많이 받고 유리하게 사용하느냐를 주요한 경제 정책의 하나로 삼고 있었다. 그런데 이게 바뀔 수밖에 없게 된 것이다.

장면 정부가 등장하면서 이제 수출 경제 쪽으로 방향을 틀 수밖에 없었다. 500 대 1에서 이승만 정권 말기에 650 대 1이 된 환율을 장면 정부는 1961년 1월 1일에는 1,000 대 1로, 같은 해 2월 1일에는 1,300 대 1로 조정했다. 이때 야당인 신민당이나 여론의 반대가 굉장히 컸다. 인플레이션을 유발한다고 아주 반대가 심했다. 그럼에도 장면 정부는 그렇게 했다. 장면 정부는 무력했다고 얘기들을 많이 하는데, 단호하게 환율을 인상했다. 1961년 4월 11일에는 전년도 예산에 책정된 상공부 수출 시장 개척비 3억 환의 교부를 어떻게 할 것인가를 구체적으로 발표했다.

당시 차관을 들여오기 위해서라도 수출은 꼭 필요한 상황이었다. 수출을 통해 달러를 벌어들여야 그 차관을 갚을 수 있는 것 아닌가. 해외 차관이 필요했던 요인 중 하나는 저축률이 너무 낮았다는 것이다. 1962년에 필리핀, 파키스탄, 대만 모두 저축률이 10퍼센트가 넘었고 태국은 17.2퍼센트, 말레이시아는 20.6퍼센트였던 것으로 나오는데 우리는 한 자릿수였다. 그러니까 할 수 없이 해외 저축을 이용하지 않을 수가 없었다. 외국에 자본을 의존할 수밖에 없고 그걸 들여오려면 수출하는 길밖에 없지 않느냐, 이렇게 된 것이다. 그렇기 때문에도 1950년대 말에서 1960년대로 들어가는 길목에서는 이제 수출 문제를 심각하게 생각할 수밖에 없었다. 그런데 장면 정부에서 틀어놓은 방향인 수출 경제 쪽으로 박정희 정권이 갔는가를 살펴보면, 초기에 상당한 기간 동안에는 그렇다고 보기 어려운

장면 정권의 조정 조치에는 환율을 정상화해 수출 경제로 나아가고자 한 것에 더해 공식 환율과 시장 환율을 맞추는 의미도 있었다. 비정상적으로 환율을 낮게 책정한 이승만 정권 때 시장에서 실제로 적용된 환율은 공식 환율의 2배가 넘었다고 한다.

경제 성장

점이 있다.

— 박정희 정권이 초기에는 자립 경제 성격이 강한 경제 개발을
지향하다가 미국의 반대, 화폐 개혁 실패 등으로 인해 경제 개
발 계획의 성격을 바꿨다는 시각이 있다. 큰 틀에서 압축하면
내자 동원 중심에서 외자 동원 위주로, 수입 대체 산업 육성 중
심에서 수출 주도 경제로 바꿨다는 주장인데, 이것이 적절한
설명인지 의문이라는 반론도 있다. 어떻게 보나.

박정희 정권이 수출 경제로 가게 되는 결정적 계기, 공산품 수
출 촉진 정책으로 급속히 전환하는 직접적 요인은 바로 외환 위기
다. 외환 보유고가 너무 적게 되면서 엄청난 위기가 초래되고, 그것
에 대비하기 위해 수출 경제로 전면적으로 바꿔나가는 것을 볼 수
있다.

5·16쿠데타 이듬해인 1962년에 이미 외환 보유고가 2억 500
만 달러밖에 안 됐는데, 1963년에는 그게 1억 달러대로 떨어져 1억
2,100만 달러가 됐다. 이렇게 외환 보유고가 악화된 것은 원리금 상
환을 고려하지 않고 1961년과 1962년에 단기 상업 차관을 도입했기
때문이다. 역시 쿠데타 정권이 적절하게 경제 문제에 대처하지 못
했다고 볼 수 있다. 1965년 7월에는 외환 보유고가 1억 100만 2,000
달러로 돼버렸다. 이렇게 되면 국가가 부도날 수도 있다. 국가가 갖
고 있는 돈이 1억 달러 정도밖에 안 된다고 하면 이건 너무한 것 아
닌가. 그러면서 '어떻게든 돈을 벌어들여야 한다. 그러려면 수출밖
에 없다', 이렇게 된 것이다.

상황이 이렇게 되면서 정부가 1963년경부터 적극적인 수출 정

책으로 방향을 틀어가는 것을 볼 수 있다. 1963년 1월 1일 수출입 링크제라는 것을 실시해 수출 대금 전액을 수입에 사용할 권리를 수출업자한테 부여했다. 1964년 5월에 가면 원-달러 환율을 130 대 1에서 255 대 1로 올렸다. 장면 정부가 환율을 인상하는 건 집권한 지 불과 몇 개월 만이었는데, 박정희 정권은 쿠데타를 일으킨 지 3년이 되어서야 이렇게 환율 정책을 쓰는 것을 볼 수 있다. 장면 정부보다 꼭 혁명적인 환율 정책이라고 볼 수도 없다. 1965년 3월에 가면 단일 변동 환율제를 실시하게 된다. 아울러 수출 금융 금리도 인하해 수출 정책을 적극적으로 펴는 걸 볼 수 있다.[•]

빚에 짓눌린 유신 경제,
차관 망국론 자초한 박정희 정권

— 박정희 정권은 군사 작전을 하듯이 수출 증대 정책을 밀어붙였다. 그 결과 수출은 비약적으로 늘어나지만 그 밑바탕에는 노동자들을 말 그대로 쥐어짠 병영 같은 공장이 있었다. 놀라운 성장의 수치에 마음을 빼앗기지 말고, 열악한 작업 환경에서 저임금 장시간 노동을 견뎌야 했던 노동자들을 기억해야 하는 이유다. 한편 1960년대 후진국들의 산업화에서 남한이 다수의 제3세계 국가들과 결정적으로 달랐던 조건 중 하나는 외

제6대 총선이 치러지기 18일 전인 1963년 11월 8일 박정희는 "물가가 오른 이유는 민주당 정부 때 환율을 1,300 대 1로 인상했기 때문"이라고 장면 정권을 비난하고, "혁명 정부의 물가 억제책으로 이만한 정도로 유지한 것"이라고 자화자찬했다. 그로부터 반년 후 박정희는 환율을 약 2배로 올렸다.

1964년 12월 5일 열린 제1회 수출의 날 기념식. 쿠데타 정권은 적절하게 경제 문제에 대처하지 못했고, 그 때문에 외환 보유고가 날이 갈수록 악화되었다. 국가 부도 위기에서 벗어나기 위해 박정희 정권은 군사 작전을 하듯 수출 증대 정책을 밀어붙였다. 사진 출처: e영상역사관

자 도입이 원활했다는 점이었다는 견해도 있지 않나.

수출 경제 문제, 중화학 공업 문제를 비롯해 경제 발전과 관련된 모든 문제와 뗄 수 없는 것이 박정희 정권 때 비로소 차관 도입이 아주 용이하게 됐다는 것이다. 그 점을 생각해야 한다.

사실 1950년대에는 차관을 도입해 경제를 발전시킨다는 것이 쉽지 않았다. 유럽의 경우 제2차 세계대전으로 폐허가 되지 않았나. 급속히 복구가 이뤄지고 놀라운 경제 성장을 하기는 하지만, 유럽 자본이 다른 지역으로 이동하게 되는 건 주로 1960년대에 가서 이뤄진다. 1964년 박정희 대통령이 서독을 방문한 큰 이유 중 하나

1968년 4월 30일, 박정희가 영등포 수출 공업 단지를 둘러보고 있다. 사진 출처: e영상역사관

는 바로 이 차관 문제였다. 그때 서독은 박 정권 요구대로 해주지 못했다. 다시 말하면 일본, 서독처럼 제2차 세계대전 후 선발 경제 주자이던 나라들도 자본 수출을 많이 하게 되는 건 조금 뒤의 일이라고 이야기할 수 있다. 특히 한국, 대만이 중화학 공업 시대를 맞이할 때 선진 공업 국가에서 대규모 자본이 쉽게 이동할 수 있게 된다. 또 그때는 중동에서 오일 달러가 빠른 속도로 엄청난 양이 축적되는데, 이게 또 지구를 돌기 시작하지 않나. 그러면서 차관 도입이 용이하게 되는 것을 볼 수 있다.

　　1960년대 초까지 차관 도입이 얼마나 어려운 문제였는가 하는 것은 한일협정을 봐도 알 수 있다. 청구권 자금에서 이른바 '무상'

으로 주는 건 3억 달러였지만, 그에 더해 2억 달러 장기 저리 차관과 일본 정부의 상업 차관 3억 달러 알선 부분이 청구권 관련 내용에 들어가 있다. 이 시기에 차관을 얻기가 얼마만큼 어려웠는지를 단적으로 보여주는 예 아니겠는가. 그런데 1960년대 후반에 오면서 자금 유통이 원활해진다. 그전에는 하고 싶어도 잘 안 되는 상황이었다. 장면 정권도 차관을 생각하고는 있었다. 주로 일본 쪽에서 어떻게 해볼 수 있지 않을까 하는 생각을 많이 했다.

— 1960년대 초반까지와 달리 1970년대 후반에는 차관을 너무 많이 들여와 문제가 되지 않나.

외자 도입이 한국에서 어떤 식으로 이뤄지는가를 구체적으로 살펴보면 어느 시기부터 그것이 원활했는가를 잘 알 수 있다. 1959년에서 1966년 사이에는 차관이 3억 2,500만 달러밖에 안 됐다. 그런데 1967년 한 해에 차관이 2억 3,000만 달러나 들어오고, 1968년에는 1959년에서 1966년 사이에 들어온 것보다 더 많은 3억 3,900만 달러의 차관이 들어온다. 그 후 계속 늘어난다. 그래서 1959년에서 1971년 사이에 총 25억 7,300만 달러의 차관이 들어온다.

그 이후에 늘어나는 걸 보면 이것보다도 속도가 더 빠르다. 이건 한국 경제가 커졌기 때문에 그만큼 신뢰를 받아 그렇다는 점도 있지만, 국제 간 자본 이동이 그전 시기와는 달라졌다는 것을 보여주는 것이기도 하다. 제3차 경제 개발 5개년 계획 기간인 1972년에서 1976년 사이에는 차관을 54억 3,180만 달러나 들여왔다. 그전 10여 년간 들어온 차관의 두 배가 넘는 액수였다. 중화학 시대라고도 이야기하는 1977년에서 1979년에는 73억 2,320만 달러나 들어왔다.

그런데 이때쯤 되면 한국에 차관 망국론이 등장하기 시작한다. 외채 망국론이라고도 부른다. 뭐냐 하면, 외부 조건이 좋다보니까 대기업들이 중화학 공업에 뛰어들면서 정부에서 보증해 차관을 마구 들여온 것이다. 그래서 원리금 상환 압박이 아주 심각해졌다. 원리금 상환 이자를 보면 1977년에서 1979년 사이에 원금을 43억 4,560만 달러, 이자를 무려 24억 8,380만 달러나 물게 됐다. 두 개를 합치면 68억 2,940만 달러였다. 이 시기에 들여온 차관 73억 2,320만 달러와 맞먹는 액수였다. 유신 체제 후반기에 이르면, 이제는 차관을 들여오는 액수하고 차관을 갚아야 하는 액수가 같아지는 식이 된 것이다.

그 당시 네 나라가 '이대로 가면 외채로 붕괴할 것'이라는 이야기를 들었다. 바로 브라질, 아르헨티나, 멕시코, 한국이었다. 그렇게 될 뻔했는데 1980년대에 들어서면서 새로운 변화가 일어났고, 중화학 공업을 강력하게 조정하는 등의 여러 정책을 쓰지 않나. 또 중동 건설 특수는 1980년대에도 여전히 잘됐다.

이승만 정권이 부정 선거에 골몰할 때
한국보다 먼저 경제 정책 개혁한 대만

— 모라토리엄(채무 지불 유예)을 선언한 멕시코(1982년), 브라질(1983년) 등과 달리 한국은 1980년대 중후반 3저 호황을 계기로 다시 도약의 길에 들어선다. 그러나 차관 망국론이 나올 정도로 여러모로 문제가 많았음에도 한국 경제의 구조 개혁은 제대로 이뤄지지 않았고, 결국 1997년 IMF 외환 위기를 맞는다. 다른

것을 하나 짚어보면, 한국과 여러 측면에서 비교되는 대만은 경제 개발 초기에 어떤 모습을 보였나.

대만의 경우 1958년에 이미 중요한 경제 정책 개혁이 이뤄졌다. 복수 환율 시스템을 단일 시스템으로 전환하고, 관세와 무역 제한을 완화하고, 기업법을 제정해 절차를 간편하게 하고, 투자를 장려하기 위한 법을 만들었다. 이런 것들을 1958년에 단행한 것이다. 그래서 1960년에 들어서면서 수출이 증가한다.

대만에서 그런 개혁을 한 1958년은 한국에서 이승만 정권 시절이다. 한국도 이승만 정권 때 여기에 보조를 맞췄어야 했다. 그런데 이승만 정권은 모든 것에 앞서 정권 유지에 골몰하다보니까 경제 정책을 제대로 쓰지 못하고, 오히려 1960년 3·15 부정 선거를 저지르는 쪽에 온통 신경을 집중했다. 장면 정권 때 어느 정도 해보려고 하는데 1961년 5·16쿠데타가 바로 일어났다. 5·16쿠데타 정권도 초기에는 대만과 같은 수출 정책을 제대로 쓰지 못했다. 그러면서 대만이 이 부분을 먼저 한 것이다. 나중에는 두 나라 다 수출입국, 수출 드라이브 정책으로 가게 된다.

대만이 수출 촉진 정책으로 나아가는 데 미국의 입김이 많이 작용했다고 한다. 대만과 마찬가지로 한국의 경우에도 미국 국제개발처AID, 그리고 미국의 영향 아래 있는 세계은행에서 수출 지향적 공업화 전략을 세우도록 한국에 적극적으로 권장했다. 미국은 박정희 정권 초기에 수출입 정책을 세우는 데 아주 중요한 역할을 했다.

지독했던 굶주림 면한 건
새마을운동과는 상관없었다

경제 성장, 여섯 번째 마당

김 덕 련 연세가 지긋한 분들이 박정희 집권기를 말할 때 '지긋지긋하던 보릿고개가 그 시절에 사라졌다'고 하는 경우가 심심찮게 있다.

서 중 석 서민들, 농민들이 박정희 대통령을 칭찬할 때 빠짐없이 이야기하는 게 식량 문제다. 박정희 대통령 때부터 굶주리지 않게 됐다는 이야기를 한다. 중화학 공업 국가에서 굶주림을 이야기한다는 게 어떻게 보면 정말 기이하지 않나. 요즘 젊은 세대는 믿기지 않을 것이다.

이것도 '우리가 1970년대 중후반에 그렇게 됐다', 이렇게만 얘기할 것이 아니라 왜 그런 식으로 사람들이 생각하게 됐는가, 왜 우리가 굶주림에서 벗어나는 것을 그렇게 중요시하게 됐는가를 역사적으로 살펴볼 필요가 있다.

한국하고 몇 나라가 20세기의 어느 한 시점부터 유난히 굶주리게 됐다. 한국인들이 만날 굶주린 것이 아니다. 한말 또는 일제 초기라고 해서 그렇게 굶주린 건 아니다. 한국인들이 아주 심한 굶주림을 맛보게 되는 건 일제 통치 후기에 해당한다.

생활이 극히 궁박한 상태이지만 우선 연명은 할 수 있는 사람인 세민細民이 1926년에 186만 명이라고 일제가 통계를 냈다. 전체 한반도 거주민의 9.7퍼센트였다. 그리고 긴급 구제를 요하는 상태에 있는 사람인 궁민窮民이 이 시기에 25만 9,000여 명으로 1.5퍼센트였고, 걸인은 2만여 명으로 일제가 통계를 잡았다. 일제는 통계 하나는 열심히 냈다. 그런데 대공황이 발발한 직후인 1930~1931년 그때부터 우리가 지독하게 못 먹게 된다. 1931년에 세민이 무려 420여만 명으로 전체 인구의 20.7퍼센트나 된다. 다섯 명 중 한 명이었다는 말이다. 굉장한 것이다. 궁민은 105만 명으로 5.1퍼센트였다. 걸인도 급증했다. 16만 4,000명이었다. 그러니까 극빈층이 543만 명, 26.7퍼센트나 됐다. 그전 조선 왕조 시대에는 아마도 굉장한 흉작, 가뭄 같은 것이 있었을 때 이런 일이 있었을 것이다.

조선총독부 통계도 이런 현상을 뒷받침한다. 조선총독부에서 낸 자료를 보면 우리가 1910년대보다 놀랍게도 1930년대 이후에 더 곡식을 못 먹은 것으로 나온다. 1912~1916년에 1인당 1년 쌀 소비량이 평균 0.7188석이었는데 1922~1926년에는 0.5871석, 1932~1936년에는 0.401석이 된다. 대폭 줄었다. 물론 다른 곡물을 가지고 보충하기는 한다. 그래서 1930년대에는 만주 좁쌀이 대량으로 들어오기 시작한다. 그것도 제대로 먹을 수 없던 사람들은 콩깻묵이라는 것도 먹고 그랬다. 일제 말엔 별의별 것을 다 먹었다. 그야말로 굶주림이라는 게 보통 심한 게 아니었다. 봄이 되면 초근목피라도 캐먹으려는 모습이 특히 1930년대 이후 크게 증가했다.

그러면서 우리가 남부여대해서 만주로 많이 간다. 품 팔러 일본으로 도항하는 인원도 1930년대에 엄청나게 늘어난다. 그 이전과는 비교가 안 될 정도였다. 그전엔 비밀 도항했지만 1930년대에는 허가도 해주지 않나. 이런 일이 왜 일어났겠나. 못 먹었기 때문에 그런 것이다. 만주로 남부여대한 것이나 일본으로 이동해 노동자가 된 것이나 그런 경우가 많다. 일제 말에는 진저리가 나게 공출에 시달리면서 전시 상황에서 얼마나 어렵게 살았나. 이처럼 우리가 일제 때 항상 굶주린 게 아니고, 오히려 일제가 공업을 발전시켰던 1930년대 그리고 일제 말에 오면서 이렇게 한국 경제가 어렵게 됐던 것이다.

일제 후기 굶주림에 시달린 한국인들,
해방 후에도 식량난과 전쟁으로 고통

— 1930년대는 식민지 근대화론자들이 일제에 의한 공업화를 강조하며 주목하는 시기다. 그 시기에 정작 피지배층이던 다수의 한국인은 더 팍팍한 생활을 해야 했다는 것은 식민지 근대화론의 허구성을 보여주는 근거 중 하나다. 사람들의 삶에 초점을 맞추고 넓게 조망하기보다는 일부 통계 수치에 지나치게 방점을 찍은 결과가 아닌가 하는 생각이 든다. 다시 돌아가면, 1945년 8월 15일 해방이 되면서 일제 말 전시 체제에서는 벗어나지만 한국인들은 곧 만만찮은 경제 문제에 맞닥뜨려야 하지 않았나.

해방은 엄청난 식량난을 불러왔다. 해방 직후 남쪽은 풍년이 들고 북쪽은 흉년이 들었는데, 남쪽의 경우 주한 미군이 뭘 잘 모르고 자유 경제를 실시해버렸다. 그러자 모리꾼들이 매점매석을 해버렸다. 일제 때 '야미쌀'(암거래로 유통되던 쌀) 문제가 아주 심했는데, 해방 후 그런 야미꾼들에 친일파, 악질 모리배들이 대거 가담했다. 그래서 풍년이 들었는데도 사람들이 쌀을 제대로 못 먹었다. 1946년에 9월총파업하고 10월항쟁이 일어나는 중요한 요인이 바로 이 곡식 문제 아닌가. 이렇게 우리가 해방이 되고도 해방의 기쁨을 그렇게 마음껏 먹고 싶었던 곡식으로 못 누렸다.

그런데다가 조금 있으면 전쟁이 일어나지 않나. 전쟁에서 사람들을 몹시 힘들게 하는 게 굶주림 아닌가. 지독하게 굶주림을 맛봤다. 권정생 선생이 쓴 《몽실 언니》에도 그런 굶주림 행렬이 얼마나 많이 나오나. 1950년대에 베이비붐 현상으로 인구가 부쩍 늘어나면서 그런 문제들이 해결되지 않았다. 1950년대에 농촌이 파탄한 건 전쟁 자체 때문만은 아니다. 전쟁으로 인한 재정 적자 부담을 정부가 농민에게 부담하게 했기 때문이다. 토지수득세라는 것을, 그것도 현물로 농민한테 받았다. 전쟁에서 비롯한 어려움을 농민에게 전가한 것이었다. 이것도 농촌을 못살게 한 이유가 됐다.

1960년대에 박정희 정권이 등장하면서 특히 1963년과 1964년에 식량 파동이 일어난다. 3분(설탕, 밀가루, 시멘트) 폭리도 겹치지 않나. 그러면서 박정희 정권 때에도 식량 문제에 쪼들렸다. 1960년대 후반기, 그러니까 1967~1969년에는 나도 지방에 농활을 하러 내려가고 했는데 가뭄이 지독했다. 유난히 심했다. 그전에, 그러니까 자유당 말기에는 태풍 피해 같은 것도 심했다.° 이런 것도 겹치면서 1960년대까지 우리 사회에 굶주리는 사람이 정말 많았다. 정부가 잘못된 정책을 썼기 때문에도 많았지만 어쩔 수 없는 상황도 있었다.

그런데 1970년대 중반에 와서 새로운 정책도 작용하고 하면서 배고픔이 해결됐다. 서민들, 굶주렸던 사람들은 그게 생각이 나는 것이다. '굶주림처럼 인간한테 힘든 게 어디 있나. 그런데 그 배고픔을 그때 와서 해결했다. 얼마나 고마운 일이냐', 이런 이야기를 하는 것이다. 그렇지만 한국과 같은 수준에 있는 거의 모든 나라는 그 이전에 이미 이 문제를 해결했다고 봐도 좋다. 다만 아프리카의

° 1959년 한가위에 한반도를 강타한 태풍 사라가 대표적이다. 사라는 1904년 한반도에서 근대적 기상 관측이 시작된 후 그때까지 한반도를 덮친 태풍 중 가장 규모가 컸다. 이에 더해 태풍에 대비한 재난 방지 체계를 제대로 갖추지 못한 것도 피해 규모를 키웠다.

경제 성장

대부분 지역 등 세계의 적지 않은 지역이 그때도 못했고 지금도 여러 지역이 해결을 못하고 있지만, 1960~1970년대쯤 되면 해결한 지역이 꽤 있었다.

식량 문제를 생각할 때는 필리핀, 이란 같은 나라에서 이미 1960년대에 녹색 혁명 같은 게 일어나고 있었다는 것을 고려해야 한다. 인도 같은 데서도 농업에 대한 새로운 투자가 일어나고 그랬다. 통일벼라는 것도 우리가 필리핀의 다수확 품종의 영향을 받아 탄생시킨 것이라고 볼 수 있다. 하여튼 내 이야기는 그 이전에 정부가 중농 정책을 제대로 폈다면 우리가 적어도 1960년대에는 배고픔 문제를 많이 해결할 수 있지 않았겠느냐는 것이다. 그 시기에 난 농촌 운동에 관심이 많았는데, 그때 '우리가 많이 늦다. 왜 적절한 정책을 펴지 않는가', 이런 생각을 참 많이 했다.

식량 문제 해결은 새마을운동 때문?
통일벼 재배, 이중 곡가제로 생산 증가

── 쌀이 부족하던 그 시절 정부는 혼식과 분식을 장려했고, 학교에서는 학생들의 도시락을 검사했다. 학생들이 도시락 가방을 들고 학교에 가는 풍경은 학교 급식이 전면 실시되면서 사라졌지만, 박정희 집권기에 학교를 다닌 이들에게 도시락 검사는 일상적인 일이었다. 어쨌건 1970년대 중반 심각한 굶주림에서는 벗어나지만, 그러한 먹을거리를 생산한 농민들은 어려움에서 벗어나지 못했다. 그렇게 된 데에는 정부의 저곡가 정책이 크게 작용하지 않았나.

1972년 5월 제주도 새마을운동 봉사단이 아침 일터로
가는 모습. 한국에서 식량 문제가 해결된 것은 1970년대
중반이다. 이 시기에 쌀 생산이 비약적으로 증가했는데,
그건 농정의 영향이지 새마을운동과는 전혀 상관이 없다.
사진 출처: e영상역사관

야당에서 대선과 총선이 있던 1967년에 이미 이중 곡가제를 들고나오는데도 정부는 1960년대 내내 저곡가 정책을 썼다. 저곡가 정책을 박정희 정권이 1960년대 내내 썼던 것은 노동자에 대해 저임금을 고수하기 위해서였다. 저곡가 정책에다가 계속되는 한발 등 자연재해가 겹치면서 1960년대 내내 농촌이 얼마나 어려웠나. 도시 서민, 빈민 문제도 심각했지만 농촌 파탄이라고 표현할 정도로 농촌 문제도 굉장히 심각했다. 기본적으로 농민이 힘이 없어서 그랬다고 볼 수 있는데, 그 당시 농촌을 돌아다녀보면 정부의 농정에 대한 불신이 아주 컸다.

　한국에서 먹는 문제, 식량 문제가 해결되는 것은 1970년대 중반이다. 그런데 이 부분에 관해서도 일부에서 설명을 부정확하게 하고 있다. 마치 새마을운동의 영향인 것처럼 설명하는 사람들이 있다. 이 시기에 쌀 생산이 비약적으로 증가했다고 해도 과언이 아닐 정도로 상당히 크게 증가하는데, 그건 농정의 영향이지 새마을운동과는 전혀 상관이 없다. 농업 정책으로 당연히 써야 하는 것을 그때 비로소 쓴 것이다.

　일본에서 일찍부터 시행했고 야당에서 1967년부터 공약한 이중 곡가제를 1969년에 도입한 후 1973년부터 강화하고 1975년에는 전면 시행에 들어갔다. 그리고 1970년대에 들어서면서 정부에서 통일벼를 정말 강력하게 권장했다. 말이 권장이지 강제나 다름없었다. 그런데 농민이 말을 안 들었다. 내가 농촌에 가서 많이 본 모습인데, 면사무소 등의 직원들이 나와서 이미 심어놓은 모를 막 뽑아버리고 그랬다. 통일벼를 안 심었다고 그런 것이다. 그만큼 농민들이 안 심었다.

　왜냐하면 통일벼는 벼가 조그마했다. 볏짚도 농민들에게는 중요한 수확물이지 않았나. 그것으로 가마니도 짜고, 또 다른 여러 가지로 사용하고 그랬다. 그런데 통일벼로는 그런 걸 하기가 어려웠다.* 그리고 통일벼는 맛이 없었다. 우리가 억지로 먹다 보니까 그것도 입맛 들였지만, '아키바레' 같은 것에 비하면 쌀의 질이 형편 없다. 그래서 농민들이 통일벼를 잘 안 심었다. 통일벼는 심는 방법도 조금 달랐다. 소주밀식小株密植이라고 해서 짧은 거리에 많이 심는 방식이었다.

나중에 농민들이 통일벼를 많이 심은 데는 다 이유가 있다. 뭐냐 하면 이중 곡가제를 시행하면서 정부가 수매를 하는데, 통일벼를 우선적으로 받아준 것이다. 그러자 농민들은 자기들이 먹을 건 '아키바레' 같은 좋은 것으로 심어놓고 팔 것, 도시에 내보낼 것으로는 대량으로 통일벼를 심어버렸다. 그러면서 1970년대 중반에 쌀 증산이 이뤄진 것이다.

이건 새마을운동하고는 아무런 상관이 없다. 필리핀 등에 비해 한국에서 녹색 혁명이 조금 늦게 일어난 것이다. 일찍부터 다수확 품종을 우리 현실에 맞게끔 권장했어야 할 일이고, 이중 곡가제가 조금 어려웠다고 하더라도 적어도 저곡가 정책에서는 일찍 전환했어야 하는 것이었다. 그런데 그렇게 하지 않았다. 그러면서 1970년대에 들어서자 농촌이 워낙 어려워진다. 1971년에 대선, 총선이 있지 않았나. 그러고 나서 1972년에 유신 체제로 들어가는데, 유신 체제를 지지할 중요한 기반을 어디서 찾을 수 있었겠나. 1973년부터

---

* 통일벼의 볏짚이 짧고 단단하지 못해 가마니를 비롯한 짚 제품을 만드는 데 쓸모가 없다는 비판이 일자, 정부에서 1975년 11월 통일벼의 볏짚을 가마니 짜기에 활용하는 새로운 방법을 개발해 보급하겠다는 발표를 하기도 한다.

이중 곡가제를 강화하면서 수매를 통일벼 우선으로 한 것에는 그런 여러 가지가 작용했다고 본다.

가족계획이 강력히 시행될 수 있었던 이유

— 세계 여러 나라를 보면 식량 문제는 인구 조절 문제와 맞물린 경우가 많다. 박정희 정권도 가족계획을 강력하게 시행하지 않았나.

이 대목에서 가족계획이 한국에서 잘된 것도 짤막하게나마 짚어보자. 1962년부터 시행하는데, 이 부분도 우리가 이해를 잘해야 한다. 1965년부터 1960년대 후반에 3-3-3 운동이 벌어졌다. 자녀는 3명만, 세 살 터울로, 35세 전에 다 낳자는 운동이었다. 이게 한국에서 빨리 된 건 크게 보면 두 가지 이유 때문이다. 하나는 국가의 정책 집행 능력이, 한국이 다른 어떤 곳보다도 과도하게 강했다. 박정희가 아니라 다른 사람이었어도 한국은 상당히 강력하게 정책을 집행할 수 있는 전통이 있는 나라였다는 말이다.

그다음에 이슬람 국가들이건 중남미·남유럽을 비롯한 가톨릭 국가들이건 가족계획을 방해하고 어렵게 하는 데 종교가 굉장히 중요하게 작용한다. 인종적 편견도 크게 작용한다. 지금도 미국에서 이런 것들이 작용하고 있지 않나. 거기다 교육 수준 등도 작용하는데, 한국은 놀랍게도 이 문제에서 인종적 편견이 없는 나라였다. 종교적으로도 이 부분이 개재가 안 됐다. 난 가톨릭에서도 왜 가족계획에 대해 아무 일 없이 넘어갔는지 신기하다는 생각을 많이 하는

데, 하여튼 그랬다.

그리고 한국인은 상승에 대한 기대감이 상당히 강했다. 1950년 대부터 보면 생활수준이 빨리 높아지기를 바라는 기대감이 한국인은 대단히 강했다. 난 인도에 가서는 그것을 그렇게까지 느끼지 못하겠더라. 어쨌든 그런 것들이 작용하면서 순발력, 적응력 같은 것이 굉장히 좋았다. 1970년대에 가면 2명만 낳는 것으로 바로 정착됐다. 1980년대 어느 때부터는 1명만 낳는 사람도 늘어나더라. 2000년대에 가니까 세계에서 가장 낮은 출산율을 기록하는 정도까지 됐다. 가족계획 하나만 보더라도 한국 사회의 특성이 드러나는데, 그러한 것을 잘 이해하는 것이 중요하다.

식민지 근대화론이 눈감은 진실

── 가톨릭에서 가족계획을 우려하는 목소리가 전혀 나오지 않은 것은 아니었다. 가족계획 사업 시행 직전인 1961년 9월 26일 한국천주교주교단은 가족계획을 반대하는 성명서를 발표했다. "반자연적이며 죄악적인 어떠한 피임 행위나 그에 의한 산아제한 제도에 현혹됨이 없이 오직 순결하고 명예롭고 인간 품위에 적합한 부부 생활만을 영위"할 것을 신자들에게 권고하는 내용이었다. 그러나 그 후 가족계획이 강력하게 추진된 시기에 천주교단 차원의 조직적이고 강력한 반대 운동은 찾아보기 어려웠다.

그렇다. 지금까지 박정희 집권 시기의 경제 발전이 여러 가지 요인에 의해 이뤄진 것이라는 걸 살펴봤다. 역사적으로 쭉 되짚어 보는 것도 박정희 집권기의 경제 발전을 이해하는 데 도움을 줄 것 이다.

1930년대에 한국의 산업이 상당한 수준으로 발전했다는 얘기를 많이 한다. 그런데 그 성격을 가지고 여러 가지로 논란이 있지 않나. 전쟁이 끝날 무렵, 그러니까 일제가 패전을 눈앞에 둔 때부터 패전할 때까지, 주로 1944년과 1945년이 이에 해당하는데 그때 한국 경제는 최악의 상태에 들어가고 있었다. 허수열 교수가 제시한 서양 경제학자의 자료를 보니까 1인당 GDP가 1910년보다 1945년에 곤두박질쳐서 한국 경제가 더 나빴던 것으로 나와 있더라. 나는 정말 그건 믿기지 않는데, 허 교수는 통계를 가지고 그것을 주장하고 있더라. 《개발 없는 개발》 책에도 나오고 다른 글에도 나온다. 그 정도로 한국 경제가 악화됐다.

해방 직후 한국 경제는 지독한 인플레이션과 물자난에 노출됐다. 그럴 수밖에 없었던 것이 일제가 패전 직전부터 막 돈을 찍어냈다. 여러 가지를 예상하지 않았겠나. 그래서 해방 후에도 일제가 계속 돈을 찍어냈다. 이 때문에 엄청나게 화폐량이 늘어났다. 거기다가 미국이 자유 경제 정책을 쓰면서 경제 혼란이 가중된 데다가, 일본인 기술자들이 남쪽의 경우 대거 철수해버렸다. 중공업 중심이던 북한은 일본인 기술자들을 붙들어놨는데 남한은 그렇게 못 했다. 남한이건 북한이건 식민지 경제 체제에서 기계 공업은 다 일본 것을 쓰게 돼 있었는데, 남한의 경우 기술자들이 철수한 것에 더해 부품도 없어져버리면서 공장이 돌아가지를 못했다. 분단이 된 것도 일제와 관계가 있지만, 해방 후 얼마 지나지 않아 남과 북이 막힌 것도 경제 악화에 영향을 끼쳤다. 북쪽은 대륙 침략과 연결되어 있는 중공업이, 남쪽은 농업과 관련되어 있는 경공업이 발달했는데, 중공업과 경공업이 분리되어 따로 놀게 된 것이다.

그래서 남한 경제는 인플레이션과 함께 최악의 상태를 계속 헤맸다. 인플레이션이 얼마나 심했느냐. 1944년에 비해 1946년에 물가가 92배나 됐다. 1946년 1월에 소매로 쌀 한 두에 180원 하던 것이 9월에 가니 무려 1,200원이나 됐다.[•] 1946년 좌익인 전평에서 주도한 9월총파업에 우익인 대한노총 노조원까지 가담한 것은 바로 이런 지독한 경제난, 곡물 문제 때문이었다.

당시 한국 경제가 정말 나빴다. 그런데도 식민지 근대화론을 주장하는 자들은 참 이상한 사람들이다. 허수열 교수도 그걸 잘 비판하고 있지만, 이런 어려움 속에서 그것(일제 시대 개발의 유산)이 온전히 이어질 수가 없는 것이다. 그러면서 1949년쯤 되면 당시 재무부 장관이던 김도연의 표현에 의하면 인플레이션이 잡히는가 하더니, 1950년에 바로 전쟁이 일어난 것이다. 전쟁 피해가 얼마나 심했는가 하는 건 구태여 이야기할 필요가 없다.

1957년경부터 경제 발전기로 들어가…
그러나 경제 개발 계획 묵힌 이승만 정권

── 다양한 통계를 활용해 식민지 근대화론을 비판한 경제학자인

[•] 물가가 92배로 뛰는 동안 임금 상승률은 물가 상승률의 13분의 1 수준에 그쳤다. 이 때문에 삼척에서 여성 300여 명이 쌀을 달라며 군청을 포위하고, 부산에서는 굶주린 시민 500여 명이 부청에 몰려들었다.

허수열 교수는 일제 시대 개발의 유산 중 한국전쟁 이후까지 잔존한 것은 일제 말기의 10분의 1 정도에 불과하다고 《개발 없는 개발》에서 평가했다. 식민지 근대화론자들의 주장과 달리, 식민지 시대에 이뤄진 모든 개발의 유산은 분단과 한국전쟁을 거치면서 거의 무의미한 수준으로까지 축소됐고 해방 후 한국의 경제 성장에 거의 기여하지 못했다는 것이다. 여러모로 귀담아들을 이야기다. 한편 전쟁의 참화 속에서 박정희는 쿠데타를 꿈꾸지 않았나. 만약 그때 박정희 뜻대로 됐다면 상황이 어떠했을까.

전에도 얘기했지만 박정희가 1950년대 초중반에 쿠데타로 집권했다면 경제 무능만 보여줬을 것이라고 본다. 그 시기에 적절한 판단을 하기가 어려웠고, 더더구나 군인들은 그런 경제에 현실적인 적응을 할 수가 없었던 때다. 그런 상황에서 남한이건 북한이건 모두 1954년에서 1956년 사이에 전쟁 피해를 복구하는 데 아주 힘을 많이 쏟지 않았나. 그러면서 1956년에 악성 인플레이션이 잡히고 1957년부터 경제 건설기로 들어간다고 최호진 연세대 교수는 그 시기에 쓴 글에서 이야기했다. 주택을 제외한 대부분의 시설이 복구되고, 부흥 궤도에 올라 생산도 한국전쟁 이전 수준을 약간 상회하면서 확실히 1957년을 계기로 한국은 경제 발전기에 들어간 감을 준다고 얘기했다. 최호진은 식민 사관을 주장해서 욕도 먹었지만, 일제 때부터 유명한 학자였다. 우리 세대한테는 친숙한 사람이다.

그리고 대만은 1958년부터 수출 드라이브 정책을 쓰는데 이승만 정권이 그걸 제대로 하지 못했다고 전에 이야기하지 않았나. 미국의 원조 정책이 크게 바뀌었는데도 그랬다. 그런데 사실 1950년 대 중반부터 미국에서 공부한 새로운 세대의 테크노크라트들이 한국에 들어와서 일하고 있었다. 그래서 1958년에는 이러한 테크노크라트를 포함해 경제 전문가 20명 정도로 구성된 산업개발위원회가 부흥부 산하에 구성된다. 이 사람들이 그래도 제대로 된 경제 개발 계획을 최초로 마련했다고 하는데, 그게 3개년 경제 개발 계획이다. 이것을 1959년 봄에 국무회의에 올렸는데, 정부는 1960년 4월 15일 에야 이걸 통과시켰다. 3·15 부정 선거가 끝나고, 이제 집권했다 싶으니까 통과시킨 것이다. 세상에 어떻게 이럴 수가 있느냐고 하지만, 실제로 그랬다. 이처럼 이승만 정권 후반기에는 경제 부처 장관도 그러했고 관료들 중에도 유능한 경제 관료들이 있었는데, 이 사람들을 제대로 쓰지 않았다. 경제 건설 쪽에 신경 쓰기 전에 정치 우선, 그러니까 부정 선거로 집권하는 것에다가 모든 걸 쏟았다. 그러다보니까 결국 이런 모든 공이 장면 정부로 넘어가게 됐다.

본격적인 경제 건설 정책 편 장면 정부

— 장면 정부는 어떤 정책을 펼쳤나.

본격적인 경제 건설, 개발 정책은 경제 제일주의를 내건 장면 정부에서 이어받게 된다. 장면 정부는 인프라 조성에 힘을 쏟았다. 그러면서 전력 산업에 특별한 신경을 써서 1960년 55억 환의 예산이 배정됐던 것을 1961년에는 286억 환을, 그러니까 전년도의 5배 이상이나 배정했다. 그뿐만 아니라 추가 경정 예산을 짤 때 다시

1961년 부랑아 및 걸인 450명이 국토 건설 개발 요원으로 징집돼 청량리역에 모여 있다. 사진 출처: 국가기록원

131억 환을 여기에 배정했다. 이것을 국토 건설 과제와 결합했다. 광공업 부문도 1960년에 46억 환이던 것이 1961년에는 147억 환이 됐고, 중소기업 예산도 1960년에 106억 환이던 것이 1961년에는 286억 환으로 엄청나게 증가했다. 자유당 정권 때 세워둔 1960년 예산에 비해 전력, 광공업, 중소기업 부문 예산을 이처럼 크게 늘렸다.

1961년 3월에는 대규모로 공무원을 공채했다. 이건 해방 이후 처음 있는 현상이다. 일제 때도 이렇게 2,000명 넘게 한꺼번에 공채한 일은 없었다. 그러면서 이 시기부터 직업 공무원제가 자리를 잡아간다. 인사 관장 기관의 독립성을 인정하고 공무원 신분을 보장하는 방향으로 장면 정부 때 공무원법을 개정하면서 그렇게 된다. 이것을 나중에 박정희 정부 때 더 강화하는 것이다. 장면 정부 때 국장으로 있었던 이한빈은 성취형 공무원, 테크노크라트들이 장면 정부 시기에 있었다고 말한다. 또 장면 정부는 재무 장관 김영선, 머리가 아주 잘 돌아가는 사람이었는데, 이 김영선을 중심으로 경제 정책을 강력하게 밀고 나갔다. 경제 개발 5개년 계획을 1961년 4월말에 세웠는데 이것을 박정희 쿠데타 정권에서 어떻게 이어받았는가 하는 것은 다들 아는 사실이다. 아울러 장면 정부는 반대를 무릅쓰고 대규모로 환율을 조정하고, 상공부에서 수출 보상금을 책정하겠다고 하면서 수출 시장 개척비를 마련하고 미국, 서독에 기술 원조와 장기 차관 도입을 요청했다.

장면 정부가 가장 힘을 들여서 한 것은 국토 개발 사업이다. 국토 개발 사업으로 추경 예산을 400억 환이나 편성해가지고 경지 정리, 관개, 배수, 산림녹화, 위생 시설, 도로, 교량, 그리고 소양강댐, 남강댐, 춘천댐 같은 댐 건설 등의 사업을 벌이기로 하고 이 중 일부를 부분적으로 했다. 국토 개발 사업은 1961년 3월경에야 시작되는데 5·16쿠데타가 바로 났기 때문에 성과라는 걸 이야기하기는 어렵다.

박정희 정부, 시행착오 거듭하다가
수출 드라이브 정책으로

── 장면 정권이 하려던 것들을 쿠데타 정권이 정면 부인한 경우는 별로 없다고 전에 이야기했다. 박정희 집권기 전체를 놓고 보면 그렇지만, 쿠데타 후 한동안은 조금 다른 모습을 보이지 않았나.

장면 정부의 이런 여러 경제 정책을 박정희 정권이 쿠데타 후 적절하게 바로 소화, 흡수해서 발전시켰으면 좋았을 텐데 초기에는 경제에 미숙했다. 의욕만 앞섰을 뿐 워낙 모르지 않았나. 그러면서 시행착오와 실책을 거듭했다. 그래서 외환 위기까지 낳고 그러는데, 이때 미국이 제1차 5개년 경제 개발 계획을 수정하도록 강력히 권고한다. 미국은 원조라는 칼자루를 쥐고 있었으니, 권고라는 건 사실 반강제 아닌가. 그러면서 한국은 극심한 외환 보유고 문제를 헤쳐가기 위해서도 1964~1965년경부터 과감히 수출 드라이브 정책을 펴게 된다. 박정희의 경제 추진 능력이 수출 드라이브에서 잘 드러난다고들 이야기하지 않나.

그런데 이 시기부터 서독으로 간 광부와 간호사들이 돈을 부쳐 오고, 청구권 자금을 10년간 나눠 쓰게 되고, 베트남 특수가 생기고, 국제 자본 이동도 활발해지면서 한국이 차관 위주, 외자 위주의 경제 정책을 쓰게 된다. 거기에다 값싸고 근면하고 아주 성실한 노동력을 무한정으로 활용할 수 있었다. 그러면서 1960년대에 맨 처음에는 수입 산업을 대체하는 정책을 썼다고 하지만 얼마 지나지 않아 노동 집약적 수출 산업을 강력히 지원하게 되는데, 그때는 시장의 장벽, 즉 무역 장벽 같은 것이 심하지 않았고 미국이 한국 상품을 많이 사줬다.

그러면서 1970년대로 넘어가게 된다. 1960년대 중반부터 대만과 비슷하게 수출 드라이브 정책을 쓴 한국은 1970년대에는 대만과 함께 중화학 공업화를 적극 추진했다. 그러나 기업 쪽에서 망설이면서 1975년까지는 별다른 성과를 거두지 못했다. 그러다가 중동 건설에서 엄청난 호재가 쌓이면서 중화학 공업화로 가게 됐는데, 유신 체제를 유지하기 위해 과열 경쟁을 유도했다가 결국 경제 위기를 맞게 된다. 그러면서 1978년 12월 12일 총선에서 여당이 패배하고 1979년 10월에는 부마항쟁이 일어나면서 10·26 총성이 울렸다. 해방 전후 시기부터 박정희 정권까지 한국 경제의 흐름을 이렇게 정리할 수 있다.

앞으로는 박정희가 정말 경제를 중시하는 정책만 썼느냐, 그렇지 않고 경제를 어렵게 만드는 잘못도 많이 범하지 않았느냐 하는 문제를 짚을 것이다. 그리고 박정희 정권 시기에 전면적인 경제 발전이 일어나게 된 역사적 배경, 그러니까 평준화, 교육 문제, 토지 개혁 문제를 쭉 이야기할 것이다. 그리고 나서 박정희 정권의 경제 개발 정책이 얼마나 잘못됐는가를 짚을 것이다. 제일 잘못된 게 재벌 중심 정책이었는데 그것도 유신 체제와 떼어놓고 생각할 수 없다. 빨리빨리 해먹으려면 재벌을 끼고 하는 게 제일 낫다고 본 것이다. 정경유착을 하기도 그게 제일 쉽다. 몇 군데에서 돈을 뜯어내면 되는 것이니. 중소기업은 숫자가 많아 돈을 뜯어내기가 힘들지 않나. 그러한 재벌 문제를 마지막으로 짚을 것이다.

박정희는 청렴하고 경제에 헌신?
경제보다 권력이 절대 우선이었다

경제 성장, 일곱 번째 마당

김 덕 련 세간의 박정희 신화 중 하나는 '박 대통령은 청렴결백했다'는 주장이다. "다른 대통령들과 달리 국가 재산을 절대 사적으로 사용하지 않았으며 같이 일했던 참모들과 장관들마저 청렴결백했을 정도로 공과 사를 구분할 줄 아는 박정희 대통령"이라는 주장을 접한 적도 있다. 쓴웃음을 짓게 만드는 이런 주장을 믿는 이들이 여전히 있다.

서 중 석 그간 박정희 집권 18년 동안 경제 발전이 어떤 요인에 의해 이뤄졌는가, 거기서 박정희가 한 역할은 무엇이었는가, 박정희가 없었더라면 그런 정책이나 발전이 없었겠는가 하는 부분을 하나하나 따졌다. 박정희가 정말 경제에 헌신한 사람인가, 이 부분도 한번 살피고 넘어갈 필요가 있다. 정말 경제 발전에 사심 없이 온 힘을 쏟았느냐, 권력 유지보다 경제 발전을 위해 헌신했느냐, 그러니까 권력을 양보한다든가 권력의 어떤 부분을 희생하더라도 경제 발전을 위해 노력한 자취가 있느냐 하는 부분을 따져보는 것이다.

그런데 사실 이 부분은 그렇게 깊이 있게 얘기할 성질의 것이 아닐지도 모른다. 왜냐하면 박정희 대통령이 갖고 있던 식견이라고 할까 시야는 상당히 협소할 수밖에 없었다. 그러니까 '목표 달성', '수출 얼마 달성', '빨리빨리' 이런 말들에서 알 수 있듯이 성장률을 높이고 눈에 뜨이게 경제 발전을 이뤄야 한다는 것에 초점을 맞췄지 경제 전체의 연관 관계, 경제와 사회·정치의 관계 같은 것을 따져가면서 경제 정책을 펼치는 사람은 애초부터 되기가 어려웠다.

그렇다 하더라도 적지 않은 사람이 '박정희는 청렴했다. 경제에 전력투구했다', 이런 생각을 갖고 있는 게 사실이다. 그러나 군사 정권 초기에 있었던 4대 의혹 사건만 보더라도 이건 경제를 죽여서라도 권력을 잡겠다는 것을, 권력을 잡기 위해서라면 어떤 짓도 할 수 있다는 것을 보여준 사례 아니겠나. 쿠데타 세력이 계엄하에서 모든 정치 활동을 중지시켜놓고 중앙정보부라는 거대 조직을 이용해 밀실에서 신당을 만든 것도 문제가 심각하지만, 그 신당 정치 자금을 확보하고자 4대 의혹 사건을 일으켜 경제에 큰 어려움을 던져주지 않았나. 특히 증권 파동을 일으켜, 막 성장하려고 하는 증권에 대한 사람들의 인식을 아주 나쁘게 만들었고 증권이 경제에서 해야 할 역할을 상당 기간 동안 제대로 하지 못하게 했다.

한홍구 교수가 쓴 《장물 바구니》라는 책이 있다. '정수장학회의 진실'이라는 부제가 붙은 이 책을 보면 군정 초기에 박정희 측이 1950년대에 그래도 양심적인 재벌이라는 이야기를 들었던 김지태로부터 어떤 방법으로 한국문화방송, 부산문화방송, 부산일보사를 강제로 '넘겨받았는가' 하는 것이 잘 나와 있다. 법원 판결에서도 강제 헌납 부분은 다 인정하지 않았나. 이걸 '넘겨받아서' 5·16장학회를 만들었고 그것이 정수장학회가 되는 과정을 그야말로 낱낱이 썼다. 영남대 문제도 그 책에 조금 들어 있긴 한데, 그걸 읽어보고도 '청렴하다', 이렇게 이야기하기는 정말 쉽지 않을 것이다.

박정희 정권과 일본 간의 검은 거래,
부정으로 얼룩진 이권 순환 시스템

— 정수장학회 문제에 대한 법원 판결을 요약하면 '부당한 공권력의 강압으로 재산을 가져갔지만 돌려줄 필요는 없다'는 것이다. 그리고 정수장학회 논란이 일 때마다 박근혜 대통령은 "순

수한 장학 재단", '나와는 무관하다' 등의 주장을 펴며 진실을 외면해왔다. 이런 걸 본 아이들이 "힘으로 남의 것을 뺏는 건 나쁜 일 아닌가요? 당연히 돌려줘야 하는 것 아닌가요?"라고 물었을 때 한국 사회는 뭐라고 답할 수 있을까 하는 걱정이 든다. 총칼로 나라를 훔치고 국민을 학살한 전두환의 일가가 돈 방석에 앉아 떵떵거리고 살고, 일제에 빌붙어 영화를 누린 친일파의 후예 중 일부가 조상의 재산을 되찾겠다며 소송을 내는 나라이기에 더 그러하다. 이런 사회에서 자란 아이들이 '나라를 훔치더라도, 일단 성공하면 대대로 잘 먹고 잘살 수 있다'고 여길 때 그 아이들만 탓할 수 있을까 하는 생각도 든다. 그런 점에서 역사 정의는 미래와 직결되는 문제인데, 오늘날 한국 사회가 이를 가벼이 여기는 듯해 안타깝다. 다시 돌아오면, 박정희 집권기에는 일본과 관련된 검은 거래 의혹이 많지 않았나.

한겨레 2004년 8월 13일 자를 보면, 미국 CIA 문서를 근거로 1961년에서 1965년 사이에 일본의 6개 기업이 6,600만 달러나 되는 돈을 민주공화당에 정치 자금으로 줬다고 돼 있다. 이게 크게 보도됐는데, 실제로는 이보다 더 크다고 볼 수 있다. 6,600만 달러라는 건 당시로서는 대단히 큰돈이었다. 군사 정권 그리고 민정 이양 초기 박정희 정권이 양곡이나 원면 같은 걸 도입할 때 이것이 검은 거래의 황금 노선이고 또 막대한 이득을 내면서 시장에 팔 수 있어서 국내 정치 자금의 중요한 젖줄이기도 했는데, 그것에 대해서도 여기저기서 언급을 하고 있다. 그리고 한일 회담에서 오로지 청구권 자금에만 매달렸다고 전에 한일 국교 정상화를 다룰 때 자세히

1971년 4월 12일 박정희 대통령이 서울지하철 착공식에 참석했다. 박정희 정권 후원 세력의 대부였던 기시 노부스케가 포항종합제철소와 서울지하철 건설, 나아가 한일 대륙붕 석유 공동 개발 등의 거대 프로젝트 이권에 개입했다고 한다. 사진 출처: e영상역사관

얘기했는데, 이 청구권 자금 사용만 보더라도 순수하게 경제 논리가 작용했느냐 하는 것도 생각해볼 필요가 있다. 강제로 끌려간 사람들에 대한 보상은 제대로 못했다고 하더라도 정말 순수한 경제 논리에 의해 이 돈을 썼느냐 하는 것도 논란거리가 되는 것 같다.

여기에는 거대한 이권 순환 시스템이 자리 잡고 있었다. 10년에 걸쳐 이 청구권 자금이 매년 균등하게 지불됐는데, 그 자금과 관련된 사업 계약이나 발주처 선정에서 이권과 관련된 파이프라인이 지대한 역할을 했다고들 이야기하지 않나. 일본 측은 기업이나 상사가 그 상대편이 되는 것이지만, 한국은 청와대나 중앙정보부 등 권력 기관과 밀착하는 것을 통해 사업 계약이나 발주처 선정 등이

1967년 2월 20일 박정희 대통령이 호남정유 기공식에서 연설을 하고 있다. 박정희 정권은 경제 논리보다 정권 안보를 더 우선시했다. 사진 출처: e영상역사관

이뤄졌다. 만주 인맥의 대부이자 박정희 정권 후원 세력의 대부였던 기시 노부스케가 포항종합제철소와 서울지하철 건설, 나아가 한일 대륙붕 석유 공동 개발 등의 거대 프로젝트 이권에 개입했다고 하지 않나. 이런 것들은 박정희 정권이 정권 안보를 경제 논리보다 우선시한 것 아니냐는 생각을 갖게 한다. 부관 페리의 취항, 포항종합제철소 건설, 한일 대륙붕 협정 체결 등 중요한 사안들이 정부의 공식 루트를 통해 결정됐더라면 좋았을 텐데, 이면 무대에서 이뤄졌다고 지적들을 한다.

　서울지하철 의혹과 관련해선 일본의 미쓰이, 미쓰비시 등 4개 상사가 지하철 사업에서 연합했는데, 1971년 4월에 1차로 민주공화당 자금줄로 거론되던 김성곤이 지정한 미국 체이스맨해튼 은행에

120만 달러를 입금하고 잔금 130만 달러를 1972년 1월과 1973년 5월에 외환은행의 어느 가공인물 구좌에 입금했다고 한다. 잔금이라는 말도 재미난 표현이다. 이 사건이 한국과 일본에서 그렇게 크게 문제가 된 직접적 요인은 한국에 들여온 지하철 전동차 가격이 일본에서 파는 가격의 2배나 됐다는 데 있다. 그러니까 경제 논리에 의해 이런 것들이 이뤄졌다는 생각을 갖지 못하게 하는 것이다.

일본과 이뤄진 검은 거래, 흑막 속의 거래에 관해서는 일본 측에서도 언급한 게 아주 많고 한국에서도 그 부분에 대해 쓴 글이 많이 있는데, 다국적 기업이나 미국 기업 같은 곳에서도 상당한 정치 자금이 헌금으로 들어왔다. 1970년대 후반 미국 하원이 코리아게이트를 조사할 때 터져 나온 건데 김성곤, 김종필, 이후락 등이 세계적인 석유 메이저인 걸프사에 정치 자금을 요구해 1966년과 1970년, 두 차례에 걸쳐 400만 달러가 제공됐고, 이 돈의 일부가 스위스 은행에 예치됐다고 한다. 박정희 대통령과 대구사범학교 동기이고 아주 가깝게 지내던 서정귀, 이 사람이 호남정유를 맡게 되는데 호남정유의 합작 투자 회사인 칼텍스에서 1971년에서 1972년 사이에 몇 차례에 걸쳐 서정귀를 통해 역시 거액의 헌금이 넘어간 것으로 돼 있다. 또 콜트 회사라든가 유명한 항공기 회사인 더글라스 회사 같은 데서도 정치 자금이 넘어갔다고들 이야기한다.

부관 페리는 부산과 시모노세키下關를 페리로 오가는 항로다. 1905년 뱃길이 열린 이 항로는 해방 전에는 관부연락선으로 불렸다. 공부하러 혹은 품을 팔러 일본으로 향한 한국인들과 대륙 침략에 앞장선 일본인들이 이 항로로 오갔다. 해방 후 끊겼던 이 노선에서 한일 국교 정상화 이후인 1970년부터 부관 페리호가 다니게 된다.

예산의 10퍼센트가 넘는 거액을
김대중 꺾으려 뿌린 박정희 정권

— 그런 식으로 긁어모은 검은돈을 어디에 썼나.

이런 정치 자금이 어디에 쓰였느냐는 것에 대해 많은 사람이 추측하고 있는데, 여러 가지 용도였던 것으로 이야기한다. 4대 의혹 사건의 경우 당을 만드는 데 사용했지만, 제일 큰 것은 선거 자금이었다. 1967년 대선과 총선, 특히 이해 총선에서는 엄청난 돈을 뿌렸다. 박정희 후보와 김대중 후보가 격돌한 1971년에도 엄청나게 큰돈을 뿌렸다. 동아일보 김충식 기자가 쓴 책을 보면, 1971년 대선 자금으로 여당이 쓴 돈이 600억 원에서 700억 원 사이였다고 나온다. 권력 핵심으로부터 그렇게 들은 것이다. 그런데 그해 국가 예산이 얼마였느냐 하면 5,242억 원이었다.

이렇게 예산의 10퍼센트가 넘는 돈을 선거 자금으로 쓰려니까, 전에 재벌의 사카린 밀수 사건 이야기를 할 때도 그 문제가 나왔지만, 많은 정치 자금을 필요로 했다. 이것 말고도 민주공화당이나 유신 시대 때 유정회를 유지하는 데 들어가는 돈, 야당에 대한 많은 공작금, 장관 '떡값'이라든가 군을 비롯해 여러 요직에 있는 이들에게 가는 돈, 한마디로 '통치 자금'으로 불린 돈을 필요로 했다. 그런 것들 가운데에는 연말이나 추석이 되면 하사금 명목으로 돈이 나가는 대상자 목록이 정해져 있었다고 이야기하고 그런다.

이처럼 국내 정치 자금으로만 사용한 게 아니라 일부는 국외 정치 자금으로 사용된 것으로 알려져 있다. 일본 정계에 거액의 정치 자금이 흘러갔다는 것이 여러 차례 보도됐는데, 자민당 총재 경선 같은 데에도 흘러들어갔다는 이야기가 나오고 있다.

　이런 문제들과 결부해 박 대통령의 용인술에 대해서도 언급할 필요가 있다. 박정희 대통령에 대한 글을 보면 '용인술이 아주 뛰어났다', '김형욱, 이후락, 박종규, 김종필, 김성곤, 길재호, 그리고 나중에는 차지철, 김재규 이런 사람들로 하여금 서로 견제하게 해가면서 강력한 권력을 행사했다', 이렇게 써놓은 글이 꽤 있다. 이 부분을 어떻게 봐야 하느냐 하는 건데, 여기서 거론된 사람들은 조금 전 이야기한 정치 자금을 거둬들인 핵심 인물들이다. 김재규는 잘 모르겠지만, 나머지는 다 그 방면으로 아주 유명한 사람들이지 않나.

　이 사람들이 박 대통령한테 꼼짝 못하고 충성을 다했다는 것과 관련해 '그런 정치 자금을 자기가 하나도 안 쓰고 전부 내놨겠느냐' 하는 추측도 나온다. 이 사람들이 그렇게 강력한 권력을 누릴 수 있던 데에는 이권과 관련된 부분이 많기 때문이기도 했다. 무슨 말인고 하니, 나중에 그러니까 1980년 전두환·신군부가 5·17 쿠데타를 일으켰을 때 이 사람들의 거의 대부분이 유명한 권력형 부정 축재자로 세상에 폭로되지 않나. 그런 것에서도 드러나듯이 이권과 관련해 약점이 있었다고 이야기할 수 있는데, 그런 것을 잘 파악하고 있다가 꼼짝 못하게 하는 식으로 충성을 바치게 했다고 할 때는 그건 정상적인 정치 논리와는 거리가 먼 것 아닌가 하는 생각이 든다. 어떻게 보면 비열하다는 인상까지 줄 수 있는 것 아닌가. 이런 것을 훌륭한 용인술이라고 할 수 있는 건가 하는 생각을 갖게 한다.

박정희 금고 대행
이후락의 천문학적인 '떡고물'

— 민주주의에 걸맞은 방식은 분명 아니다. 다른 권력자가 그런
  방식을 따라 한다면 국민은 물론 그 권력자 본인도 불행하게
  만들 가능성이 높다.

박정희 정권에서 제2인자 소리를 들었고 박정희 대통령 다음
으로 막강한 권력을 휘두른 건 중앙정보부장이지 않았나. 중앙정보
부는 특수 기관처럼 돼 있었다. 특명을 받들어 특무 활동을 한다고
이야기하고 그랬는데, 그야말로 막강한 자리였다. 그런데 여기에서
제일 중요한 역할을 했던 중앙정보부장, 그러니까 잠깐 있었던 사
람들 말고 주요 중앙정보부장들을 보면 말로가 좀 꺼림칙한 것들이
있다.

예컨대 1960년대에 악마 마魔 자를 써서 마왕이라고도 불린 김
형욱을 보자. 중앙정보부장을 제일 오래 해먹었는데, 이 사람은 중
앙정보부장에서 떨려난 다음에 불안을 이기지 못해 망명했고 나중
에는 반박정희 활동을 벌이다가 파리 근교에서 죽임을 당한 것으
로 알려져 있지 않나. 김형욱 다음으로 막강한 권력을 휘둘렀던 이
후락 중앙정보부장은 중앙정보부장에서 떨려나자마자 외국으로 도
피해버렸다. 그러다가 모종의 타협이 이뤄져서 국내로 돌아오지 않
나. 신직수도 꺼림칙하게 중앙정보부장에서 물러났다. 김재규는 박
대통령하고 제일 가까운 사람이었는데 결국 박 대통령에게 총을 겨
눴다.* 이런 것들을 보더라도, 박 대통령의 뛰어난 용인술이라고 부
르기가 마땅치 않은, 참으로 뭣한 부분이 있다는 생각이 든다.

1964년 8월 14일 인민혁명당 사건 전모를 발표하고 있는 김형욱 중앙정보부장. 김형욱은 1960년대에 악마 마魔 자를 써서 마왕이라고도 불렸다. 사진 출처: e영상역사관

이 사람들과 관련해 유명한 말이 떡고물이라는 것이다. 특히 이후락 때문에 1980년대 들어 유행했다. 이후락은 오랫동안 박 대통령의 금고 대행 역할을 했다. 스위스 구좌와 관련됐다느니 하는 소문도 많았고 증언도 있다. 그에 관한 글도 많지 않나. 신군부가 권력을 잡았을 때, 엄청난 부정 축재를 한 것으로 비난을 받으니까 이후락은 이렇게 말했다. "이런 말, 저런 말을 들었지만 떡고물 안 흘리고 떡을 만들 수는 없는 일이다. 떡을 만지다 보니 고물이 묻기 마련이다." 문제는 이놈의 떡고물이 너무 많다는 것이었다. 그러면 떡은 얼마나 많은 건지 모르겠는데, 전두환·신군부 정권의 총칼 앞

● 김재규는 박정희와 육사 2기 동기이자, 박정희의 고향 후배였다.

1972년 11월 4일 평양에서 열린 제2차 남북조절위원회 회의를 마치고 판문점에 도착해 기자 회견을 하고 있는 이후락 남측 위원장. 이후락은 오랫동안 박정희 대통령의 금고 대행 역할을 했다. 사진 출처: e영상역사관

에서 진술한 것에 의하면 청와대 비서실장 재직 시에 45개 기업과 개인들로부터 28억 5,000만 원을 거둔 것으로 돼 있는 등 모두 194억 3,000여만 원을 개인적으로 치부한 것으로 드러나 있다.

《전두환 육성 증언》이라는 책을 보면 이런 것과 관련해 흥미로운 이야기가 나온다. "내가 보안사에 가서 권력 주변을 보니 박정희 대통령 주변이 형편이 없었어." 전두환은 자기가 두툼한 보고서를 만들었다는 이야기를 하면서 "박정희 대통령은 보고서를 올리면 상대방한테 주어버리는 성격이 있어요", 이렇게 말했다. 여기서 상대방은 차지철을 가리킨다. 차지철에 관한 보고서인 것 같은데, "직접 그 사람을 불러서 보여줄 용기가 없는 거야"라고 했다. 그 사람은 차지철을 말하는데, 박 대통령이 '너 이런 것 했어?' 하면서

1972년 5월 23일 군부대를 방문하여 격려금을 전달하고 있는 차지철 국회의원. 박정희는 차지철을 통해서 정치 자금을 모으고 신세를 너무 많이 져서 차지철을 앞에 두고 말을 잘 못했다고 한다. 사진 출처: e영상역사관

차지철한테 얘기할 용기가 없었다는 이야기다. 그렇게 힘이 있다던 박 대통령이 세상에 이렇게까지 된 것이다. "정치 자금도 차지철을 통해서 하고 신세를 너무 많이 지니 정면으로는 말 못하고 보고서를 주어버리는 거지. 보고서 낸 사람만 죽게 돼", 이렇게 쓰여 있다.

"권력 최고 실세들이 모여
리베이트 비율 결정"

—— 검은돈의 악취를 가려보고자 애꿎은 떡을 갖다 붙인 사례는 '떡고물'만이 아니다. 2005년 삼성·안기부 X파일 사건 때도

'떡값 검사' 문제가 세상을 떠들썩하게 했다. X파일 사건 당시 '거액의 뇌물을 떡값으로 분칠하는 것이 어이없고 듣기 불편하다'는 서울 낙원시장 떡집 주인들의 목소리를 담은 기사가 나오기도 했는데, 떡을 파는 사람들뿐만 아니라 서민 전반의 심경도 이와 다르지 않을 것이라는 생각이 든다. 어쨌건 '떡고물'이라는 이후락의 말에서도 드러나듯이 박정희 정권 당시 실력자들과 이권 문제는 밀접한 관련을 맺고 있지 않았나.

권력의 핵심에 있던 사람들이 이권과 관련해 아주 중요한 역할을 했고, 청구권 자금이건 뭐건 간에 실무자들이 발주처를 결정한 것이 아니라 권력 핵심들이 '큰 것'에 많이 작용했다는 이야기들을 한다. 중앙정보부장, 청와대 비서실장, 민주공화당 재정위원장 같은 실력자들은 거래가 끝나면 관련 자료를 모두 파기한 것으로 돼 있다. 민주공화당 재정위원장 중에서도 다른 사람은 별것 아니었고, 그 유명한 김성곤이 돈 주무르는 데 대단하지 않았나.

이상우의 책을 보면 이 거래 방법이 상당히 흥미롭게 적혀 있다. 길지만 그 부분을 살펴보자. "1960년대에는 '한국에서 계속 돈 벌고 싶으면 정치 자금으로 얼마를 내놔라'", 이건 걸프사에서 뜯어간 수법이라고 하는데, "이런 수법은 세련되지 못해서 1970년대에 들어와 일본을 상대로 한 커미션 거래에서는 상당히 정치 자금 마련이 체계화되고 세련됐다"고 한다. "청와대, 공화당, 행정부 쪽의 실력자들이 함께 호텔 같은 데 모여 한국에 들어오는 모든 규모의 정부 및 민간 차관, 특히 상업 차관과 국내의 굵직한 건설 공사, 교포 재산의 반입 등에 관한 모든 정보와 자료를 망라하여 일정 비율의 정치 자금을 매겼다." 공부를 많이 했는가 보다. "청와대에서 비서실장이, 행정부에서 부총리 겸 경제기획원 장관이, 당에서 재정위원장이, 그리고 중앙정보부에서 부장이 참여하여 거둬들일 리베이트의 비율을 결정했다. 그 비율은 많은 것은 도입액 혹은 계약부의 10퍼센트까지 된 적도 있고 적은 것은 2퍼센트도 있었지만 대체로 3퍼센트에서 7퍼센트가 가장 많았다. 한국에 플랜트를 수출하는 일본 상사들은 거의 빠짐없이 이런 리베이트를 지불했다. 그렇다고 하여 이 리베이트로 말미암아 일본 장사치들이 손해를 본 것은 결코 아니었다. 적어도 리베이트를 뜯긴 액수만큼의 웃돈을 물건 값에 덧붙여 팔았기 때문이다."

여기서 차관이건 공사 수주건 3퍼센트에서 7퍼센트 정도를 내야 했다고 한 건 정말 놀라운 일이다. 한 업체가 1년에 순이익을 3퍼센트에서 7퍼센트 내는 것이 그렇게 쉬운 일은 아니지 않나. 어떠한 발주를 하건, 또 어떻게 차관을 들여오건 그렇게 많은 돈을 정치 자금으로 가져갔다고 하면 나머지를 가지고 사업을 운용해야 한다는 이야기인데 그러면 그 사업이 그만큼 부실해지는 것 아닌가. 정치 논리가 우리 경제를 심각하게 침해했다는 것을 이야기해주는 대목이라고 본다.

정권 치부를 제대로 폭로한 '죄'로
된서리 맞은 《신동아》와 동아일보

—— 박정희 정권이 경제 발전을 위해 사심 없이 헌신했다는 일각의 주장을 무색하게 하는 이야기 아닌가.

이런 부분과 관련해 1960년대 말에 굉장한 화제가 된 사건이 있었다. 바로 언론 탄압과 관련된 유명한 사건이었다. 3선 개헌을 앞두고 박정희 정권이 언론을 잡았다고 많이들 이야기한다. 그런데 동아일보가 여전히 정부에 비판적이었다. 그러니까 3선 개헌을 앞두고 동아일보를 잡아야겠다고 한 것이다. 나중에 송건호가 쓴 글을 보면, 3선 개헌을 사설에서 반대한 신문으로 딱 동아일보가 있었는데 동아일보도 좀 약하게 썼다고 돼 있다. 송건호가 이렇게 얘기할 정도였다. 그러니까 한국 사회가 어떤 시기로 들어가고 있는가를 얘기해주는 사례다. 이렇게 동아일보에 눈독을 들이던 찰나에 동아일보사에 속한 《신동아》 1968년 12월호에 중진 기자인 김진배, 박창래 두 사람의 공동 집필로 '차관'이라는 글이 실렸다. 그러자 박 정권에서 '됐다. 이제 때려잡을 수 있다', 이렇게 생각한 모양이다.

'차관'이라는 글의 핵심은 이러했다. 1963년에서 1968년까지 6년에 걸쳐서 상업 차관만도 8억 달러가 되는데 그중 5퍼센트만이 정치 자금으로 돌았다고 해도 최소한 4,000만 달러, 즉 100억 원을 훨씬 넘으리라고 추산할 수 있다는 것이었다. '5퍼센트만 정치 자금으로 돌았다고 해도'라고 한 건 5퍼센트가 더 되는 경우도 많았다는 이야기인데, 정말 있을 수 없는 일이지 않나. 그러면서 "5퍼센트 커미션설, 정치 자금 4인 공동 관리설 등은 정가의 공공연한 비밀이다", 이렇게 써버렸다. 앞에서 말한 것, 그러니까 1970년대 들어 권력 핵심 네 명이 모여 리베이트 비율을 정했다는 것과 같은 이야기인데, 1960년대부터 이미 그렇게 했다는 말이다.

그러자 특명이 떨어졌다. 그래서 김형욱이 이 건을 조사하게 됐다. 김형욱은 이미 그전에 대단히 큰 언론 하나를 때려잡는 일을

　　　　　　　　　　　　경제 성장

성공적으로 했다. 당시 동아일보 다음으로 센 신문이 경향신문이 었는데 그 경향신문을 잡았다. 1965년 박정희 대통령이 중앙정보 부 서울분실장 백태하를 시켜서 경향신문을 손보게 했다. 경향신문 사장 이준구에게 신문에서 손을 떼라고 했는데, 이준구 사장이 말을 듣지 않았다. 그러자 김형욱 중앙정보부장이 나섰다. 이준구를 구속하고, 나아가서 경향신문을 매각하도록 아주 무섭게 몰아댔다. 결과적으로 경향신문은 가톨릭에서 완전히 떠나게 된다. 그러면서 경향신문 주식의 50퍼센트가 권력으로 넘어가게 된다.

앞에서 이야기한 《장물 바구니》에도 이 이야기가 조금 나오는데, "장물 보관소에서 5·16장학회로 넘어갔다. 그래서 김지태한테서 뺏은 문화방송과 합쳐서 한동안 주식회사 문화방송-경향신문으로 운영했다"고 돼 있다. 1970년대에 실제로 그랬다. 주식회사 문화방송-경향신문이었다. 여기에서 큰 공을 세운 김형욱이 이젠 동아일보를 손보러 나선 것이다.

── 그만큼 '차관'이라는 글이 정권의 치부를 제대로 폭로했다는 뜻으로 읽힌다.

그런데 이 '차관'이라는 글을 때려잡으려고 해도 방법이 없었다. "도대체 어디다 시비를 걸 수가 없을 만큼 빈틈없이 꾸며놓고 있었다"고 김형욱이 말할 정도였다. 그만큼 잘 쓴 글이었다. 이 사람들도 각오하고 쓰지 않았겠나. 박정희 정권이 가만있지 않을 게 뻔한 상황이지 않았나. '차관'이라는 글을 보면 김성곤계인 쌍용 재벌의 차관 도입이 얼마나 막강한 권력에 의해 이뤄져가고 있는가를 아주 구체적으로 쓰고 있고, 이후락도 이 글에서 얻어터졌다. 김형욱은 이걸 어떻게 할 것인가를 고민하다가 동아일보와 관련 있는 사업체에 손을 댔다. 악명 높은 세무 사찰, 그러니까 전가의 보도를 빼든 것이다. 그것으로도 해결이 안 되니까 글을 쓴 김진배와 박창래, 당시 《신동아》 주간이자 유명한 언론인인 홍승면, 그리고 《신동아》 부장 손세일 등을 다시 중앙정보부에서 연행했다.

하지만 '차관'이라는 글을 가지고는 이 사람들을 어떻게 할 방법이 없었다. 중앙정보부에서 고민을 아주 많이 했다고 한다. 그런데 절호의 방법을 생각해냈다. 뭐냐 하면 《신동아》가 그해 10월호에 실은 글을 문제 삼았다. 역시 반공으로 때려잡는 것이 그들로서는 제일 빠른 길이었다. 이 부분과 관련해 사학자로도 유명한 동아일보 주필 천관우가 《신동아》 필화'라는 제목의 사설을 썼다. 그래서 이제는 정말 단단히 때려잡기로 하고 부사장 겸 발행인 김상만, 그리고 천관우, 홍승면, 손세일 이 사람들을 싹 잡아들였다.

그러면서 뭘 문제 삼았느냐 하면 10월호에 게재한 미국 미주리대 조순승 교수의 글 '북괴와 중소 분열'을 걸고넘어졌다. 그 당시엔 제목도 이렇게 붙여야 했다. 조순승 교수는 남북 문제와 해방 직후에 대한 글을 많이 쓴 분인데, 《신동아》 측이 조 교수의 그 글을 번역해 실을 때 박정희 정권 아래에서는 김일성을 공비 두목이라고 했어야 하는데 빨치산 지도자로 번역했다. 그걸 문제 삼았다. 그야말로 반공 앞에서는 꼼짝 못하는 나라이지 않나. 관련자 전원 해고를 동아일보 측에 요구했다. 그래서 그 유명한 언론인 천관우가 언론계를 떠나게 되는 것이다. 동아일보사는 천관우, 홍승면, 손세일에게 사표를 받았다.

이 사건에서 정말 놀라운 것은 이렇게 오랫동안 동아일보, 《신동아》 필화 사건으로 세상이 떠들썩했는데 어느 중앙 일간지에서도 이 부분에 관해 언급하지 않은 것이다. 세상에 이런 일이 일어날 수 있느냐 싶지만, 이미 이 당시에 언론이 얼마만큼 권력의 손아귀에 꽉 쥐어 있었는가를 단적으로 얘기하는 것이다.

아무튼 내가 이야기하려는 것은 차관 업체들이 그렇게 정치 자금을 내놓게 되면 과연 그 차관으로 제대로 공장을 지을 수 있었겠느냐 하는 것이다. 과연 박정희 정권이 경제 논리에 충실한 정권이었느냐, 많은 사람이 박정희에 대해 머릿속에 그리고 있는 것은 대단히 부정확한 그림이 아니냐, 이런 것을 제기하려는 것이다.

경제 발전의 기본 동력,
평준화와 교육열

경제 성장, 여덟 번째 마당

김 덕 련 박정희 정권 시기에 전면적인 경제 발전이 이뤄지게 된 역사적 배경을 짚을 차례다. 역사적 배경으로 우선 어떤 것을 꼽을 수 있나.

서 중 석 지금까지 박정희 집권 시기의 경제 정책, 경제 발전과 관련된 여러 사안을 다뤘는데, 박정희 집권 18년 동안에 대단한 경제 발전이 이뤄지게 된 역사적 배경을 살펴보는 것이 난 더 중요하다고 본다. 왜냐하면 역사적 배경은 단순한 배경이 아니고, 그것에는 실질적으로 1960년대에서 1980년대까지 한국 경제가 발전하는 데 기본 동인으로 작용한 것들이 있다. 이 부분을 정확하게 이해하는 것이 1960년대에서 1980년대까지 한국 경제를 이해하는 데 아주 중요하다.

다시 말해서 1960년대에서 1980년대까지 한국 경제에는 근면하고 값싼 노동력이 대량으로, 산업예비군까지 포함해서 존재했고 그것이 외부 자금, 즉 차관하고 결합한 것이라고 많은 사람이 이해하고 있는데, 바로 이 부분과 관련해 가장 중요한 것이 평준화다. 한국 사회가 놀랍도록 빨리 평준화가 됐고 그 평준화와 짝을 지어 교육열이 엄청났다. 이 두 가지 사항이 있었기 때문에 한국이 1960년대에서 1980년대까지 그런 경제 발전을 할 수 있었다고 볼 수 있다. 전 세계에서 이렇게 평준화되고 교육열이 높은 나라는 선진국을 빼놓고는 한국이 최고라고 보면 된다. 다른 나라에서는 이런 것을 찾아내기가 어렵다.

평등화라고 딱 이야기하는 것보다는 평준화라는 말이 난 더 적당하다고 보는데, 평준화가 뭐냐 하면 한마디로 그 사회에 소속된 사람들이 모두 높고 낮음이 없이 같은 수준에 있다는 얘기다. 그

1961년 서울대학교 졸업식. 한국 사회는 놀랍도록 빨리 평준화가 되었고, 그와 더불어 교육열이 엄청 높았다. 이 두 가지가 한국 경제가 성장하는 데 큰 역할을 했다. 사진 출처: 국가기록원

런데 이렇게 얘기하면 이런 반문이 나온다. 조선 후기에 그렇게 양반, 상놈을 찾고 노비가 많았는데 어떻게 그런 놀라운 평준화 현상이 일어났느냐 하는 물음이다. 그런 문제 제기가 나올 수밖에 없다.

조선 후기 신분제 사회의 해체 과정

── 어떤 과정을 거쳐 그런 변화가 일어난 것인가.

조선 전기에는 조선 후기와 같은 신분제 또는 양반 지배 체제는 찾기가 어렵다고 말한다. 또 중국의 경우 세습적인 성격을 갖는

귀족 신분 비슷한 걸 적어도 송나라 때 이후에는 찾아내기 어렵다고 이야기한다. 중국의 진신층은 양반하고는 다르다.

중국에 노비가 없었던 건 아니지만, 한국과 같은 형태의 노비가 있지는 않았다. 중국과 달리 한국의 노비는 세습됐다. 미국이나 중남미처럼 노예 시장 같은 것이 형성돼 거기서 사고판 건 아니지만, 노비가 다른 사람에게 넘어가는 경우도 있었다. 중국의 경우에는 부모가 가난해서 또는 갑자기 가뭄이 들어 먹고살 수가 없을 경우 딸을 노비로 팔아넘기는 경우가 드물지 않게 있었다. 그러나 그 경우 당대에 한했다. 그 사람이 결혼해서 아기를 낳으면 그 아기가 노비가 되는 건 아니었다.

그런데 우리는 그 문제를 가지고도 얼마나 많이 싸웠나. 양인과 천인 사이에서 자식이 생겼을 때 아버지가 노비일 경우 자식이 노비여야 하느냐, 어머니가 노비일 경우 자식이 노비여야 하느냐 하는 문제였다. 이 문제를 놓고 조선 시대에는 논란이 많았다. 이른바 종부법從父法, 종모법從母法이라는 것인데 이 문제를 가지고 이렇게 갔다가 저렇게 갔다가 그랬다. 숙종(재위 1674~1720) 전후 시기에 우리나라에 노비 숫자가 많았기 때문에 미국의 유명한 한국학 학자인 제임스 팔레 교수는 조선은 노예제 사회였다고까지 주장했다. 노예제 사회였다는 생각을 한국인들은 안 하고 있지만, 노비가 많았던 건 사실이다.

우리는 '신분제가 영·정조 때 이미 흔들리기 시작하다가 19세기에 들어가면 크게 흔들리고, 신분으로서 노비도 약화돼 공노비 같은 경우 19세기 들어가면서 혁파된다', 보통 이렇게 배우지 않나. 그리고 1894년 갑오개혁 이전에 이미 상당수가 노비 신분에서 벗어났고 갑오개혁 때 노비제가 철폐됐다고들 이야기한다. 그런데 몽양

여운형을 비롯해 19세기 말에서 20세기 초 진취적이고 깨인 분들의 글을 보면 자기 집에 있던 노비를 1910년 직전에 해방시킨 얘기들을 많이 한다. 그리고 아무리 양반들이 갑오개혁 이후 권력에서 이전처럼 세를 펼 수 없었다고는 하지만 우리나라처럼 양반 위세가 대단한 데에서 그게 하루아침에 약화되지는 않았다.

양반은 왜
역사에서 사라지게 됐나

─ 노비 문제를 되짚어보면, 조선 사회에서 노비가 늘어나면서 세금과 부역을 담당하는 양인은 줄어들었다. 이에 더해 신분제가 흔들리자 조선 정부는 1801년 공노비 중 내수사(궁궐과 왕실 재정을 담당한 기관)와 중앙 관청에 속한 이들을 해방시켰다(역, 향교, 지방 관청에 속한 공노비는 제외). 1886년에는 노비 세습과 매매를 금지하고, 빚을 못 갚은 사람을 노비로 만드는 것도 막았다. 그 후 갑오개혁 때 법제적으로는 신분제가 폐지되지만, 사회 구성원들의 의식이 변하고 노비 문제가 완전히 해결되는 데는 더 많은 시간이 필요했던 것으로 보인다. 양반이 결정적으로 힘을 잃는 건 언제인가.

'양반이라는 것이 제대로 존립할 수 없게 됐다. 양반, 상놈 구별하기가 어렵게 됐다', 이렇게 만들어놓은 건 일제의 지배다. '일제가 잘한 게 있네', 이렇게 생각할지 모르지만 이건 잘한 것하고는 아무런 상관이 없다. 아돌프 히틀러가 이끈 나치의 지배가 독일 귀족 사회를 크게 약화시키지 않았나. 그래서 평등 사회로 나아가는 데 한 역할을 했다. 사실 나치 게슈타포(비밀경찰)에는 힘없던 자, 무식한 자들도 많지 않았나. 그와 비슷한 것으로, 역사에서는 자신이 하고자 했기 때문에 그렇게 되는 게 아니라 그렇게 가도록 역사가 구조적으로 돼버리는 경우가 있다.

'일제 시기에 그렇게 철저할 정도로 양반이 위세를 부릴 수가 없게 됐다. 노비라는 것도 전혀 없었던 건 아니지만 사실상 해체된 것이나 다름없었다', 이렇게 된 건 일제의 지배 정책 때문이다. 양반이 자기 마을에서, 지역에서 힘을 가지려면 벼슬을 한다든가 토지가 많다든가 해야 했다. 대개는 이 두 가지가 얼기설기 얽혀 있었다. 그게 집안, 가문으로 돼 있었다. 그런데 일제 때 그게 잘되지 않았다. 한국인들이 조선총독부에서 높은 지위에 올라가는 길이 거의 막혀 있었고, 그렇게 올라가는 방식도 옛날에 양반들이 올라가던 것과는 달랐다.

1936년 통계를 보면, 교육청까지 포함해서 조선총독부의 전체 관리가 8만 7,552명인데 이 가운데 40.3퍼센트인 3만 5,288명이 조선인으로 돼 있다. 그 경우도 고급 관리의 80퍼센트, 중급 관리의 60퍼센트, 서기의 50퍼센트는 일본인이었다. 한국인은 고급 관리 중 소수일 뿐이었고, 그 외에는 대개 하급, 낮은 상태로 고용된 관리들이었다. 그런데 사실은 도지사가 되더라도 힘을 못 썼다. 그 바로 밑에 일본인을 뒀는데 그자가 오히려 더 힘을 쓰는 방식이었다. 이건 영국, 프랑스, 미국, 네덜란드가 인도나 동남아시아 여러 지역을 지배한 방식과는 대단히 달랐다. 그런 지역에서는 대부분 간접 지배 방식이었다. 토호 세력이라고 할까, 기존 세력과 야합하는 방식으로 식민 지배를 했다. 그런데 한국은 그게 아니라 일본이 직접 지배를 해버렸다. 그러니까 양반들이 설 자리가 없어진 것이다.

그러면 경제적 지위는 어땠느냐. 대지주의 경우 이미 1910년대에 기존 양반과는 다른 새로운 유형의 지주들이 많이 등장하지만, 그렇다고 하더라도 대지주는 일본인이 많았다. 예컨대 100정보 이상을 보면 1921년에 한국인은 426명, 일본인은 490명으로 나오는데, 1935년으로 가면 한국인은 360명으로 줄어버리고 일본인은 545명으로 늘어난다. 대토지 소유자 중 한국인 숫자가 계속 줄어든다. 그러면서 일본인과 동척(동양척식주식회사)을 비롯한 일본 회사들이 전라도 등지에서 큰 소작지의 대부분을 갖고 있었던 것이다. 그 과정에서 중소 지주는 계속 몰락했다.

자본가의 경우는 더 심했다. 1940년 말 조선총독부 통계에 의하면 공칭公稱 자본이 100만 원 이상인 회사 중 일본인이 소유한 것이 94퍼센트이고 한국인은 6퍼센트밖에 안 됐다.˚ 그리고 화학 공업, 가스·전기 공업, 요업 이런 것들은 100퍼센트 다 일본인이 차지하고 있었다. 한국인이 진출할 수 있는 회사는 제한돼 있었던 데다가, 회사를 운영한 한국인들은 다수가 양반, 그러니까 전통적인 명문 집안 출신이 아니었다. 그런데다가, 몰락하던 중소기업이 일제 말 전시 체제에서 더 몰락해간다. 일제가 1939년에 국가 경제 통제 조치, 1942년에는 전시 기업 정비 조치를 취하면서 중소기업이 그야말로 빈사 상태로 들어간다고 이야기하지 않나. 이처럼 일제 시기에, 짧은 세월도 아니고 35년을 당했는데, 양반이 세를 펼 수 있는 지위, 경제적 위치 같은 걸 확보하지 못했던 것이다. 그렇게 되면서 양반들이 몰락 일로였다고 볼 수 있다. 또 1930년대 이후 조선

˚ 공칭 자본은 은행, 회사 등에서 정관에 적어 등기한 자본의 총액을 말한다.

인 중소 지주의 힘이 점점 약화된 것도 그 지역 양반의 위세를 약화시켰다.

해방, 농지 개혁, 전쟁과
지주의 몰락

—— 일제 강점기에 일본과 밀착해 행세깨나 한 한국인들도 있지 않았나.

한국인 가운데 일제에 붙어서 지위가 높았다든가, 대지주로서 상당한 행세를 했다든가 하는 자들이 그럼 그렇게 큰소리만 치고 살 수 있었느냐. 관료든 군인이든 경찰이든 법조계에 있던 자들이건 또 김연수, 박흥식 같은 기업가들이건, 이런 자들은 친일파로 지목받고 있었다. 그래서 사회의 존경을 받지 못했다. 그러다보니까 그자들도 사실은 사회적 영향력, 즉 일반 한국 사람들한테 영향력을 갖기가 어려웠다.

이렇게 양반이나 지주의 힘이 약화된 것에 더해, 해방은 정치적 혁명, 시민 혁명이고 문화적 혁명이자 경제적 혁명이고 사회적 혁명이라고 하지 않았나. 우리 사회가 폭발적으로 변했다. 예컨대 전국농민조합총연맹이 만들어져 300만 명이 거기에 들어가 있었다고 돼 있지 않나. 300만 명이라는 건 과장된 것으로 나는 보고 있지만, 하여튼 수많은 농민, 노동자, 청년, 여성, 문화 단체가 생겨났다. 그러면서 3·7제(소출의 3할만 지주에게 소작료로 주는 제도) 같은 것도 시행되고, 그러다 보니까 미군이 한국에 와서도 3·1제(소출의 3분의 1만

지주에게 주는 제도)를 시행할 수밖에 없었다.

해방 후 지주들은 두 가지 때문에 그다지 힘을 못 썼다. 하나는 이런 사회적 혁명, 혁명적 변화였다. 농민들이 전에 비해 큰소리치는 세상이 된 것 아닌가. 또 하나는 옛날처럼 소작료 같은 걸 많이 받아먹을 수가 없게 된 것이다. 일제 시기에는 지주의 힘이 조선 시대보다 셌던 식민지 지주제였지만, 앞에서 언급한 것처럼 그런 일제 때에도 1930년대 이후에는 지주의 힘이 약화된다고 보고 있지 않나. 농촌 진흥 운동이나 전시 체제에서 일제는 할 수 없이 지주를 견제하지 않을 수 없었다.

이처럼 지주 세력이 해방 전후 시기에 힘을 못 썼다. 그러면서 북한에서 토지 개혁이 일어났고 남쪽에서도 토지 개혁 외침이 계속해서 강하게 나왔다. 그 때문에 한민당조차 토지 개혁을 반대할 수 없는 상황이었다. 그러면서 1948년 5·10선거가 치러질 때 너 나 할 것 없이 후보자들이 토지 개혁을 하겠다고 나선 것이다. 이러니 지주들이 겁나서 토지 방매를 많이 했다고 전에 이야기하지 않았나. 그러고는 농지 개혁이 이뤄진다.

거기다가 전쟁이 나버렸다. 전쟁이 나니까, 단순화해서 이야기하면 머슴을 하던 사람들, 옛날에 소작인을 하던 사람들, 빈민들 이런 사람들이 큰소리치는 세상이 된 것이다. 인민군의 점령 기간이 불과 3개월밖에 안 됐다고 하더라도 지주가 망해가는 사회에서는 지주가 다시 일어나지 못하게 하는 역할을 한 것 같더라. 이렇게 전

1929년 발생한 대공황의 여파로 1930년대 들어 조선 농촌은 급격히 무너져갔다. 많은 자작농과 소작농이 몰락했고, 소작 쟁의도 늘었으며, 사회주의 계열에서는 적색 농민조합 운동을 전개했다. 위기의식을 느낀 조선총독부는 농촌 진흥 운동을 실시했다. 농촌 진흥 운동은 농촌 문제를 구조적으로 해결하는 것과는 거리가 멀었다.

쟁 때문에도, 그전에 마을이나 지역에서 큰소리치던 세력들이 약화
된다.

그리고 전쟁 말기쯤부터 군대에 많이 간다. 군인 숫자가 그때
막 늘어나서 60만 명이 되고 한때는 72만 명까지 가고 그랬는데, 이
군대에도 대개 농민들 자식이 많이 갔다. 힘없는 사람들이 많이 갈
수밖에 없지 않았나. 그런데 군대에 가면 새로운 것도 많이 배웠다.
그리고 또 하나, 군대는 계급 순이었다. 병장이 위에서 '줄빠따'를
치면 졸병들은 맞기만 하면서 '내가 빨리 일등병 되고 상병 올라가
야지', 이런 생각을 하게 된다. 그러니까 군대 자체는 계급에 따른
구분을 기본으로 하지만 어떤 면에서 굉장히 평준화된 사회였다.

어쨌건 이런 방대한 군대가 있었고 전쟁 중에 피난살이 같은
것도 많이 해야 했는데, 이런 것들이 한국 사회를 놀라울 정도로 평
준화 사회로 가게끔 만들었다. 사실 해방 직후에 다들 가난했고 극
소수 친일파와 모리배를 빼놓고는 못살았다는 점에서도 한국 사회
는 많이 평준화돼 있었다.

사회에 활기를 불어넣은 역동적 힘, 평준화
천박한 하향 평준화에선 벗어나야

— 경제 발전 과정에서 평준화가 중요했다고 앞에서 얘기했다. 구
  체적으로 어떤 역할을 했나.

평준화는 한국 사회가 활기차고 역동적인 사회로 가게 한 기
본적인 힘이었다. 가장 중요한 기반이고 요인이라고 볼 수 있다. 모

두 출발점에서 같이 뛰는 것이었다. 친일파를 비롯한 기득권 세력이라는 게 있긴 했지만 그 수가 그렇게 많은 것도 아니었고 그렇게 큰 방해물만도 아니었다. 그러니까 '내가 잘만 하면 저자들을 앞설수 있다. 저자들을 누르면 된다', 이런 식의 사고를 많은 한국인이 가질 수가 있었다. 이게 좋은 말로 하면 역동적인 사회로 갈 수 있는 그런 흐름을 만들어낸 것이다. 이것이 1950년대 한국 사회를 눈에 보이지 않게 변화시켰고, 1960년대에서 1980년대까지 한국 사회를 만들어낸 기본적인 조건이었다.

그런데 우리나라에서는 하향 평준화가 이뤄졌다. 난 이 점을 강조하는데, 말하자면 정말 모든 인류가 꿈꿔온 평등한 사회로 가는 것하고는 차이가 있었다. 그 때문에도 평등이라는 말을 쓰기가 좀 그런데, 그렇게 된 데에는 친일파가 해방 이후 득세한 것이 작용했다. 친일파는 일제 때 욕을 얻어먹고 존경을 못 받았지만, 해방 후 우리 사회를 좌지우지하고 모든 부문에서 지도층 행세를 하고 기득권 세력으로서 힘이 막강했다. 그렇지만 이 사람들에 대한 존경심을 갖는다는 건 불가능하지 않나. '나쁜 놈들인데 뭐하고 결탁해 저렇게 힘이 세진 것이다', 이런 비난을 받을 수밖에 없었다. 인격적으로도 존경받을 수 있는 자들이 못 됐다.

그다음에 1960~1970년대를 보면 물신숭배 분위기, 그러니까 성장 만능주의, 성장 제일주의라는 게 이른바 조국 근대화 논리와 얽혀 한국 사회를 풍미했다. 인간이 어떻게 살아야 하는가 하는 문제는 여기서도 배제된다. 적나라한 만인 대 만인의 투쟁과 비슷한 현상이 나타났다고 볼 수 있다. 약육강식의 사회가 되기도 한다. 한마디로 정의, 성실, 근면, 정직 같은 것이 제대로 대우받을 수 있는 사회가 1950년대에도 못 됐고 1960년대에도 못 됐고 1970년대에도 못 된 것이다. 그러니까 사회 전체의 질이 많이 떨어졌다. 그런 속에서 평준화가 된 것이다. 그래서 이건 평등하고는 차이가 나는 것이라고 난 본다.

거기다가 권력의 최고 상층부를 봐라. 쿠데타로 권력을 잡은 자들, 부정 선거로 권력을 잡은 자들, 걸핏하면 군을 풀어놓고 또 권력을 잡은 자들 아닌가. 이런 자들이 존경받을 수 있느냐, 이 말이다. 인격적인 존경을 못 받는다. 박정희 신드롬 같은 것이 생기기는 했지만, 그렇게 존경받을 수가 없었다. 그리고 재벌들, 이른바 경제인들에 대해서도 1960~1970년대에 한국인 대다수는 '정상적인 기업 논리에 의해 경제적으로 머리를 잘 써서 저렇게 된 사람들이 아니다. 권력과 결탁해 저렇게 된 것이다', 이런 식으로 많이 생각했다. 물론 1980년대에도 그런 현상이 많았다.

—— 평준화 이야기가 나오면, 국가 경쟁력을 떨어뜨리는 장애물로만 여기는 이들이 일부 있다. 역사적으로 평준화가 어떤 역할을 했는지를 고려하면 이는 적절치 않은 태도라는 생각이 든다. 더 나아가 평등과 정의를 말하면, 시쳇말로 그것이 나라를 망칠 것처럼 경기를 일으키는 이들도 있다. 시장의 자유만 내세우는 무분별한 시장주의가 판을 치고 '종북 칼춤'에 사회가 뒷걸음질 치면서 그런 태도가 더 도드라진다. 그러나 역사를 찬찬히 되짚으면 그것이 억지 주장임을 알 수 있다. 예컨대 고도성장을 가능케 한 요소 중 하나인 농지 개혁에서도 이 점은 잘 드러난다. 극심한 격차를 지양하고 평등을 지향한 농지 개혁을 제대로 실시한 사회와 그렇지 않은 사회의 차이는 잘 알려진 사실이다. 물론 하향 평준화의 문제점은 극복해야겠지만,

그것과 별개로 평등의 가치를 폄훼하는 것이 정당화될 수는 없다. 어쨌든 하향 평준화를 비롯해 앞에서 지적한 문제들 때문에 한국은 제대로 된 지도층을 찾아보기 어려운 사회가 되지 않았나.

그러니까 우리 사회에서 존경할 수 있는 층이라고 할까, 이게 별로 없게 됐다. 모두 '무슨 무슨 놈'이라고 하는 막된 말들을 누구나 입에 담고 다니는 사회로 한국이 가버린 것이다. 이건 한국 사회에 치명적인 독소가 될 수 있다. 1960년대에서 1980년대까지 경쟁 사회에서는 이것이 한국 사회를 역동적으로 발전시키는 데 굉장한 힘이 될 수 있지만, 그걸 한 단계 넘어서서 그야말로 바람직한 사회, 수준 높은 사회로 가려면 인간에 대한 존중, 인간의 가치관에 대한 바른 평가 같은 것들이 돼 있어야 한다.

그건 지식이나 교양 면에서도 마찬가지다. 이런 사회에서는 깊은 지식, 전문 지식이 별로 대우를 못 받는다. 껄렁껄렁하면서도 외견상 근사해 보이는 사람들이 더 출세하고 대접받기 쉽다. 그러니까 사회에 깊은 지식이 잘 축적되지 않는다. 교양을 갖춘 사람도 별로 필요로 하지 않는다. 그러면서 기술 같은 것도 타국에 종속되는 현상을 보여줬다. 요새 유행하는 말로 우리 사회가 업그레이드되려면 천박한 하향 평준화 현상에서 벗어나야 하는데 박정희 신드롬 또는 성장 만능주의, 성장 제일주의에서 벗어나지 않으면 거기서 결코 벗어날 수가 없다.

해방 후 무섭게 불붙은 교육열
초등학교도 '일류'가 있었다

경제 성장, 아홉 번째 마당

김 덕 련 1960~1970년대 전면적인 경제 발전의 역사적 배경으로 지난번에 평준화 문제를 살폈다. 이번에는 교육 문제를 짚었으면 한다.

서 중 석 한국 사회가 꼭 평준화돼서 교육열이 높아진 건 아니다. 조선 후기부터 보면 한국은 상당히 교육열이 높은 나라였다. 그렇지만 이 평준화 현상이 교육열을 엄청나게 부채질한 것은 틀림없다. 왜냐하면 한국 사회가 평준화되다 보니까 출세하는 데나 돈 버는 데 가장 크게 작용한 것이 정실, '빽'이었기 때문이다. 1950년대에는 '빽' 없으면 못 산다고 할 정도로 모든 것에 '빽'이 작용했다. 그것처럼 중요한 게 없었다. 그 이후 지금까지도 '빽'은 출세의 지름길로 통하지 않나. 그런데 이 정실에서는 대개 지역 연고나 같은 학교 출신이라든가 하는 교육 연고, 이게 중요한 역할을 했다. 지역 연고라는 건 한계가 있고 대개는 교육적인 연고 관계가 아주 중요한 역할을 한다. 그뿐 아니라 '일류 학교를 나오면 더 빨리 출세할 수 있다. 상향된 지위를 가질 수 있다. 돈을 벌 수 있다', 이런 생각을 한국인들이 해방 후 상당히 일찍부터 가졌던 것으로 보인다. 그렇기 때문에도 교육열이라는 게 굉장히 셌다. 한국에서 교육열이라는 건 평준화와 함께 그야말로 역동적인 사회로 가는 기본적인 힘이었다.

한국은 해방되면서 문화적, 교육적 혁명을 맞이했다. 일제 때 초등학교 취학률이 얼마나 낮았느냐 하는 건 전에도 이야기한 적이 있지만 다시 한 번 살펴보자. 일본은 1904년에 이미 초등학교 취학률이 94.4퍼센트가 돼서 세계적인 수준으로 가고 있었다. 그런데 한국은 일본이 98.1퍼센트로 세계 최고 수준으로 갔을 때인 1911년에

1963년 갓 입학한 초등학교 1학년생들의 운동장 수업 광경. 해방되면서 초등학교 취학률이 갈수록 높아져 1959년에는 96.4퍼센트가 되었다. 이때 대량으로 한글세대가 탄생하게 된다. 사진 출처: e영상역사관

적령 아동의 초등학교 취학률이 1.7퍼센트였다. 1929년에도 18.6퍼센트밖에 안 됐다. 1930년대 후반 중일전쟁을 전후한 시기부터 일제가 한국인을 동원하면서 취학률이 좀 높아지지만, 일제 시기 내내 그렇게 높지는 않았다.

그런데 해방되면서 초등학교 취학률이 갑자기 높아지는 것을 볼 수 있다. 1945년에 초등학교에 다닌 학생들이 136만여 명으로 통계가 나와 있는데, 이게 1955년에 294만여 명, 즉 두 배 이상으로 늘어났다. 1960년에는 408만 명이나 된다. 그러면서 해방 직후에 이미 70퍼센트를 훌쩍 뛰어넘는 것을 볼 수 있고, 의무 교육을 실시한 직후인 1954년에는 82.5퍼센트가 된다. 1958년에는 94.6퍼센트, 자유당 정권 말기인 1959년에는 96.4퍼센트가 된다. 96.4퍼센트라고 하면 유럽에서도 이만큼 취학률이 높은 나라가 많지 않다. 일

1967년 전기 중학교 입시를 치르고 있는 학생. 1960년대에서 1980년대까지 초등학교, 중학교를 나온 사람들 중 다수가 월급을 적게 받고 노동 조건이 나쁘더라도 정말 열심히 일하려는 자세가 돼 있었다. 사진 출처: e영상역사관

본과 마찬가지로 한국도 초등학교 취학률로는 선진 대열에 들어갔다고 볼 수 있다. 다만 그 당시 학교 유리창도 깨진 게 많았고, 초등학교 교육 환경이 말할 수 없이 안 좋았다. 그리고 제대로 가르쳤느냐, 교사 질은 어땠느냐 하는 문제가 있긴 했지만, 그래도 이때 대량으로 한글세대가 탄생하게 된다. 엄청난 한글세대의 탄생을 이 시기에 맞이하게 된다.

경제 성장

해방을 계기로 폭발한 교육열과
한글세대의 탄생

—— 초등 교육뿐만 아니라 중등 교육을 받은 이들도 늘어난다. 구체적으로 어느 정도 증가하나.

해방 직후 교과서를 바로 한글 중심으로 하고 나중에는 한글 전용으로까지 가게 되고, 거기다가 가로쓰기 한글 교과서를 내게 된 놀라운 변화도 이러한 대량의 한글세대를 창출하는 데 상당한 역할을 했다. 세종이 한글을 창제한 지 500년이 돼서야 한글이 그 야말로 남과 북에서 국민 문자가 되는 상황과 긴밀히 연결돼 있다고 볼 수 있다.

사실 일제 때는 한국에 문맹자가 아주 많았다. 예컨대 문맹자가 1930년에 77퍼센트였고 1933년에 72퍼센트였다. 그런데 해방 후에는 한국인이 초등학교에는 100퍼센트 가깝게 들어갔고, 13세 이상 인구 중에서는 1960년 통계를 보면 159만 명이 글을 모르는 것으로 돼 있다. 문맹률이 27.9퍼센트, 그중 남자는 15.8퍼센트로 나온다. 무학자 비율도 1955년에는 50.4퍼센트, 1960년에는 39.5퍼센트로 대폭 줄어든다. 그 후에는 훨씬 더 줄어든다. 거듭 얘기하지만 여기서 대량의 한글세대가 탄생하게 된다는 것이 아주 중요하다.

중학생 숫자가 해방 직후에 엄청 늘어나는 것도 눈여겨봐야 한다. 일제 때는 초등학교에 들어가는 것도 어려웠다고 이야기하지 않았나. 그러니까 중등 학생은 더더욱 적었다. 한국에 와 있는 일본인이 1910년의 경우 한반도 거주자의 1.3퍼센트, 1940년에는 3.0퍼센트였다. 그래서 한반도 거주자 중에서 일본인이 대략 40분의 1

정도였다고 보면 된다. 그런데 중등학교에 다닌 학생 수를 살펴보면 일본인 숫자와 한국인 숫자가 거의 같은 것을 볼 수 있다. 그러니 한국인은 일본인의 40분의 1밖에 중등학교에 못 들어갔다고 이야기할 수 있다. 예컨대 1922년 조선총독부 통계를 보면 중등 학생이 한국인은 7,691명으로 돼 있는데, 그 당시 인구의 2퍼센트를 조금 넘던 일본인은 1만 2,567명으로 한국인보다 월등 많았다. 1938년에 가면 한국인은 2만 4,473명, 3퍼센트 정도 되던 일본인은 2만 10명으로 일본인이 약간 적었다.

이때까지 한국인이 다닌 학교는 고등보통학교, '고보'라고 보통 말했고 여자의 경우 여자고등보통학교, '여고보'라고 했다. 이와 달리 일본인이 다닌 학교는 정식 중학교였다. 황국 신민화 운동을 펴기 위해 나중에 국민학교라고 부르지만, 1930년대 중반까지는 초등학교도 이름이 달랐다. 한반도에 있던 일본인이 다닌 학교는 소학교, 한국인이 다닌 학교는 보통학교였다. 이름만 격이 떨어지는 게 아니라 교육 수준도 떨어졌다. 하여튼 중등학교에 다닐 수 있는 숫자가 무척 적었다. 그렇게 일본은 문맹 수준으로까지는 아니더라도 한국인이 교육받는 것을 제한하려 했던 것이다. 식민지 사람들이 교육을 받으면 어떻게 되겠나. 그만큼 한국인의 능력이 커지는 것이고, 일제에 대들고 독립하는 것으로 가려 하지 않겠나.

1945년 통계를 보면 중학생이, 이 당시에는 중·고등학교가 합쳐 있었는데, 8만 4,572명으로 나온다. 일제 때보다 숫자가 많이 늘어났다. 이게 1955년에 가면 47만 5,302명이 된다. 5배 이상으로 급증한 것이다. 1960년에 가면 65만 5,123명으로 나온다. 고등학생 숫자도 1955년에, 이때는 중·고등학교가 분리됐을 때인데, 이미 21만 2,518명에 이르렀고, 1960년에 32만 3,693명이 된다.

그러니까 이 시기에 초등학교, 중학교를 나온 한글세대라고 할 수 있는 이 세대들은 1960년대의 노동 집약적 경공업에서는 전부 다 일할 수 있었다. 일하는 데 조금도 지장이 없었다. 그뿐 아니라 1970년대에 중화학 공업이라고 하더라도 우리나라에는 소비재 중화학 공업, 그러니까 석유화학 계통, 조선, 가정용 전기·전자 제품을 만드는 중화학 공업이 많았는데 초등학교, 중학교를 나온 사람들 중 다수가 여기에서도 일할 수 있었다. 경공업에서건 중화학 공업에서건 1960년대에서 1980년대까지 이 세대들은 월급을 적게 받고 노동 조건이 나쁘더라도 정말 열심히 일하려는 자세가 돼 있었다.

독일·일본 경제 성장, 교육이 일궈내
한국, 아시아에서 일본 다음으로 높아

— 대규모 한글세대의 탄생 및 이들이 경제 발전 과정에서 한 역할에 주목하는 것은 중요한 의미가 있다는 생각이 든다. 역사의 주인공, 성장의 주역이 누구인가 하는 문제를 다시 생각하게 한다는 점에서 그러하다. 한국인들이 이만큼이나마 먹고살 수 있게 된 건 특정한 권력자나 재벌 회장 몇 명 덕분이라는 식의 왜곡된 신화에서 벗어나야 더 나은 미래가 열린다는 점에서도 그러하다. 도약할 수 있었던 역사적 배경과 국제적 조건, 그리고 그 속에서 발휘된 다수의 평범한 국민들의 힘과 노력의 중요성을 제대로 이해하는 것은 그런 면에서도 중요하다. 다시 돌아오면, 일제가 그 길을 아주 좁혔던 대학 교육도

해방 후 활발하게 이뤄지지 않나.

대학생의 경우 숫자로만 따지면 일제 때보다 월등 비율이 높다. 사실 수준은 그리 높지 않았지만 그나마 일부 있던 대학 과정을 일제가 한국을 병합한 후 얼마 안 지나서 없애버리지 않았나. 그러고 나서 대학을 세우지 않았다. 일본의 중요 지역, 그러니까 교토, 도쿄에는 대학이 몇 개씩 있었고 다른 어지간한 도시에도 대학이 다 있었고 중국만 하더라도 큰 도시에는 몇 개씩 있었던 건데, 도대체 한국에는 나라 전체를 통틀어서 대학을 안 세운 것이다. 그러니까 1920년대 초에 민립대 기성회라는 것이 생겼고, 그러자 일제가 할 수 없이 1924년에 경성제국대학 예과豫科라는 것을 만든 것 아니겠나.

이 경성제국대학이 일제 시기를 통틀어 유일한 대학이었는데, 뽑는 숫자도 얼마 안 됐고 거기에 들어갈 수 있는 인원이 1920년대, 1930년대를 기준으로 하면 한국인은 20퍼센트에서 30퍼센트밖에 안 됐다. 정원이 얼마 안된 이 학교에조차 대부분 일본인이 들어갔다는 말이다. 그러니까 한국인은 특별히 돈이 많거나 아르바이트를 정말 열심히 해서 일본이나 미국 등에서 유학을 하는 방법 이외에는 고등 교육을 받기가 어려웠다. 국내에서 대학을 다니기가 아주 어려웠다, 이 얘기다. 전문학교라는 것도 몇 개밖에 안 됐다. 서울을 중심으로 의학전문학교니 고등사범학교니 하는 몇 개의 전문학교가 있었다. 이런 전문학교도 대개 20퍼센트, 많아야 30퍼센트만 한국 학생을 뽑았고 나머지는 한반도 거주자의 2퍼센트에서 3퍼센트밖에 안 되던 일본인으로 채웠다.

이렇게 교육 차별이 심했는데도, 뉴라이트들은 정반대 소리를 하고 있다. 식민지 근대화론을 들면서 '일제 때 교육을 많이 받아서 우리가 잘살게 됐다'는 식의 도무지 말이 안 되는 주장을 하고 있다.

— 이른바 '맨 파워man power'론이다. 식민지 근대화론의 한 축은 일제 강점기 때 이뤄진 개발이 1960년대 이후 고도성장의 밑거름이 됐다는 것이다. 그러나 이런 주장은, 식민지 시대에 이뤄진 모든 개발의 유산은 분단과 한국전쟁을 거치면서 거의 무의미한 수준으로 축소됐다는 실증적인 비판을 넘어서기 어렵다. 다른 한 축은 일제 때 교육과 훈련을 받으며 한국인들의 능력이 향상됐고, 한국이 발전하는 데 이것이 중요하게 작용했다는 '맨 파워'론이다. 그러나 이것 역시 앞에서 지적한 것처럼 설득력을 얻기 어려운 주장이다. 어쨌건 해방 이후 고등 교육을 받은 사람이 급격히 늘어난 것은 한국이 도약하는 데 중요한 역할을 하지 않았나.

8·15 당시에는 대학이 갑자기 늘어나서 19개나 된다. 통계를 보면 대학생 숫자가 7,819명으로 나와 있다. 1952년에는 3만 2,542명, 1955년에는 대학 숫자도 많이 늘어나서 53개 학교에 7만 8,649명, 그리고 4월혁명이 난 1960년에는 남학생 8만 770명, 여학생 1만 7,049명 해서 총 9만 7,819명으로 통계가 나온다. 대학생 숫자는 그 뒤에 엄청나게 늘어나지만, 지금까지 살펴본 시기에도 일제 때와는 비교가 안 된다.

고등 교육을 받은 사람들의 숫자를 비교한 통계가 있는데, 거기서 한국은 수준이 아주 높게 나온다. 1955년에 인구 10만 명당 고

등 교육을 받은 사람들이 일본은 470명으로 나와 있는데, 한국은 177명이고 대만은 그 반절인 88명밖에 안 된다. 버마는 18명, 인도는 영국이 해놨기 때문에 112명이었다. 1960년 통계를 보더라도 일본은 750명, 한국은 367명, 대만은 많이 올라와서 329명인데 한국보다는 적었다. 버마는 63명, 인도는 220명이었다. 그러니까 교육수준을 보더라도 아시아에서 한국과 대만이 일본 다음으로 경제 발전을 할 수밖에 없었다.

한 번 생각해봐라. 제2차 세계대전이 끝났을 때 특히 독일하고 일본은, 독일이 더 심했다고는 하지만, 완전히 폐허이지 않았나. 공습 때문에 제대로 된 도시가 거의 없지 않았나. 그 정도로 어려운 상황이었고 경제도 똑같이 어려웠다. 그런 속에서 어떻게 그런 기적적인 경제 성장이 가능했느냐. 전 세계적으로 독일과 일본처럼 교육 수준, 교육열이 높은 나라도 없지 않나. 그게 문제를 단숨에 해결하게 한 기본 동력이었다. 어떤 한 사람이 한 게 절대로 아니다. 그런 기본적인 밑바탕이 있었으니까 독일과 일본이 그렇게 일어설 수 있었던 것이다. 제일 큰 힘은 교육에 있었다.

한국의 경우 전쟁 중에도 전시 수도 부산에 서울에서 피란 온 각급 학교들이 임시 학교를 개설했다. 그러면서 천막이나 벽돌만 둘러친 가교사假校舍에서 수업을 하는 눈물겨운 광경을 볼 수 있었다. 전쟁이 끝난 후부터 교육열이 본격적으로 불붙었는데, 교실이 부족했고 교육 시설이 파손되거나 부실한 데가 많았다. 도시는 그래도 좀 나은 편이어서 사람들이 도시로 이주해 서로 교육을 받으려고 했다.

그래서 초등학교 같은 경우 대도시를 보면 한 교실에서 70명, 80명씩 배웠다. 이건 1960년대에도 그랬다. 한 학급이 100명 이상

되는 학교도 꽤 많았다. 일류 국민학교라고 불린 곳 중에는 한 학급이 120명에서 130명이나 되는 경우도 있었다. 당시 신문에서 그런 내용을 나도 자주 봤다. 이른바 일류 학교일수록 2부제, 3부제를 하는 경우가 많았다. 학생이 하도 많으니까 하루에 교대해가면서 가르친 것이다. 100명이 넘는 학생들을 2부제, 3부제로 가르치고 그랬다. 하나의 학교 교정에 두 개의 학교 이름이 붙어 있는 경우도 있었다. 그 경우 이건 도대체 몇 부제 수업을 한 건가를 얘기할 수 없을 정도였다.

교육열이 빚은 부작용,
수험 지옥과 '사모님' 치맛바람

── 교육에 대한 열정은 한국이 도약하는 데 기본적인 힘으로 작용했지만, 다른 한편으로는 부작용도 많지 않았나.

'좋은 학교만 가면 된다. 그러면 출세하거나 돈을 벌 수 있다', 이것이 한국인한테 너무나 크게 자리 잡다 보니까 교육열이 아주 심하게 과잉됐다. 그래서 서로 다 이른바 일류대를 가려고 했다. 일류대를 가려면 일류고를 가야 했다. 서울에 있는 학교들이 일류부터 이류, 삼류 등등으로 분류돼 있지 않았나. 지방에도 중요 도시마다 다 일류고가 있었다. 일류고에 가려면 일류 중학교에 가야 했고, 일류 중학교에 가려면 또 일류 국민학교에 가야 했다. 이건 서울이건 부산이건 대개 다 그랬다. 서울에서는 덕수, 수송 같은 곳이 일류 국민학교로 꼽혔는데 이런 데는 서울 사람이 주로 갔다. 그래서 지방에서 올라온 사람들은, 돈이 있더라도, 서울 중심에서는 그 당시에 변두리로 불렸던 혜화국민학교 같은 데 갔다. 지방에서 올라와서 그렇게 했다. 그 당시 덕수국민학교는 들어가기가 힘들었다. 2부제, 3부제가 있었고 한때 한 학급에 120~130명까지 있고 그랬다.

이렇게 계열화가 되면서 한국 특유의 수험 지옥이 생겼다. 과외가 지독했다. 과외도 원래는 시험을 잘 보라는 수험 지도 중심이었는데, 이게 나중에는 다른 부문까지 파급되면서 어머니들이 너무 심할 정도로 이런저런 과외 학습을 받게 하는 모습이 나타난다. 이 시기에는 그야말로 '빽'이나 돈이 좌지우지했다. 1950년대, 1960년대는 그런 사회였다. 거기서 그 유명한 '사모님'이라는 말이 생겼다. 사모님 치맛바람이라는 게 학교를 휘저었다. 사실 이 치맛바람은 학교만이 아니라 사회까지 휘젓고 다니고 그랬다.

1950년대 후반에는 일류 중·고등학교 교장은 문교부 장관도 마음대로 못했다. 당국이 발령을 냈는데 중학교 교장이 이동을 안 해버리는 일도 있었다. 세상에 그럴 수가 있나 싶지만, 실제로 그랬다. 그러다 나중에 당국이 발령을 취소해버렸다. 이게 다 '빽'의 사회라 그랬다. 이기붕을 비롯한 자유당 최고 권력자들이 관련된 문제였는데, 하여튼 서울을 중심으로 한 대도시로 인구가 집중한 제일 큰 이유도 교육이었다. 교육만 받으면 된다고 해가지고 다들 서울로, 대도시로 그렇게 몰려든 것이다. 이런 식으로 인구가 집중하는 것은 분산하기가 굉장히 힘들다. 왜냐하면 시쳇말로 머리 싸매고 덤벼드는 식이기 때문에 간단히 해결되지 않는다. '일류 대학에 가야만 한다. 그래야 취직이 잘된다' 하는 세상에서는 그런 게 안 풀린다.

고도성장 가능케 한
농지 개혁과 여성의 힘

경제 성장, 열 번째 마당

김 덕 련 1960년대 이후 한국이 도약한 역사적 배경으로 앞에서 평준화와 교육열을 짚었다. 그것 이외에 역사적 배경으로 어떤 것을 더 꼽을 수 있나.

서 중 석 한국에서 역동적인 힘, 1960년대에서 1980년대까지 한국을 산업화하는 데 기본 동력으로 작용한 것은 평준화 현상과 교육열이라고 이야기할 수 있지만 몇 가지 다른 현상이 여기에 합세했다. 그 점도 결코 무시해서는 안 된다. 그중 하나가 토지 개혁이다.

1930년대 남미의 부에노스아이레스, 리우데자네이루 사진이나 활동사진 같은 걸 봐라. 얼마나 멋진가. 파리를 그대로 본떠 만들었다는 아주 멋진 도시들이었다. 지금 봐도 손색이 없는 대도시들이었다. 그런데 이 도시들은 1960~1970년대에도 같은 모습이었다. 그렇게 큰 차이가 없다. 왜 이 사회는 그렇게 정체됐느냐 하는 부분과 관련해 논란이 일었는데, 이때 여러 요인 중 하나로 거론된 것이 일부 대지주의 존재다.

이것은 제2차 세계대전 이후에 서유럽과 북미, 호주와 뉴질랜드를 제외한 지역 중에서 어째서 일본, 한국, 대만, 홍콩, 싱가포르 여기에서만 경제적으로 대단한 발전이 이뤄졌는가 하는 문제와 닿아 있다. 한국, 대만, 홍콩, 싱가포르를 네 마리 용이라고 하면서 이것에 대한 연구를 많이 하지 않았다. 그러면서 유교 자본주의라는 것이 등장하는데, 다시 보니까 이 지역들에 공통적인 것이 있었다. 일본, 한국, 대만, 그리고 현재로 봐서는 중국까지 포함될 텐데, 여기가 전부 토지 개혁이 된 지역들이었다.

무슨 이야기인가 하니, 중남미 국가들은 지역에 따라 차이가 있지만 지하자원이나 농산물이 풍부한 나라들인데도 왜 경제 발전

경제 성장

이 한때 되는 듯하다가 안됐는가, 이 말이다. 제2차 세계대전 이후 자본주의권이 참 대단한 경제 발전을 하는데 이 지역들은 그렇지 못했고, 많은 경제 혼란이 일어난다. 그렇게 된 한 요인은 대지주가 군과 자본가의 결탁에 가세하거나 중미 일부 지역처럼 권력을 계속 장악했고 그러다 보니까 신선한 산업화 물결을 일으키거나 합리적이고 투명한 경제 활동을 하기가 쉽지 않은 사회가 돼버렸다는 것이다.

—— 토지 개혁의 중요성을 보여주는 반면교사 사례는 라틴아메리카 이외 지역에도 있지 않나.

우리는 그런 지역 중 하나를 동남아에서도 찾을 수 있다. 예컨대 필리핀이 그렇다. 여행을 가보면 필리핀은 땅이 넓고 거기다가 날씨까지 좋아서 2모작, 3모작을 할 수 있는 데가 많지 않다. 우리가 1950~1960년대에는 필리핀을 부러워했다. 민주주의도 모범 국가로 보였고, 경제도 우리보다 나은 것 같아서 그러했다. 그런데 그 이후 영 달라져가지고 이제는 필리핀 사람들이 한국에도 많이 와서 어렵게 사는 모습이 눈에 확연히 드러나지 않나.

왜 필리핀이나 동남아시아 일부 지역이 이렇게 됐느냐. 가장 대표적인 것 중 하나는 토지 개혁이 안 됐기 때문 아니냐고들 이야기한다. 한국에서 전두환 정권이 6월항쟁을 만나기 직전인 1986년 필리핀에서 민중 혁명people revolution 같은 것이 일어났다. 그래서 드디어 페르디난드 마르코스 독재 정권이 물러나고 코라손 아키노가 가톨릭과 민중의 지원을 받으며 대통령이 됐다. 이때 코라손 아키노가 크게 공약한 것이 토지 개혁이었다. 이 사람도 기득권자였지만, 모든 것을 내려놓고 토지 개혁을 하겠다고 약속했다. 그렇지만 끝내 제대로 해내지 못했다. 그 뒤로는 또 부자들이 계속 정권을 잡지 않나. 그러면서 여전히 마닐라 외곽에는 '성주'가 사는 성 같은 집들이 꽤 있고, 지방에 가면 지방 '성주'들이 있다고 한다. 그자들이 여전히 위세를 부리고 있는 것이다. 산업 사회로 가는 데 필요한 여러 가지가 그런 속에서 어려움을 겪고 있다.

산업화 기반 마련한 농지 개혁,
전쟁까지 겹치며 몰락한 지주들

—— 농지 개혁과 한국전쟁을 거치며 지주 세력이 힘을 잃은 것은
한국사 전체를 놓고 봐도 중요한 사안 아닌가.

중남미 국가들이나 필리핀 등과 달리 한국에서는 토지 개혁이

소수의 대지주가 대부분의 땅을 차지하는 불평등한 토지 소유를 해체해 그 토지를 농민에게 나눠주는 것은 1986년 민중 혁명 당시 사회 경제 분야에서 제기된 핵심 과제였다. 이는 필리핀 자본주의가 성장하는 데 필요한 일이기도 했다. 아래로부터 올라온 거센 요구와 시대의 흐름 앞에서 코라손 아키노도 농지 개혁을 약속하지 않을 수 없었다. 그러나 그 후 코라손 아키노는 "토지 분배보다 이윤 분배가 더 중요하다", "소단위 경작은 대단위 경작보다 확실히 비효율적"이라는 등의 이야기를 하며 농지 개혁에 부정적인 태도를 취했다. 논란 끝에 1988년 6월 농지 개혁 법안이 필리핀 의회를 통과하지만, 의회를 지배하고 있던 지주 세력에 의해 법안은 이미 누더기가 된 상태였다. 그 자신이 대지주 계급의 일원이던 코라손 아키노가 농민을 비롯한 민중 세력의 주장을 받아들이지 않고, 의회를 지배하던 지주 세력의 손에 농지 개혁 법안을 맡긴 결과였다. 또한 민중 세력이 페르디난드 마르코스 정권을 독자적으로 무너뜨린 것이 아니라, 정권과 갈라선 일부 군부, 교회, 대지주 등 기득권 세력과 연합해 집권자를 교체한 1986년 민중 혁명에 내재한 한계이기도 했다. 이처럼 코라손 아키노 집권기는 '마르코스 축출'이라는 공동의 목표를 달성하기 위해 뭉쳤던 세력들 중에서 농민을 비롯한 민중 세력이 밀려난 시기였다. 농지 개혁 퇴행은 이를 상징하는 사안이다.

됐을 뿐만 아니라, 그것도 지주가 쫄딱 망하는 식으로 돼버렸다. 지구상에서 이런 식으로 지주가 망할 수 있느냐 싶을 정도로 심하게 망한 사례다.

조선 후기가 어떤 사회였나. 아주 심한 양반 지배 체제라고 지난번에 얘기하지 않았나. 일제 때도 식민지 지주제라고 해서 지주가 강성했다. 1930년대 이후 조금 약화됐다고는 해도 지주는 여전히 강한 존재였다. 그런데 해방을 만나면서 지주의 힘이 많이 약화됐다. 1948년 5·10선거를 치르면서 지주가 더 약화된다. 제헌 국회가 토지 개혁을 하겠다고 나서지 않나. 그러면서 토지 방매 현상이 대량으로 일어났다. 또 농지 개혁이 전쟁 직전에 시작되고, 전쟁기에는 머슴이나 빈농들이 마을에서 큰소리치는 현상도 나타난다.

이런 것 때문에도 지주가 망했는데, 그것으로만 망한 것은 아니었다. 전쟁으로 국가 재정이 굉장히 어렵게 됐는데 이승만 정권은 그걸 메우고자 재정 부담의 많은 부분을 농민에게 지웠다. 농민에게 토지수득세를 거뒀고 거기에 저곡가 정책이 겹쳐 1950년대에 농민 사회가 몰락하고 있었는데, 농민들과 함께 있던 지주들은 그것 때문에도 어려워졌다.

지주를 더 어렵게 한 것은 지주가 갖고 있던 지가증권이었다. 우선 일제 말부터 미군정에 걸쳐서 지주가 손해를 보는 정책이 있었다. 뭐냐 하면, 소작료를 지주에게 금납하게 한 것이었다. 미군정이 실시한 3·1제도 그런 식이었다. 농민들한테 소작료를 현물로 받아 지주한테는 돈으로 줬다. 일제 말 전시 체제 당시 조선총독부건, 해방 후 미군정이건 그게 다 유리한 방식이었다. 쌀이 부족할 때였으니 귀한 쌀을 확보하고자 농민한테 현물로 내게 한 것이었다. 그렇지만 인플레이션이 심한 상황에서 금납제는 지주에게 큰 손해였다. 토지수득세가 농민을 그렇게 괴롭힌 이유도 그것을 현물세로 받았기 때문이다.

그런데 농지 개혁을 어떻게 했느냐 하면, 농민들에게는 연평균 생산액의 150퍼센트를 분할해 현물로 상환하게 하고 지주한테는 지가증권으로 줬다. 그 지가증권이 전쟁기의 인플레이션을 만나면서 거의 다 휴지 조각이 됐다. 대지주를 제외하고 지주들이 쫄딱 망했다. 대지주한테는 지가증권을 유용하게 활용할 수 있는 게 생겼다. 뭐냐 하면 정부에서 귀속 재산, 그중에서도 특히 공장 같은 것을 처분할 때 이 지가증권을 액면 그대로 인정했다. 그래서 대지주들이 그것을 담보로 해서 귀속 재산을 불하받을 수 있게 했다. 그런 것에 지가증권을 유용하게 쓴 아주 소수의 대지주를 빼놓고 나머지는 지가증권이 휴지가 되면서 일반 농민처럼 가난한 농민이 돼버렸다.

이렇게 한국에서는 지주가 몰락했다. 필리핀 같은 데서는 영주라고 할 만한 자들이 하나의 지역을 지배했고 지금도 그런데, 우리 경우는 그런 자들이 없게 된 것이다. 그래서 지주들이 자신들의 이해관계를 관철하기 위해 산업 자본의 활동이나 다른 경제 활동을 방해하는 일도 생기지 않았다. 더 중요한 건 농민들이 자유롭게 활동할 수 있게 된 것이다. 그것이 대규모 이농을 가능하게 한 중요한 하나의 요인을 만들었다. 물론 그것 하나 때문만은 아니지만, 어쨌건 농촌에서 엄청난 규모의 농민들이 도시로 나와서 저임금 노동자가 된다. 이 사람들이 또 1960~1970년대 산업 노동자가 되는 것이다. 한국 사회의 역동적인 힘이 여기서도 나왔다.

─── 그렇게 형성된 노동자들이 한국을 일으켜 세우지 않았나.

전에 말한 것처럼 한글세대 그리고 엄청난 산업예비군, 이 사람들이 굉장히 근면했고 이처럼 근면한 노동력이 풍부했다는 것은 결코 무시할 수 없는 요소다. 이런 식으로 이야기하면 비난받을 수도 있겠지만 동남아시아나 중남미 사람들보다 한국, 중국, 일본, 대만 사람들이 더 부지런한 것이 사실이다. 베트남 사람들도 그렇다.

박정희가 쿠데타를 일으킨 직후에 쓴 책에서는 식민 사관이 굉장히 많이 보인다. 거기에서 박정희는 한국인의 식민지 근성 같은 것을 이야기하면서 '한국인이 게을러서 이렇게 못살게 됐다'는 식의 논법을 폈다. 또 얼마 전 그런 주장을 한 사람이 낙마한 경우도 있지 않나.° 그런데 왜 일제 때 한국인이 일을 할 수가 없었느냐. 한마디로 일할 자리가 없어서 못한 것이다. 소작지라는 게 많이 있는 게 아니지 않나. 그런데 일할 기회만 주어지면, 1960~1980년대에 본 것처럼 한국인은 그렇게 일을 잘한다. 이미 일본 사람들은 근면하기로 널리 알려져 있었는데, 중동에서 전 세계 사람들이 '일본 사람과 한국 사람, 도대체 저 사람들은 어떻게 된 사람들이냐'라고 하면서 혀를 내두르지 않았나. 근래에 중국인들이 또 그렇게 열심히 일한다는 것을 잘 알게 됐다. 다시 말하면, 경제 발전 과정에서 노동력이 풍부하다는 점만 중요한 것이 아니다. 그 노동력이 굉장히 근면했다는 점을 무시해서는 안 된다.

° 2014년 박근혜 대통령이 국무총리 후보자로 내정했던 문창극 전 중앙일보 주필은 2011년 한 교회 특강에서 "조선 민족의 상징은 아까 말씀드렸지만 게으른 거야. 게으르고 자립심이 부족하고 남한테 신세지는 거, 이게 우리 민족의 DNA로 남아 있었던 거야"라고 강변했다. 이 특강에서 문 씨는 일본군 '위안부', 분단, 4·3사건 등에 대해서도 역사의식이 의심스러운 발언을 쏟아냈다.

농지 개혁 지가증권. 농지 개혁을 할 때 농민들에게는 연평균 생산액의 150퍼센트를 분할해 현물로 상환하게 하고 지주한테는 지가증권으로 줬다. 그 지가증권이 전쟁기의 인플레이션을 만나면서 거의 휴지 조각이 됐다. 대지주를 제외하고 지주들이 쫄딱 망했다. 사진 출처: e영상역사관

여성에게 큰 변화의 계기 만들어준
한국전쟁의 역설

— 그처럼 성실하게 일하며 고도성장을 만들어낸 이들의 절반은 여성이었다. 지극히 당연한 사실임에도 현실에서는 심심찮게 잊히는 듯하다.

한국 사회에서는 여성들이 대거, 쉽게, 어떠한 구속도 받지 않고 노동에 임하거나 경제 활동에 참여할 수 있었다. 이 점도 다른 나라에서는 찾기가 쉽지 않다. 사실 그전에는 한국처럼 심한 남존

1973년 경남 마산의 한일합섬 노동자들의 모습.
한국 사회에서는 여성들이 어떠한 구속도 받지 않고
노동에 임하거나 경제 활동을 할 수 있었다. 이 여성들이
산업화에 큰 역할을 했다. 사진 출처: 국가기록원

여비 사회가 있느냐는 이야기를 들을 정도였다. 조선 후기에 얼마나 여성이 남성에게 예속됐나. 칠거지악과 삼종지례, 대표적으로 이 두 가지로 설명들을 하지 않나. 거기에다가 여성들에게 지독할 정도로 정절을 강요한 것도 여성을 얽매이게 한 대표적인 요소이지 않았나.

그런데 해방 직후 '우리가 봉건적 인습, 사고에서 벗어나야 한다'는 이야기를 여운형 같은 사람들이 계속 강조하는 것을 볼 수 있다. 봉건적 인습·사고에서 가장 표적이 된 건 여성 문제였다. 여성을 인간적으로 대우해야 한다는 것이었다. 봉건적 사회에서 벗어나지 못해 여성을 저렇게 깔보고 인간적인 대우를 하지 않는다는 이야기를 많이 했다. 해방 직후까지 여성들이 정말 어려웠다. 해방 직후에 물론 여성 운동이 많이 벌어졌지만, 그것도 정치 운동 또는 좌우 대립과 결합되면서 여성 자신의 권리를 증진하는 데는 부분적인 역할밖에 못했다.

이런 상황에서 전쟁이 나버렸다. 여성에게 전반적으로 큰 변화의 계기를 만들어준 것은 놀랍게도 전쟁이었다.

— 어떤 의미에서 그러한가.

일제의 잘못된 지배가 양반 사회를 없애버렸다고 전에 말한 것과 같은 논리다. 전쟁은 남성한테만 큰 시련인 것이 아니라 여성에게도 굉장히 가혹한 현실에 부닥치게 했다. 전쟁을 겪으면서 여성 가장이 대량으로 탄생했다.

전쟁 때 남자들은 군인 또는 제2국민병으로 편성된 국민방위군 같은 데로 많이 소집돼 갔다. 그 사람들 중 상당수가 사망자가 됐다. 인민군 의용군, 빨치산 이런 데로도 많이 가담했거나 끌려갔다. 여기서도 남자들이 많이 죽었다. 그리고 전쟁을 전후해 대규모 주민 집단 학살이 일어나지 않았나. 여기서도 대개 죽는 건 남자들이었다. 부역자로 몰려 감옥에 들어간 남자들도 많았고, 월북하거나 납북되는 이들도 많았다. 또 1950년대에는 부상자들, 아이들은 그분들 보기가 무서웠는데 그런 분들이 많았다. 그중 일부는 상이용사라고 불렸는데, 상이용사라고 이야기를 못하는 부상자들도 많았다. 빨치산 부상자들 같은 이들이 그랬다. 아울러 그 시기에는 군 노역이 있었다. 유엔군에 차출돼 노역을 했는데, 거기 가면 3년에서 5년을 노동했다고 한다. 그 숫자도 많다. 몇 만 명 된다.

다시 말해 전쟁이 터지면서 가족을 부양할 수 없는 젊은 남자들이 너무나 많이 생긴 것이다. 죽었거나 다쳤거나 감옥에 갇혔거나 또는 군 노역 같은 것 때문에 그렇게 된 것이다. 그러니까 여기에서 여성 가장이 대량으로 탄생할 수밖에 없었다. 여성에게 경제 활동이 강요된 것이다.

— 성리학 이념에 바탕을 둔 지배 질서가 조선 후기에 강화되면서 여성을 옥죄는 정도도 그전보다 더 심했다. 그것과 비교하면, 많은 여성이 가정을 벗어나 경제 활동을 할 수밖에 없게 된 것은 큰 변화 아닌가.

내가 10여 년 전 파키스탄에 가서 처음 보는 풍경을 접하고 놀란 적이 있다. 인도의 관문이라고 불렸던, 파키스탄 동부 국경 도시인 라호르에서 수도 이슬라마바드를 거쳐 중국 국경선까지 넘었는데, 라호르에는 굉장히 번화한 시장이 있었다. 그런데 어디에서도,

그러니까 라호르건 이슬라마바드건 북쪽의 여러 지역이건 여자들이 노동을 하거나 장사를 하는, 다시 말해 사회 활동을 하는 것을 본 적이 없다. 세상에 이런 일이 있을 수 있느냐고 했는데, 거기서는 그렇다고 하더라. 나중에 이야기를 들으니 아프가니스탄이 그와 비슷하다고 한다. 그런데 시리아는 꼭 그렇지는 않다. 요르단도, 팔레스타인도 그렇지는 않다. 사우디아라비아가 상당히 파키스탄과 비슷하다고 한다. 이란에서는 차도르는 쓰게 하지만 여성이 사회 활동, 경제 활동을 많이 한다. 이렇게 아랍 국가 또는 이슬람 국가라고 하더라도 지역마다 상당한 차이가 있는데, 내가 하려는 이야기는 이슬람 국가 중에는 여성 노동을 금기시하는 곳이 여럿 있다는 것이다. 또한 이슬람 국가가 아니라고 하더라도 그렇게 하는 데가 꽤 있다.

사실 한국의 경우도 조선 후기 이래, 일제 시대 또는 해방 직후에도 그런 것을 많이 볼 수 있었다. 여성은 가사 노동을 하고 농사 정도만 하면 된다는 사고가 만연해 있었다. 여성이 상속을 못 받는 게 아닌데도 경제권을 제대로 행사하기가 어려웠다. 내가 놀란 것 중 하나는 중국인과 한국인의 노동 이민 형태가 달랐다는 것이다. 19세기 후반에서 20세기에 걸쳐서 중국인이 미국을 비롯한 세계 각지로 노동 이민을 많이 가는데, 대개 남자가 먼저 가고 여자가 나중에 가더라. 그런데 한국의 경우 만주에 남부여대해서 간다는 표현이 아주 많이 나온다. 물론 일본에 노동하러 가는 사람은 꼭 그런 것만은 아니었다. 어쨌건 중국인이나 한국인이나 자기 땅에서는 살 수가 없어서 외국으로 품 팔러 나간 건데, 왜 그렇게 형태가 달랐는가 하는 문제를 생각해볼 필요가 있다. 중국만 하더라도 여자한테 일정하게 경제권이 있었다. 한국은 그게 약했기 때문에, 혼자 남아서 시부모나 시동생이랑 같이 있기가 어려웠다. 그러니까 죽으나 사나 남편을 따라나선 것이다. 그렇게 따라나서서 같이 고생해 먹고살자는 것이었다. 그러한 한국 여성에게 전쟁이 결국 가족 생계와 자식 교육을 위해 고된 생활 전선에 뛰어들도록 강요했다.

여성 노동에 대한 제약이 거의 없던
사회 분위기, 산업화에 상당한 역할

—— 1950년대 후반 여성 중에서 생활 전선에 뛰어든 비율은 어느 정도였나.

1957년 정부에서 실시한 서울 거주자 조사를 보면, 남편이 있는 가정부인 중 경제 활동을 하는 사람은 9.6퍼센트인데 미망인 중 경제 활동을 하는 사람은 88.8퍼센트였다. 다시 말해, 일할 수 있는 남자가 집에 없으면 여자가 해야 했다. 농촌 거주 미망인이건 준미망인이건 이 사람들은 농사일을 도맡고, 시부모를 공양하고, 자녀와 시동생 학비까지 마련하기 위해 나서야 했다. 당시 월북하거나 납북된 사람들의 경우 미망인인지 아닌지 모르는 수가 많았는데, 이런 경우 준미망인이라고 부를 수 있다.

이런 여성들이 행상 노릇을 하거나 채소, 과실, 의류, 곡물 같은 걸 읍내에 들고 가 길거리에서 파는 경우를 아주 흔히 볼 수 있게 됐다. 도시 시장마다 콩나물, 어묵 장사부터 양담배, 양과자, 양말 장사 같은 게 아주 많았다. 이런 여성들 중에서 수완이 좋은 사람들은 양단 등 큰 옷감 점포를 갖게 됐고, 여성을 중심으로 작은 음식점에서 큰 음식점에 이르기까지 수많은 음식점을 차리는 모습도 나타났다. 서울의 동대문과 남대문, 부산의 광복동이나 남포동 같은 곳에 대도시 상설 시장이 생기는데, 여기에서 상업적으로 성공해 자리를 잡는 여성 상인들을 보는 것이 그리 어렵지 않았다. 암달러상이라든가 극장 앞의 암표상은 거의 다 여성이었다. 1970년대를 산 사람들은 잘 알 텐데 그때는 암표상이 많았다. 또 극단적인 경우 몸을 팔아 가족을 부양하고 부모님이라든가 자신의 약값을 마련해야 하는 사람도 많았다. 어려운 시절이었다.

그래서 식모로 가는 여성도 1950년대에는 무지무지하게 많았다. 도시에서 부자만 식모를 둔 게 아니었다. 부자가 아닌데도 할 수 없이 식모를 두는 경우도 많았다. 밥이나 먹여주면 된다고 하면서 시골에서 여성을 보내고 그랬다. 고생스럽긴 했지만 식모 일도 활동은 활동이었고, 그렇게 도시로 온 여성들은 뭔가 새로운 것을 접하며 배우는 것이 있었다. 당시 군대에는 대개 힘없는 농민의 자식들이 갔지만, 그렇게 해서 고향을 떠난 이들이 군대에서 뭔가 새로운 것도 많이 배우게 됐다고 전에 이야기하지 않았나. 그것과 비슷하다고 보면 된다.

── 한국 여성이 강인하고 능력 있다는 이야기를 세간에서 하는데, 역사적으로 그럴 수밖에 없겠다는 생각이 든다.

1960~1970년대에는 또 다른 형태의 여성 노동자가 생겨났다. 대개 열네 살 이후, 그러니까 10대 후반에서 20대 여성 노동자들이 공장 같은 곳에 대거 진출하게 된다. 섬유, 봉제, 가발 등 노동 집약적 경공업에서 많이 일했다. 그때는 전반적으로 노동 조건이 열악

경제 성장

1972년 3월 10일 자 경향신문 기사. "여차장, 하루 20여 시간 노동. 불결한 잠자리, 제때 못 먹어 병 많아. 사회의 따뜻한 이해 아쉬워"라는 내용으로 여성 버스 차장들의 열악한 노동 조건을 보도하고 있다.

했지만, 특히 여성 노동자들이 일을 많이 한 노동 집약적 경공업일수록 고된 노동이 많았고 열악한 현장이 많았다. 그렇다고 하더라도 어떻게 해서든지 취직해서 한 푼이라도 더 벌려는 젊은 여성이 많았다.

또 1960년대에 많이 볼 수 있었던 것이 여자 버스 차장이었다. 거의 대부분의 버스에 여자 차장이 있었고, 한때는 한 버스에 2명이 있는 경우도 있었다. 그만큼 여자 버스 차장이 많았는데, 이 사람들은 그 당시에 중노동을 했다.

1960~1970년대의 이런 여성 노동자들 중에는, 여전히 가족주의 영향이 작용해서 그랬겠지만, 부모님 살림에 보태기 위해서 또

는 1979년 YH사건 당시 사망한 김경숙과 같은 예를 보면 알 수 있듯이 부모님의 약값을 마련하거나 동생 학비를 마련하기 위해 희생적으로 일하고 그렇게 번 돈을 부치는 경우도 아주 많았다. 반면에 가부장적 가족 관계에서 벗어나 자신의 독자적인 생계를 꾸리기 위해 노동하는 새로운 여성 노동 세대도 있었다.

하여튼 1950년대건, 새로운 형태의 노동을 하는 1960~1970년대건 여성이 이렇게 노동에 대거 뛰어드는 데 한국에서는 거의 제약이 없었다. 봉건적 인습이나 사고, 여성의 노동을 금기시하는 종교적, 사회적 편견 같은 것이 이 시기에 전혀 없었다고 해도 좋을 정도다. 한국이 급속히 산업화를 하는 데 이런 점이 상당히 큰 역할을 했다. 그러면서 처음에는 몰랐지만 여성의 사회적 지위가 점점 상승하게 된다고 이야기할 수 있다.

● 중노동과 더불어 이들을 괴롭힌 것 중 하나는 몸수색이었다. 요금을 빼돌리는 것을 막는다는 명목으로 이뤄진 몸수색은 인권 유린이자 성적 수치심을 느끼게 만드는 행위였다. 지나친 몸수색을 견딜 수 없다며 여성 버스 차장이 스스로 목숨을 끊는 일이 1978년 일어나기도 했다.

경제 건설 능력,
하루아침에 생겨나지 않았다

경제 성장, 열한 번째 마당

김 덕 련 1960년대 이후 급속한 경제 발전을 이룬 역사적 배경으로 평준화와 교육열, 그리고 농지 개혁과 여성의 사회 활동 참여 문제를 앞에서 짚었다. 더 생각해볼 요소로 어떤 것이 있나.

서 중 석 1970년대에 와서 국가 동원력이 최고조에 이르렀다는 점도 생각해야 한다. 한국이 지구상에서 특이한 역사를 가진 점을 여러 가지로 설명할 수 있는데, 그중 하나가 중앙 집권화 문제다.

중세 시대에는 대부분 분권 사회였다. 일본도 그랬고 서양도 대개 그랬다. 그런데 한국의 경우 중국과는 또 다르게 늦어도 고려시대 초기부터 계속 중앙 집권화 방향으로 나아갔다. 조선 후기에 가면 면·리도 이제는 중앙 정부가 상당히 장악해나가는 것을 볼 수 있다.

일제는 한국을 더 완벽하게 장악하기 위해 1914년 면리제를 실시했다.˚ 그리고 파출소를 면 단위까지 두고 한국인을 꼼짝 못하게 했다. 특히 일제 말에 가면 한국인을 대거 동원할 필요가 있었다. 일제는 정신대, 근로보국대로 동원했고 방공防共협회와 그 지회라는 것을 방방곡곡, 구석구석까지 만들어서 방공 운동이라는 걸 벌였다. 또 애국반 같은 것을 조직했다. 방공 운동을 펴는 것도 애국반에서 많이 했지만 이런 것들은 공출, 징용, 징병 같은 것을 하는 데도 필요했다. 하여튼 이런 모든 것은 한국 사회가 권력에 의해 얼마든지 동원될 수 있다는 것을 보여줬다.

미군정 시절에 경찰까지 완전히 중앙 집권화가 이뤄지면서 그

˚ 이해 조선총독부는 지방 행정 구역을 대대적으로 개편했다. 한반도 전역의 말단 행정 구역 수를 3분의 1 정도 축소·단순화할 정도로 큰 폭의 개편이었다.

런 경향이 더욱더 강화된다. 미군은 서울에 경무부를 설치하고 경찰 조직을 중앙에서 장악해버렸다. 경찰 중앙 집권화는 노무현 정권 때 좀 지양할 것처럼 보이더니만 안 되더라. 사실 경찰을 중앙 집권화하는 나라는 별로 없다. 경찰이라는 게 기본적으로 각 지역 치안 업무를 맡는 것 아닌가.••

경제 발전에서 효과 발휘한
국가의 막강한 동원력과 사회의 전반적 능력 향상

── 일제 강점기에 억눌려 있던 한국 사회는 해방을 계기로 역동적인 모습을 보인다. 그러나 분단 정부 수립과 한국전쟁 전후 민간인 학살 등을 거치며 민중은 움츠러들고, 반공주의를 앞세운 국가가 국민을 일상적으로 동원하게 되지 않나.

이승만 정권 때도 얼마나 동원을 많이 했나. 특히 북진 통일 운동 같은 게 그랬다. 1953년 이전에도 동원했지만, 1953년 휴전이 이뤄지기 서너 달 전부터 1959년 연말까지 여러 형태의 북진 통일 운

••1910년 한국을 강점한 일본은 헌병 경찰제를 실시하며 무단 통치를 했다. 헌병 경찰제는 조선주차군 헌병대 사령관이 모든 경찰 업무를 지휘·총괄하는 체제였다. 1919년 3·1운동의 영향으로 헌병 경찰제는 폐지됐다. 그 후 조선총독부에 경무국(이후 경무부)을 설치하고 각 지방에서는 도지사가 경찰권을 행사하는 체제로 바뀌었다. 미군정도 초기에는 이 틀을 유지했다. 그러나 1945년 12월말 미군정은 도지사가 관할하던 각 도의 경찰부를 서울에 있던 경무국(얼마 후 경무부로 명칭 변경)이 직접 통제하는 체제로 바꿨다. 이처럼 중앙 집권화된 경찰 조직을 만든 것은 각지에서 분출하던 변혁 운동을 힘으로 누르기 위해서였다.

동이 쉬지 않고 일어난다. 또 이 당시엔 도지사가 순시를 나가도 학생들이 나가서 손뼉 쳐야 했다. 이건 박정희 정권 때에도 그랬다. 나도 고등학생 때 린든 존슨 미국 대통령 환영을 나갔고, 베트남에 파병할 때도 여의도에 환송 나가고 그랬다. 무슨 일만 있으면 학생을 동원했다. 이렇게 동원을 많이 했는데, 그건 그만큼 국가 동원력이 강했다는 것을 이야기해준다.

그리고 1960년대 후반에는 주민등록증이 만들어지고 향토예비군이 생겨나고 1970년대 중반에 가면 민방위가 생기고 반상회가 생기고 학원이 철저히 병영화되고 그러면서 개인의 신상이 낱낱이 파악되지 않나. 이렇게 철저하게 국가가 민民을 장악하고 동원할 수 있는 사회였고, 그런 측면에서 한국은 오래전부터 지구상에서 가장 철저하다고 해도 좋을 만큼 돼 있었다.

사실 일본 역시 역사적 전통 때문에도 개인 파악을 잘하는 나라였다. 내가 1990년대와 2000년대에 일본에서 얘기를 많이 들었는데, 외국인 불법 노동자가 일본에서는 버텨내기 어렵다고들 했다. 그만큼 파악이 잘된다는 말이었다. 그런 일본조차 부가가치세, 금융 실명제를 오랫동안 제대로 시행하지 못했는데, 한국은 척척 실행하지 않나. 이것도 국가가 민을 동원하고 장악하고 파악하는 힘이 세기 때문이다. 그런 면에서 한국은 일본보다 훨씬 센 나라다. 이게 동원적 경제 발전을 할 때는 상당한 효과를 발휘할 수 있다.

―― 학생을 마구잡이로 동원하는 일의 문제점을 지적했다가 언론이 봉변을 당하는 일도 있었다. 1955년 대구매일신문 테러 사건이다. 당시 이 신문은 고위층이 행차할 때 아침밥도 못 먹은 학생들을 불러내 뙤약볕 아래 몇 시간 동안 환영 인파로 세

1968년 향토예비군 창설식. "내 마을 내가 지키자, 싸우면서 건설하자"라는 구호가 내걸려 있다. 박정희 정권 때는 이렇게 철저하게 국가가 민民을 장악하고 동원할 수 있는 사회였다. 사진 출처: 국가기록원

워두는 풍조를 질타하는 사설('학도를 정치도구화하지 말라')을 실었다가 수십 명의 관변 단체 회원들에게 테러를 당했다. 경찰이 '대낮(백주)의 테러는 테러가 아니다'라는 궤변으로 폭도를 비호하고 자유당 의원이 이를 두둔한 것으로도 유명한 사건이다. 나아가 이 사설이 북한 방송에 인용됐다며, 사설을 쓴 최석채 주필을 국가보안법 위반 혐의로 구속하는 어처구니없는 일도 벌어진다. 다시 돌아오면, 국가의 동원력과 더불어 눈여겨

1975년 12월 31일 서울구치소에서 열린 직장 민방위대 발대식 모습. 1970년대 중반에 가면 민방위가 생기고 반상회가 생기고 학원이 철저히 병영화되면서 개인의 신상이 낱낱이 파악되었다. 사진 출처: 국가기록원

볼 대목으로 어떤 것이 있나.

사회 전반적인 능력, 이걸 국가 능력이라고 얘기하는 사람도 있는데, 그런 사회 전반적인 능력이 생겨나는 것을 볼 수 있다. 통계를 가지고 설명하면 이것에 대한 이해가 빠르지 않을까 하는 생각이 든다.

1950년대에는 거의 모든 통계가 부정확했다. 사실 통계를 못 냈다고 이야기하는 게 좋다. 1950년대에 국민총생산GNP 통계 같은 것을 낸 자료를 찾기가 어렵다. 유엔에서 나온 건 있는데, 그건 그쪽 전문가들이 추정했다고 그런다. 유엔만 해도 고등 전문가들을 쓸 수 있었는데 한국은 그게 좀 약했다고 하더라. 심한 사례를 하나 들면, 대한노총에서 자기들 대한노총의 조직 노동자가 몇 명인지도 명확하게 파악하지 못했다. 그 통계가 정확하지 않다. 나라가 전반적으로 이런 상태에서 어떻게 경제 개발 계획을 제대로 세울 수 있었겠나.

1960~1970년대를 보면 경제 성장률이나 물가 같은 중요한 통계조차 1980~1990년대에 계속 수정하는 것을 볼 수 있다. 어떤 자료를 보느냐에 따라 경제 관련 여러 통계가 다르게 나오는 경우가 적지 않다.

그렇다 하더라도 일단은 그전에 비해서는 나았다. 왜냐하면 한국은행, 산업은행 조사부 같은 것을 통해 각종 통계가 비교적 정확하게 제시될 수 있을 만큼 한국 사회가 역량을 축적해나갔기 때문이다. 그리고 1950년대 후반에서 1960년대 초반에 미국 등에서 통계 전문가를 계속 초빙한다. 그렇게 해서 통계를 배우는 것이다. 또 사실은 한국전쟁 시기에 미군이 통계와 관련해 여러 가지를 가르쳐 줬다. 전쟁 시기에는 통계 낼 게 많지 않나. 이런저런 것을 통해 한국이 스스로 통계를 낼 수 있는 능력이 생겨났다고 이야기할 수 있다. 그러면서 1950년대 말에서 1960년대에 가서야 경제 개발 계획이 실효성 있게 마련되는 것 아닌가. 그것도 바로 이런 것과 관련 있다. 1950년대 초반이나 중반에 어떻게 그런 게 가능했겠나. 통계 하나 제대로 못 잡던 시기였는데.

테크노크라트도, 기업 경영 능력도
1950~1960년대에 축적됐다

—— 통계를 예로 들어 설명한 사회 전반적인 능력의 문제가 다른

영역에서는 어떤 방식으로 나타났나.

그 점은 테크노크라트, 기업인 그리고 회사의 중견 간부 문제를 살펴봐도 마찬가지라고 볼 수 있다. 뉴라이트의 대부 격인 모 교수 그분이 쓴 논문을 보면, 1930년대 한국의 산업화, 경제 발전이 1960~1970년대 경제 발전을 가능하게 했다는 주장이 나온다. 그래서 정말 유심히 읽어봤다. 그런데 왜 가능하게 됐는지는, 그리고 인적 자원이 중요한 역할을 했다고 그 교수는 주장했는데 도대체 인적 자원이 어떻게 그랬다는 것인지 하는 부분은 제대로 알게끔 써놓지를 않았다. 그래서 '이것은 구체성이 결여돼 있다. 뼈대는 보이는데 그것을 채우는 내용이 없다'는 생각이 들었다. 그 글을 보고 실망을 많이 했다.

테크노크라트만 하더라도 1950년대에 미국에 가서 연수도 받고 공부도 하고 하면서 이게 쌓였고, 1958년 부흥부 산하에 산업개발위원회가 탄생한다고 전에 이야기하지 않았나. 거기서 최초로 제대로 된 경제 개발 3개년 계획도 세운다. 1960년대에 들어서면서 장면 정부에서 성취형 관료도 나타나고 테크노크라트가 경제 개발 5개년 계획을 세운다. 1950년대부터 활약하던 그 사람들이 박정희 정부에서도 장관이나 실무 책임자로 여러 명이 기용됐다. 그러면서 경제기획원을 중심으로 모이는 걸 볼 수 있다.

이처럼 테크노크라트 축적 과정을 보더라도 1950년대부터 능력 있는 관료들이 상당 부분 쌓이게 된다. 그리고 공무원 공채도 장면 정부에서 큰 규모로 실시했고, 그러면서 1960년대에는 공채가 제도화됐다. 그리하여 이 시기에 직업적 공무원제가 점차 자리를 잡았다.

기업인의 경우를 봐도 1950년대에는 경제 발전을 이끌어갈 수 있는 기업인이나 중간 경영인, 회사원 같은 사람들이 상당히 부족했던 것으로 보인다. 그 시기에는 인적 자원이 그렇게 많지 않았다. 여러 자료에서 그런 걸 이야기하는 게 나오지 않나. 그런데 1950년대에 기업들이 망하고 새로 흥하는 부침을 거듭하면서 경영 수완을 쌓아나가는 것을 볼 수 있다. 이건 대기업도 그랬지만 그 시기에는 중소기업도 많았다.

그러면서 장면 정권, 박정희 정권에 가게 되면 부정 축재자 처리를 하게 된다. 이런 과정에서 예컨대 태창처럼 그 당시 큰 재벌이라고 하더라도 새로운 상황에 적응하지 못하면 무너졌다. 그런가 하면 권력 쪽에서 이른바 '알래스카' 계통이 당한다고 하듯이, 재계에서도 그쪽 사람들이 당하게 된다. 이렇게 일부가 밀려나고 하면서 새롭게 살아나는 경영인들이 있게 되는 것이다. 그러면서 차관을 끌어다가 기업을 운영하며 국제적 경영 시야를 갖추는 사람들이 생겼다.•

이건 1960년대에 본격적으로 형성되는 것이다. 왜냐하면 한국인들은 일제 때건 해방 이후건 그전까지는 그런 경영을 해본 경험이 적다. 그런데도 뉴라이트들이 그렇게 주장하는 것은 전혀 말이 안 된다.

• 태창은 이승만 정권과 유착해 각종 특혜를 누리며 덩치를 키운 재벌이다. 그러나 이승만 정권이 내리막길에 접어들면서 태창 전성시대도 막을 내린다. 알래스카 세력은 5·16쿠데타 정권의 중심 세력 중 하나이던 함경도 출신 군인들을 말한다. 경상도 출신 군인들과 경쟁하던 이들은 1963년 3월 이른바 '반혁명 사건'에 연루돼 대부분 권력 핵심에서 밀려났다. 경상도계와 함경도계의 힘겨루기는 5·16쿠데타 후 부정 축재자 처리 과정에서도 벌어지는데, 함경도계가 밀려나면서 경상도 기업 중심으로 재계가 재편된다.

1977년 정주영 현대건설 회장이 한국을 방문한 사우디아라비아 철도청장 일행에게 기념패를 증정하고 있다. 사진 출처: 국가기록원

── 고도성장과 관련해 한국 사회에는 박정희 신화뿐만 아니라 이병철·정주영으로 대표되는 몇몇 재벌 회장들에 관한 신화도 있다. 요약하면, 탁월한 경영 능력으로 그룹을 만들고 한국을 일으켜 세웠다는 내용이다. 물론 경쟁하던 여러 자본가들 중에서 살아남은 그들의 선택과 수완은 그것대로 평가할 대목이 있다. 그렇지만 신화로 표현되는 놀라운 성장을 가능케 한 밑바탕 즉 역사적 배경, 국제적 조건 등을 충분히 고려하지 않은 채 '탁월한 경영 능력'이라는 식으로만 접근하는 것은 적절하지 않다.

평준화, 교육열, 농지 개혁, 여성의 사회 활동 참여 문제, 그리고 국가 동원력과 사회 전반적인 능력 문제 등을 두루 살핀 것도 그와 무관치 않다는 생각이 든다. 아울러 재벌이 누린 수많은 특혜, 숱한 이들이 피눈물을 흘리게 만든 재벌의 거듭된 반칙, 평범한 국민들의 희생과 노력 등을 쏙 빼놓은 채 몇몇 재벌 회장의 탁월한 경영 능력을 치켜세우는 것은 사실과 부합하지 도, 바람직하지도 않다. 다시 돌아오면, 한국을 대표하는 재벌 을 이끈 이들이 경영 수완을 쌓은 과정을 보면 뉴라이트에서 주장하는 이른바 '맨 파워'론과는 거리가 있지 않나.

사실 나는 아까 이야기한 그 논문에서 뉴라이트의 대부 격인 그 교수가 삼성을 예로 들 줄 알았다. 그런데 그게 적절한 예가 안 된다는 것을 알았기 때문인지, 내 기억으로는 그 사람을 예로 들지 않았다. 왜냐하면 삼성 이병철 같은 경우도 일제 말에 몇 가지를 좀 했다고 하더라도 그건 1950년대의 기업과는 크게 달랐다. 더구나 1960년대 규모와는 비교가 안 된다. 이병철의 경우도 계속해서 노 하우, 경영 능력이 쌓인 것이었다. 국제 정세를 1960년대부터는 아 는 것 아닌가. 그때쯤에 일본을 자주 왕래하지 않나. 그리고 1970년 대 들어 자동차를 제외한 거의 모든 중화학 공업에 뛰어들고 1977 년에 대대적인 체제 개편을 하는 것을 볼 수 있다. 이게 다 하루아 침에 되는 게 아니다.

우리나라에서는 1960년대부터 자동차 업계가 다사다난했다. 왜 그렇게 자동차를 좋아했는지 모르겠는데, 그간 자동차 업계에는 풍운아들이 많았다. 그러다보니까 경험을 축적해나가기도 했는데, 그런 과정을 겪으면서 울산 현대의 정주영 같은 탁월한 기업인들이 생겨나게 되고 중간 경영인들의 인적 자원도 점차 풍부해졌다.

그와 함께 1960년대부터 제대로 된, 능력 있는 회사원들이 많 이 생긴다고 볼 수 있다. 그런데 이때는 그런 사람이 적었기 때문 에, 능력을 발휘하면 바로바로 발탁되는 경우가 많았다. 이 사람들이 회사에 헌신하면서 자신의 업무에서 뛰어난 능력을 발휘하고, 그러면서 자신의 사업도 챙기는 경우를 볼 수 있다. 그러다가 과로사하는 경우도 많았다. 1970년대에는 외국 바이어들에게 기업의 '여성 접대'도 있었지만, 뱀탕 먹고 술 마시며 '접대'하는 게 일이었던 '술상무'들 때문에 뱀이 다 사라졌다는 말까지 나오고 그랬다. 최근에 산에 가면 뱀들을 조금 볼 수 있는데, 근 40년 만에 다시 살아나는 것 같아 반가울 때도 있다.

그런저런 것들이 다 한국 사회의 기업 풍경이었다. 좋다, 나쁘다를 떠나서 이런 걸 거치면서 한국 기업이 커진 것이다. 그러니까 박정희 한 사람이 시켜서 이렇게 된 게 아니라는 것, 내가 하고 싶은 말은 그것이다.

하여튼 1970년대 중후반에는 중동 건설 붐이 일면서 새로운 기업가들이 나타나고, 중화학 공업이 대거 생겨나지 않나. 그러면서 '신데렐라'들이 나타나 활약하고 율산·제세·대봉 같은 데가 등장했는데, 이 기업들은 한때는 대단한 기업인 것처럼 보이기도 했지만 오래지 않아 망한다. 그런 시대였다.

세계 자본주의 황금기에
동아시아 네 마리 용, 비약적 경제 발전

경제 성장, 열두 번째 마당

경제 발전에 유리했던 국제 조건,
세계는 자본주의 황금시대 맞아

김 덕 련 1960년대 이후 한국의 급속한 경제 발전은 국제 상황과
떼어놓고 생각할 수 없지 않나.

서 중 석 한국이 1960년대에서 1980년대에 걸쳐 경제 발전을 할 수
있는 여러 가지 조건이 갖춰진다고 이야기했는데, 외부 상황도 한
국의 경제 발전에 아주 유리하게 전개되고 있었다. 그것도 결코 무
시해서는 안 된다. 전에 차관 도입과 관련해 얘기했지만, 세계의 변
화와 한국 경제가 어떤 관계를 맺고 있었는지에 대해 지난번 이야
기에서 빠진 부분을 다시 짚어보자.

제2차 세계대전 이후 세계 경제는 엄청난 변화를 했다. 1950
년대에는 사회주의권이 크게 경제 발전을 했다는 이야기를 많이 한
다. 니키타 흐루쇼프 소련공산당 서기장이 1956년 전당 대회에서
미국에 대해 그렇게 자신 있게 평화적으로 경쟁하자고 얘기할 수
있었던 것도 그런 것을 배경으로 한 것이라고 설명하는 사람들이
있다. 북한도 그 대열에 끼어들었는데, 로빈슨 교수 같은 학자도 북
한이 1950년대에 놀라운 변화를 했다고 설명했다.

자본주의권은 전후, 그러니까 1945년부터 약간의 시차를 두고
여러 지역에서 대단한 발전, 이걸 동시 발전이라고 해도 좋은데 그
런 엄청난 발전을 이뤄내는 것을 볼 수 있다. 대표적으로 독일의 경
우 1945년에서 1975년까지 연평균 경제 성장률이 5.5퍼센트로 나와
있다. 산업혁명 초기부터 1945년 이전까지는 이런 현상을 찾아보기
가 어렵다.

한동안 세계 제2의 경제 대국이었고 현재는 제3의 경제 대국인 일본이 그전부터 경제 대국이었던 것으로 잘못 알고 있는 사람들이 있다. 제2차 세계대전 이전에 일본은 군사적으로는 강국이었지만, 경제적으로는 그렇게 대국이라고 부를 수가 없었다. 악착같이 잘 싸우기는 했지만, 경제적으로는 상당히 약했다. 국내 시장이 너무나 협애했다. 그래서 청일전쟁, 러일전쟁 같은 전쟁을 계속 일으키고 침략을 거듭하면서 시장을 획득해나갔고, 부족한 자원을 확보하기 위해서도 전쟁을 거듭 일으켰다는 이야기들을 많이 하지 않나. 그만큼 제2차 세계대전 패전 전 일본은 경제적으로 그렇게 강한 나라가 아니었다.

사실 제2차 세계대전을 벌일 때부터 '일본이 너무 무리한 짓을 한다'고 본 제일 큰 이유는 그런 규모의 전쟁을 경제적으로 뒷받침해줄 수 있는 나라가 아니라는 점이었다. 그런데도 소위 일본의 군인 정신, 육군이 갖고 있던 그 이상한 군인 정신을 내세우면서 미국 등과 붙어버린 것이다. 그러다 그렇게 되고 만 것인데, 패전 후 일본은 한국전쟁이 일어나는 1950년부터 전쟁 특수를 맞게 되고 1950년대 말경에는 엄청난 경제 발전을 한다.

놀라운 건 이 시기에 일본 내수가 아주 튼튼해졌다는 것이다. 일본을 보통 수출 국가로 많이 아는데, 그게 아니라 내수가 기본이고 수출은 그다음이다. 이 시기에 가전제품을 중심으로 해서 엄청난 판매가 일본 국내 시장에서 이뤄지지 않나. 전전戰前에 비해 일본 내수 규모가 아주 커졌다. 그에 더해 베트남전쟁 시기에 다시 특수를 누리게 된 것도 한몫하면서 일본은 세계 제2의 경제 대국이 된다.

── 침략 전쟁을 일으켰다가 무너진 일본이 남의 나라 전쟁을 발
판 삼아 다시 우뚝 섰다는 것은 여러모로 씁쓸한 일이다. 어쨌
건 그러한 일본이나 독일뿐만 아니라 주요 자본주의 국가들이
기본적으로 1945년 이후 장기 호황을 누리지 않았나.

프랑스만 하더라도 1945년에서 1975년까지를 영광의 30년이
라고 부르고 있다. 왜냐하면 이 시기에 연평균 4.8퍼센트라는 높은
성장률을 기록했다. 사실 프랑스는 제2차 세계대전 전까지는 농업
국가로 많이 알려져 있었다. 독일과 전쟁을 하면 상대가 안 된다는
식의 선입견을 일반 사람들에게 줬던 것에도 그런 이유가 작용했
다. 그랬던 프랑스가 제2차 세계대전 이후 놀라운 경제 성장을 했
다. 특히 항공기라든가 원자력, TGV로 통칭되는 교통수단 같은 데
에서 전 세계 선두권에 서는 경제 발전을 이뤄냈다. 그런데 프랑스
의 경우 이런 경제 발전이 굉장한 정치 혼란 상황에서 이뤄졌다. 샤
를 드골이 정계에 복귀해 집권한 1950년대 말 이전 시기에는 정치
혼란이 아주 심했다. 그런데도 경제는 경제대로 발전했다.
　이건 이탈리아도 마찬가지다. 이탈리아는 G7에 들어가는데,
〈자전거 도둑〉(1948년 작) 같은 영화를 봐라. 전쟁 직후 이탈리아가
얼마나 어려웠나. 그리고 이탈리아는 정치 혼란이 지독하지 않았나.
1970~1980년대까지 심했다. 지금 와서는 그래도 덜한 셈이다. 그
때는 내각이 몇 달에 한 번씩 바뀌고 그랬다. 그런데도 경제 발전은
큰 영향을 받지 않았다.

── 제2차 세계대전 이후 장기 호황을 누리며 경제 성장을 이룬
것은 자본주의 중심부 국가들만이 아니었다. 아시아의 네 마리

용이라는 말이 생길 정도로 특히 동아시아에서 고도성장이 이뤄지지 않았나.

가장 경이적인 경제 발전을 한 나라는 한국과 함께 대만이다. 1961년에서 1988년 사이에 연평균 9.3퍼센트 성장했다. 세계 최고라고 한다. 대만하고 한국은 어느 시기를 잡아 비교하느냐에 따라 세계 1, 2위를 다퉜다. 대만에서는 1972년부터 장개석(장제스)의 아들 장경국(장징궈)이 행정원장을 맡고 1975년 장개석이 죽으면서 실질적인 통치자가 되는데, 중요한 것은 장경국이 등장하면서 점차 정치가 해빙기에 들어간다는 점이다. 1972년 이후 장경국에 의해 중화학 산업화가 대거 이룩되고, 양안 관계도 장경국에 의해 숨통이 트이기 시작하지 않나. 이 점에서도 한국과는 사뭇 다른 패턴이다. 산업 발전 형태도 다른 점이 아주 많다. 중화학 공업이 발전하고 성장률이 최고라는 점만 비슷하다고 이야기할 수 있다.

1945년에서 약 25년간 자본주의 세계는 심각한 물가 문제 없이 지속적으로 생산 증대가 이뤄졌다. 한국은 조금 달랐다. 물가 문제가 심각했다. 어쨌건 과학 기술 발전, 국제 무역 증가로 1960년대 말까지 자본주의가 황금시대를 맞는다고 이야기한다. 1973년과 1979년의 유가 파동으로 이런 황금시대가 내리막길로 들어선다고 이야기하더라도, 사실 1970년대 중반까지는 여전히 자본주의권의 경제가 활력이 있었다. 다만 자본주의 경제를 이끌어가는 견인차이자 중추 역할을 했던 미국이 월남전을 치르면서 1960년대 말부터 상당히 힘들어진 점은 있다.

1960년대에 세계 전략 바꾼 미국,
'반공의 보루'에 경제 지원 강화

— 대만과 달리, 1972년 한반도에서는 7·4남북공동성명이 발표되며 기대를 모으지만 몇 달 후 남쪽에서는 유신 쿠데타가 일어나고 북쪽에서는 김일성 유일 체제가 강화되며 해빙과는 반대 방향으로 다시 치닫는다. 유신 쿠데타와 유일 체제 강화가 비슷한 시기에 진행되면서, 남북한 독재자들이 시쳇말로 짜고 치는 것 아니냐는 이야기가 나오기도 했다. 다시 돌아오면, 한국의 경제 발전을 짚을 때 빼놓을 수 없는 것이 미국의 한반도 정책이다. 이와 관련해 '적화를 막아준 것에 더해 한국의 경제 성장을 크게 지원한 미국의 은혜를 잊지 말고 보답해야 한다'고 주장하는 이들도 있다. 어떻게 생각하나.

미국의 대한 정책, 이 부분에서 한국 경제가 발전할 수 있는 중요한 계기를 생각해야 한다. 우리가 많이 이야기하듯이 이건 미국의 이해관계, 반공 정책 때문에 생겨난 것이니까 '미국이 고맙다', 이것하고는 상관없다. 미국이 이렇게 할 수밖에 없었다고 이해하는 게 제일 빠르다.

제2차 세계대전이 끝난 후 한국의 38도선은, 나중엔 휴전선이

⊙ 자본주의 황금시대에 자본주의 중심부 국가들이 누린 성장과 풍요는 산업 발전에 반드시 필요한 주요 원료를 아시아, 아프리카의 국가들로부터 헐값에 들여오는 불평등한 교환 관계를 바탕으로 한 것이었다. 이는 큰돈이 되는 핵심 자원들에 대한 실질적인 통제권을 그 자원이 있는 제3세계 국가의 정부와 국민이 아니라 미국을 중심으로 한 자본주의 중심부 국가들의 거대 자본이 상당 부분 장악한 데서 비롯했다. 역사상 유례없는 장기 호황의 이면이다.

되지만, 미국 반공 정책의 최전선이 됐다. 보루라고 볼 수 있다. 그래서 내가 알기로는 지구상에서 한국이 터키와 함께 가장 많은 원조를 받은 나라다. 군사 원조뿐만 아니라 다른 원조도 많이 받았다.

미국은 1950년대 드와이트 아이젠하워 정권 때까지는 소련, 중국과 경쟁하는 데 주로 군사 대결을 중시했다. 그런데 소련이 1953년 수소 폭탄을 만들고, 1957년에는 세계 최초의 인공위성인 스푸트니크호를 쏘아 올린 것에 더해 ICBM(대륙 간 탄도 미사일)까지 개발해버렸다. 이렇게 되니까, 직접적인 군사 대결로 소련을 누르겠다는 것이 무의미해져버렸다. 핵의 균형이 확실해지고, 공포의 핵 균형 시대로 가게 된 것이다. 그런 속에서 1960년대에 존 F. 케네디 정권이 등장한 이후부터 미국의 세계적 규모의 반공 정책이 크게 바뀌는 것을 볼 수 있다. 반공 최전선에 있는 나라를 경제적으로 발전시켜야 한다는 것이었다. 이건 뭐냐 하면 '이제는 군사 대결로 문제를 해결하기가 쉽지 않고 공산권을 물리치는 것은 상당히 장기적인 과제다. 단숨에 해결할 수 있는 게 아니다', 이런 논리가 그 밑바탕에 많이 깔려 있다고 볼 수 있다.

그뿐 아니라 1950년대에 미국은 여전히 자유 경제 시절이었다. 그래서 한국에 귀속 재산을 팔아 치우라고 강력히 권고했다. 그런데 1960년대에 오면서 달라진다. 비사회주의 국가인 인도 같은 데에서 계획 경제를 실시하는 것을 보면서 계획 경제가 일정한 수준 즉 자본주의가 높은 수준에 오르지 못했다고 미국인들이 이야기하는 나라, 그러니까 한국 같은 나라에서는 필요할 수도 있다는 것을 인정하게 된다. 5·16쿠데타 후 처음에 만들어진 제1차 5개년 경제 개발 계획에는 미국이 못마땅하게 여긴 것들이 많았지만, 그다음부터는 상당히 협조한다. 한국을 경제적으로 발전시키는 게 아주 중요하다는 점이 1960년대 들어 대공 정책의 보루를 더 튼튼히 하기 위한 조치로서, 반공 정책의 일환으로서 강력하게 대두하는데, 미국으로서는 그걸 더욱더 강하게 할 수밖에 없는 상황을 맞이한다.

하나는 대공 전선 강화는 어디까지나 미국을 중심으로, 일본을 중간축으로, 한국을 최전선으로 하는 미국·일본·한국의 수직적 안보 체제를 기본으로 해야 한다는 것이었다. 그건 한일 국교 정상화를 전제하는 것이었다. 더구나 중국이 이때 계속 상승하고 있지 않았나. 1964년에는 중국이 핵 실험에 성공해 제3세계에 영향력이 큰 정치 강국일 뿐만 아니라 군사적으로도 무시할 수 없는 나라가 되었다. 그래서 미국 다음으로 중요한 힘은 일본한테서 나와야 하고 한국도 역할을 해야 한다는 점을 미국이 분명히 하지 않았나. 전에 이야기한 것처럼, 1960년 미일안보조약이 개정되면서 그것이 구체화되고 그러면서 한일 국교 정상화까지 안 갈 수가 없게 된다.

더 직접적인 것은 베트남전쟁이다. 뭐니 뭐니 해도 미국이 깊은 수렁에 빠져들고 있었는데, 전 세계에서 한국만이 대규모 군대를 파병할 수 있지 않았나. 그러니 한국에 대한 지원 규모가 아주 클 수밖에 없었다.

─── 이 시기 미국이 지원한 규모는 구체적으로 어느 정도인가.

1962년에서 1969년 사이에 미국은 경제적으로 한국에 16억 5,800여만 달러를 지원했고 군사적으로는 25억여 달러, 그래서 모

● 1950년대 중반, 자와할랄 네루가 이끌던 인도는 '정치는 서구식 의회 민주주의, 경제는 사회주의적 계획 경제'라는 전략을 택한다.

두 41억 5,900만 달러를 지원한 것으로 자료에 나와 있다. 이 당시에도 굉장한 지원을 했다. 이건 1970년에서 1976년 사이에도 계속돼서 경제적으로 9억 6,300여만 달러, 군사적으로는 월남전도 작용했겠지만 27억 9,700여만 달러를 지원한 것으로 돼 있다. 물론 이러한 지원들은 차관 형태일 것이다. 그래서 합계 37억 6,100만 달러를 지원했다고 나와 있다.

미국은 베트남전쟁에 한국군을 활용하기 위해서도 공공 차관 같은 것을 많이 지원했다. 제2차 경제 개발 5개년 계획으로 중요한 시기였던 1967년에서 1971년까지를 보면, 미국이 4억 4,300만 달러를 공공 차관으로 줬다. 이 시기에 일본이 준 공공 차관은 불과 1억 7,700만 달러밖에 안 된다. 서독은 공공 차관으로 1750만 달러를 지원했다. 이렇게 공공 차관에서 미국이 압도적이었다. 상업 차관, 이것도 미국이 많이 줬다. 1967년에서 1971년 사이에 미국이 준 상업 차관이 5억 2,580만 달러였는데, 일본은 그보다 적다. 3억 6,560만 달러였다. 서독도 1억 4,990만 달러로 이 시기에 꽤 많이 줬다.

이것 못지않게 중요한 건 일본과는 극히 대조적으로 미국이 큰 시장을 제공해줬다는 것이다. 제1차 경제 개발 5개년 계획 기간에는 노동 집약적 상품 수출이 많았는데, 제1차 계획 기간 동안 평균해서 우리나라 전체 수출량의 26퍼센트가 미국으로 갔다. 제2차 경제 개발 5개년 계획 기간에는 48퍼센트를 오르내리는 것을 볼 수 있다. 이건 굉장한 것이지 않나. 그래서 제2차 경제 개발 5개년 계획 때부터 무슨 말이 많이 나왔느냐 하면, 무역을 다변화해야 한다는 것이었다. 이런 이야기를 굉장히 했다. 그만큼 미국은 초기에 한국이 산업화하는 데 시장 제공 면에서도 많이 지원했다.

기술 도입 건수를 보더라도, 도입 건수 자체는 일본이 압도적

1966년 3월 경제 개발 5개년 계획 홍보관. 미국은 5·16쿠데타 후 만들어진 제1차 5개년 경제 개발 계획은 못마땅하게 여겼지만, 그다음부터는 적극 협조한다. 사진 출처: e영상역사관

이지만 기술 지도 금액은 미국이 압도적이다. 또 고급 신기술의 경우 일본은 잘 안 주려고 한 반면에 미국은 좀 췄던 것으로 돼 있다. 그리고 미국은 한국인을 경제 및 경영 전문가, 과학 기술자 등을 상당히 훈련시켰다. 연·고대 경영학 교육 확립에도 ICA 프로젝트(교수들이 1년 동안 미국에 머물며 커리큘럼과 교수법을 배울 수 있게 한 프로젝트)를 통해 미국이 큰 역할을 했다고 이야기한다. 포드재단에서는 1963년부터 프로젝트를 줘서 서울대 등 16명의 교수를 연수시켰다. 이런 저런 것들이 한국의 경제 발전에서 일정한 역할을 하는 것을 볼 수 있다.

자본주의 경제 강타한
두 차례의 석유 파동과 한국의 에너지 정책

—— 자본주의 황금시대는 1970년대에 막을 내린다. 그 계기 중 하나가 석유 파동이었다. 석유 파동으로 세계 경제는 큰 타격을 받는데, 뒤집어 생각하면 이는 에너지를 헐값에 쓸 수 있었던 것이 자본주의 황금시대를 가능케 한 주요 조건 중 하나였음을 뜻한다.

1960년대에 특히 해당하는 것이지만 자본주의 국가가 그렇게 경제 발전을 하고 한국도 그 대열에 끼어드는 데 유리한 조건 중 하나는 에너지를 싸게 사용할 수 있었다는 것이다. 무한정한 에너지를 아주 싸게 쓸 수 있을 것처럼 보였던 시기가 있었다. 그게 1950~1960년대다. 이때는 7대 메이저, 세계 최대의 석유 메이저들인데, 여기서 전 세계 석유를 장악하고 있었다. 그런데 리비아에서 무아마르 카다피가 등장하면서 석유를 국유화한다. 그것으로 카다피는 순식간에 아랍·이슬람의 영웅이 됐다.* 아울러 안와르 사다트 이집트 대통령의 요청에 의해 1973년에 중동 산유국들이 석유 가격을 올려버리고 석유수출국기구OPEC가 뭉쳐서 발언하면서 상황이 크게 달라진다. 그때부터 7대 메이저가 현저히 약화된다.

1950년대와는 전혀 다른 상황이 나타난 것이다. 1950년대 전반기에는 이란의 모하마드 모사데크 정권이 카다피처럼 국가 자주

---

* 1969년 쿠데타로 권력을 잡은 무아마르 카다피는 1973년 9월 1일 석유 국유화를 선언하고 유가를 2배 올렸다.

성을 지향하면서 석유 국유화 등 자원 민족주의를 고창하자, 바로 미국이 쿠데타를 조종해 모사데크 정권을 전복하지 않았나.

1960년대에는 석유 가격이 굉장히 낮았다. 오히려 그 이전보다 더 싸다고 이야기할 정도였다. 1950년대에서 1960년대에 걸쳐 배럴당 1달러에서 2달러 사이였다. 물보다 월등 쌌을 것이다. 10여 년 전에 아랍에미리트에 갔을 때도 들었는데, 석유 가격이 많이 오른 후에도 어떤 지역에서는 물보다 석유가 싸다고 그러더라. 하여튼 페르시아만 원유 가격을 보면 1947년에 배럴당 3.80달러였던 것이 1957년에는 2.10달러가 되고 1969년에 가면 1.20달러까지 내려간다.

이게 제1차 석유 파동이 일어나는 1973년에 가면, 그해 4월에 2.50달러가 된다. 두 달 후인 1973년 6월에는 3달러까지 가는데, 그해 하반기에 석유 파동이 터지면서 대폭 오른다.* 석유 파동으로 일본과 서독 등 유럽 국가들이 아주 큰 타격을 입는다. 그 후 진정됐던 유가는 제2차 석유 파동 때 다시 콱 오른다. 1979년 4월에 배럴당 14.50달러가 된다. 요즘 기준으로 보면 아주 싸지만, 그때는 엄청난 것이었다. 한국도 큰 타격을 받았다. 그러나 한국은 같은 시기에 중동 건설 수출을 할 수 있었기 때문에, 그 타격을 다른 나라보다 훨씬 유리하게 처리할 수 있었다.

—— 1960~1970년대에 한국 정부는 에너지 문제에 대해 어떤 정책

---

* 1973년 10월 제4차 중동전쟁이 터지자 중동 산유국들은 하루 만에 석유 가격을 배럴당 3.02달러에서 3.65달러로 올렸다. 아울러 이스라엘이 점령지에서 철수할 때까지 매달 원유 생산량을 5퍼센트씩 줄이겠다고 선언하고, 이스라엘을 지원하는 나라들에 대한 원유 수출을 중단하기로 결정했다. 그 결과 1974년 초에 유가는 배럴당 11.65달러까지 치솟았다. 석 달 사이에 네 배 수준으로 석유 가격이 폭등하면서 세계 경제는 휘청거렸다.

1973년 11월 19일 태완선 경제기획원 장관이 유류
파동에 관한 기자 회견을 하고 있다. 석유 파동으로
세계 경제는 큰 타격을 받았고, 한국 경제도 큰 영향을
받았다. 사진 출처: 국가기록원

을 폈나.

한국은 1960년대에서 1970년대 초까지 에너지 정책에서 갈팡
질팡했다. '이렇게 싼 석유가 있으니까 석유를 써야 한다', '아니다.
그렇지 않아도 너무 외부에 의존해 모든 경제를 발전시키는데 에너
지를 100퍼센트 의존해서야 되겠느냐', 이렇게 갑론을박했다. 한국
정부 내에도 민족주의 성향을 가진 사람들이 있지 않았나. 이 문제
때문에 주유종탄主油從炭 정책 또는 주탄종유主炭從油 정책 해가면서
논란이 많았다.°

그러다가 1967년에 석유류 자유 판매제라는 것을 시행한다. 그
러면서 걸프 등 석유 자본이 막대한 이윤을 확보할 수 있게 했다.
그와 동시에 석탄 개발은 후퇴를 면할 수가 없었다. 1970년대에 중
화학 공업이 다량의 에너지를 또 요구하게 됐고 생활의 모든 부면
에서 이제 석유는 필수가 된다. 고층 빌딩과 아파트가 많이 들어서
면서 또 그렇게 된다. 그러다 보니까 1979년에 쓴맛도 톡톡히 보게
된 것이다. 그 이후 석유 가격이 한국 경제에 큰 영향을 끼치는 것
을 볼 수 있다.

── 탄광 산업이 사양 산업화하는 것도 주유종탄과 무관치 않아
     보인다.

그렇다. 그러면서 폐광시키지 않나.

° 말 그대로 주유종탄은 석유를 주된 연료로, 석탄을 보조 연료로 하는 것이다. 주탄종유
는 그와 정반대다.

극단적 재벌 편중 정책 편 박정희, 재벌 경제로는 미래가 보이지 않는다

경제 성장, 열세 번째 마당

특혜를 발판으로 성장한 재벌…
"대기업에 의한, 대기업을 위한, 대기업의 정부"

김 덕 련 1960~1970년대에 한국은 고도성장을 이뤘지만 그 과정에서 심각한 문제점도 발생했다. 그 해악이 당대에 그치지 않고 오늘날까지 영향을 끼친다는 점에서도 간과할 수 없는 문제다.

서 중 석 지금까지 박정희 집권 18년간의 경제 정책, 경제 발전이 이뤄진 요인, 그것의 역사적 배경 등을 쭉 살펴봤다. 18년간 엄청난 경제 발전이 이뤄졌다는 것은 이미 이야기했고, 그 시기에 경제 발전이 이뤄지지 않았다면 그게 정말 이상한 일이라는 이야기도 했다.

그런데 박정희 정권 18년간의 경제를 평가할 때 결코 잊어서는 안 될 부분이 이 시기에 상당히 많은 문제가 있었다는 점이다. 이 시기에 너무나 심각한 문제가 있었는데 그게 18년 동안 관행처럼 돼 있다 보니까 그 뒤의 정권이 그걸 이어받지 않으면 경제가 운용이 안되는 식으로까지 한국 사회가 돼버렸다. 그러면서 한국 사회의 고질적인 병처럼 된 것이 있다. 너무 심각해서 그 병이 고질병이라는 사실은 물론 무슨 병인지도 나중에 가면 잊어버리게 되는 망각증 상황까지 갔다.

제일 큰 병은 재벌 중심으로 경제를 발전시켰다는 것이다. 이건 서유럽이나 북미, 제2차 세계대전 이후의 일본하고도 크게 다르다. 장개석(장제스)과 장경국(장징궈)이 이끈 대만하고도 아주 다르고, 프란시스코 프랑코가 지배한 스페인과도 다르고, 이탈리아하고도 다르다. 이건 정말 한국에서 볼 수 있는 아주 특별한 현상이다. 1970년대 야당의 중진이었던 고흥문은 "대기업에 의한, 대기업을 위한, 대기업의 정부"라고 유신 체제 시기의 박정희 경제 정책을 비판했다. 그만큼 경제가 재벌 중심으로 움직이게 됐다는 것을 말해주는 것이었는데, 박정희 정권 시대에 몇 가지 과정을 거쳐 재벌들이 커지는 것을 볼 수 있다.

— 구체적으로 어떤 과정을 거쳐 재벌이 커지나.

첫 번째는 5·16쿠데타 후 부정 축재자 처리 과정에서 정부가 차관을 알선하고 보증해주지 않나. 그런 과정에서 국제적 시야를 키우고 국제적 경영 수법도 알게 되는 일부 재벌이 과거와는 차원이 다르게 몸집을 부풀렸다.

또 1960년대 말에서 1970년대 초에 걸쳐 부실기업 정리가 이뤄지고, 1972년에는 경제 쿠데타로 불리는 8·3조치가 있게 된다. 이런 부실기업 정리와 8·3조치도 대기업 중심으로 한국이 가게 하는 데 역할을 했다. 8·3조치 당시 대기업들의 자본 상태가 지극히 부실해서 재무 구조가 몹시 나빴다. 대부분이 부채가 누적된 부실기업들이었다. 그런 기업들이 8·3조치라는, 쿠데타 권력에서나 있을 법한 특혜 조치를 받아서 일시적으로 위기를 모면했다. 8·3조치는 1960년대 대외 지향적 경제 개발이 낳은 경제적 모순들을 비정상적인 충격 요법으로 해결하려 한 조치였다.•

• 8·3조치는 1972년 8월 3일 0시를 기해 전격 발표된 대통령 긴급 명령이다. 기업과 사채권자 간의 채권·채무 관계를 무효화하고, 기업이 사채를 신고하면 원금 상환 시기를 늦추고 장기 저리 대출로 대체해준다는 내용이었다. 이러한 초법적인 사채 동결 명령은 사채를 많이 쓴 부실기업에 대한 특혜였다. 사채 신고액의 3분의 1이 기업주가 자기 기업을 상대로 사채놀이를 한 '위장 사채'였다는 점도 논란을 키웠다.

문어발 재벌과 독재 권력의
끈끈한 유착

── 중화학 공업화 문제도 빼놓을 수 없지 않나.

한국이 재벌 중심으로 가는 데에는 중화학 공업화 과정이 절대적인 역할을 했다. 그 부분에 관해서는 지난번에 자세하게 이야기했으니까 여기서는 한두 가지를 지적하는 것으로 그치도록 하자.

박영구 교수는 중화학 공업화가 생산력을 비약적으로 발전시키고 시장 규모를 체계적으로 급속히 확대한 반면 그 결과 대기업의 확장과 발언권 강화를 가져오는 결정적 계기가 됐고, 그 이후 대기업이 기술, 정보 등 여러 면에서 정부를 압도하는 전환점이 됐다고 지적하면서 재벌 중심으로 중화학 공업화가 이뤄진 것에 대해 비판을 가했다. 박정희 정권이 중화학 공업화와 관련해 재벌을 얼마만큼 지원해줬는가를 단적으로 보여주는 게 일반 은행인 예금 은행, 그리고 특수 은행인 산업은행의 시설 자금 대출 총액에서 중화학 공업이 차지하는 비중이다. 그 비중이 1974년에 49퍼센트였는데, 이것도 엄청 큰 것이지만, 1978년에 가면 무려 70퍼센트나 된다. 그러니까 당시 은행의 대출 총액은 대부분 그리로 갔다는 것을 말한다.

5대 재벌 기업의 부가가치 비중과 성장률을 보면 1973년에 부가가치 비중이 3.5퍼센트였던 것이 100억 달러 수출을 달성하며 한국 경제의 위세가 대단했던 1977년에는 8.2퍼센트가 된다. 두 배이상으로 커진 것이다. 중화학 공업화가 많이 이뤄진 1973년에서 1978년 사이에 GDP 성장을 보면 연평균 성장률이 9.9퍼센트로 나온다. 그런데 10대 재벌의 경우 무려 28퍼센트가 넘었다. 이 시기에 재벌은 세 배 가까이나 더 빠른 성장을 했다. 그래서 1973년에서 1978년 사이에 재벌의 총 부가가치 성장률을 5대 재벌에 한해서 본다면 연평균 성장률이 30.1퍼센트나 된다.

재벌이 중화학 공업화 과정에서 그야말로 엄청난 속도로 성장하면서 독과점 문제가 심각했다. 공산품의 큰 부분을 재벌이 장악했다. 그런데도 1977년에 와서야 비로소 독과점 및 경제력 집중에 관한 자료가 작성되는 등 정부가 이 문제에 관심을 가졌다. 광공업 부문 총출하액의 경우 30대 재벌의 비중이 1977년에는 32.0퍼센트였는데 1979년에는 35.0퍼센트로, 1981년에는 39.7퍼센트로 높아졌다. 공정 거래에 관한 종합 분석 자료(《공정 거래 백서》)도 1984년에야 처음으로 공표됐다. 경제기획원의 이 《공정 거래 백서》에 따르면 상위 3사의 시장 점유율이 70퍼센트 이상인 품목이 1977년에는 조사 대상 공산품 총수 2,186개의 76.6퍼센트, 1979년에는 73.6퍼센트였다. 상위 3사의 점유율이 50퍼센트 미만인 품목은 각각 10.2퍼센트, 11.0퍼센트였다. 약 90퍼센트가 독과점형 품목이었다는 말이다. 독과점 품목이 이렇게나 많았다.

한국 재벌들은 문어발식 경영을 특징으로 하고 있다. 주력 기업을 키우는 데 모든 힘을 쏟는 것이 아니라 돈이 될 만한 사업에는 갖가지 편법을 동원해 모조리 진출하려고 한다. 중소기업이 할 수 있고 해야 할 사업에도 덤벼들 뿐만 아니라, 힘들게 창업해서 사업을 일으키면 그것도 갖가지 방법으로 먹어버리기 일쑤다. 그러면서 거느리고 있는 기업들이 문어발식으로 계속 확장하는데, 재벌의 친인척도 재벌의 힘에 의존해 일반인들이 하고 있는 사업에 뛰어든다.

1975년 현대자동차 공장의 자동차 조립 장면. 한국
재벌들은 문어발식 경영을 특징으로 하고 있다. 주력
기업을 키우는 데 모든 힘을 쏟는 것이 아니라 돈이
될 만한 사업에는 갖가지 편법을 동원해 모조리
진출하려고 한다. 사진 출처: e영상역사관

1974년에서 1978년까지 변화를 보면 현대가 1974년에 9개 계열 기업을 갖고 있었는데 이것이 31개로 늘어난다. 이건 정주영 동생이 운영한 현대양행은 뺀 것이다. 대우는 이 시기에 10개에서 35개로, 럭키는 17개에서 43개로, 삼성은 24개에서 33개로 늘어난다.

그러면서 이 시기에 계층별 소득 격차도 아주 큰 변화를 보였다. 전체 소득에서 상위 20퍼센트가 차지하는 비중이 1970년에 41.6퍼센트였는데 1980년에는 45.4퍼센트나 된다. 그 반면에 하위 40퍼센트는 1970년에 19.6퍼센트였는데 1980년에는 16.1퍼센트로 줄어들었다.

—— 박정희 전 대통령의 장기 집권 욕심, 재벌 편향 정책, 성장률과 덩치 키우기에 과도하게 집착한 파행적인 경제 운영을 한 묶음으로 이해할 필요가 있다는 생각이 든다.

일본이나 대만에서는 중소기업을 육성했고 대만의 경우 중화학 공업화도 국영·공영 기업 중심으로 했던 것과 달리 박정희 정권에서는 소수의 선택된 집단이 정부가 제시한 발전 방향으로 대규모 사업을 추진하게 했다. 소수의 선택된 집단이 바로 재벌이다. 유신 체제의 정치적 생존을 위해서, 그리고 빠른 경제 성장을 달성하기 위해서 그렇게 한 것이다. 사실 경제 성장을 빠르게 달성하려 한 것도 유신 체제의 정치적 생존을 위해서 그랬던 것이다.

이 경우 해당 분야 관료보다도 소수의 핵심 권력, 그러니까 청와대 비서실이라든가 경호실이라든가 중앙정보부 같은 쪽의 의사에 따라 핵심 사안을 결정하는 것이 예사였다. 상명 하달식의 권위주의, 그리고 한쪽으로 편중된 지원 같은 것을 통해 성장 만능주의를 추구하면서 전투적으로 성장 속도를 촉진하는 방식으로 경제를 운용했던 것이다. 사회를 통제하는 것과 함께 경제를 통제하는 데에도 소수의 선택된 집단, 곧 재벌 중심으로 경제를 운용하는 것이 좋았기 때문에 그렇게 했던 것 아닌가. 속도를 내는데도 재벌 중심으로 하는 게 좋다고 판단했던 것 같다.

이건 또 정경유착을 하기에도 좋았다. 소수니까 정경유착이 훨씬 더 잘될 수 있었다. 중소기업 수천 개를 상대한다고 생각해봐라. 특수 기관에서 정치 자금을 달라고 할 때 그게 간단하지가 않다. 그점에서도 대만, 스페인과 달랐다고 이야기할 수 있다.

재벌들, 정말 고맙다?
재벌이 만든 어두운 역사 기억해야

— 각종 특혜를 누리고 정경유착을 일삼으며 세력을 키운 재벌의 어두운 역사는 눈감고 재벌 예찬론만 이야기하는 이들이 한국 사회 일각에 있다. 걱정스러운 일이다.

여기서 한국 경제의 견인차이기도 했지만 한국 경제의 가장 큰 숙제이기도 한, 밝은 면과 어두운 면을 다 보여주는 재벌 문제를 일괄해서 살펴보자. 1990년대 이후 해외여행객이 부쩍 늘어났는데, 여행객들이 외국에 다니며 긍지를 느끼는 것 중 하나가 모모 재벌의 광고판이 아주 많이 보인다는 것이다. 그런 걸 보면서 한국에 대한 자신감도 얻고 "저 삼성, 현대, 엘지가 없으면 한국이 죽는 것 아닌가. 재벌들, 정말 고맙다", 아 이렇게 얘기하는 사람을 내가 많이 봤다. 1990년대 중후반, 그리고 2000년대 여행객들 속에서 그런 모습을 여러 차례 봤다. 그런데 1950년대에서 1980년대까지, 특히 1960~1970년대에 재벌들이 일반 국민들한테 어떻게 비쳤느냐. 그런 것과는 너무나 대조적이었다. 우리는 역사를 이해할 때 양 측면을 동시에 이해해야 한다. 그뿐만 아니라 '과연 현재 재벌 문제가 없느냐. 어쩌면 오늘날 가장 심각한 문제일 수 있다', 이런 점도 깊이 생각해봐야 한다.

재벌은 형성 과정에서 욕을 많이 얻어먹을 수 있었다. 해방 직후 모리배와 어떤 관련이 있는지는 쉽게 속단해서는 안 되지만, 다만 그 당시 최대 부호 중 하나이던 박흥식 같은 경우는 모리배로 비난을 많이 받았다. 한국 재벌이 구체적인 모습을 드러내게 되는 건 귀속 재산 처리에서다. 전에 말한 것처럼 미국은 귀속 재산을 불하하라고 아주 강력하게 요구했다. 그런저런 이유 때문에 귀속 재산을 불하하게 되는데, 정부의 사정査定 가격이 시가에 훨씬 못 미쳤다. 시가의 4분의 1이나 3분의 1밖에 안되는 경우도 있었다. 또 불하 가격은 조선방직 대구 공장 등 주요 귀속 기업체 11개의 경우 평균 62퍼센트였다. 불하 가격이 시가보다 훨씬 낮았다는 말이다. 김성두는《재벌과 빈곤》에서 조선방직 대구 공장이 시가의 10분의 1로 불하됐다고 추정했다. 거기다 규모가 큰 것일수록 상환 기간은 15년, 이렇게 길었다. 제1회 납입금을 얼마 안 내고 큰 기업체를 소유할 수 있었다. 그러니까 귀속 재산을 어떻게 불하받느냐, 이것이 재벌 형성에서 큰 역할을 했다.

그다음에는 원조 물자 획득이다. 이게 왜 또 중요한가 하면, 원조 물자의 규모가 당시로서는 굉장히 컸고 심한 저환율도 작용하고 해서 원조 물자를 배정받는 것 자체가 대단한 특혜일 수 있었기 때문이다. 한국 경제는 밀가루건 면이건 모직이건 설탕이건 미국 원조에 힘입어 발전했다. 그러면서 한국 재벌들이 삼백 산업을 중심으로 커간다는, 즉 밀가루, 방직·모직, 설탕 등 경공업, 소비재 산업에 너무 치중한다는 이야기를 많이 듣게 된다. 그뿐 아니라 제당과 방적 산업은 독점적 성격이 강했다. 삼성은 제일제당, 제일모직을 모체로 해서 이미 1950년대에 부동의 1위 재벌이 됐다.

그 이후, 그러니까 박정희 정권 이후에 재벌들이 어떻게 성장하는가는 앞에서 이야기했는데 뭐니 뭐니 해도 정부가 차관을 보증하면서 도입을 알선해준 것하고 금융 특혜, 이 부분이 가장 큰 역할을 했다.

재벌, 부동산 투기에도 앞장섰다

— 그렇게 만들어진 재벌은 매우 기형적인 모습을 보이지 않았나.

한국 재벌은 힘이 셀 뿐만 아니라 정말 특이한 구조를 갖고 있다. 1970년대부터 이걸 문어발 재벌이라고 많이 부르고 있는데, 뭐냐 하면 안 하는 게 없는 것이다. 콩나물이건 두부건 빵이건 뭐건 돈이 될 것 같으면 다 한다. 1964년 3분 폭리 사건 때 김대중 의원이 누구나 퍼뜩 떠올릴 수 있는 모 재벌에 대해 이렇게 말했다. "그 재벌은 매판성을 띠는 설탕, 모방업 같은 소비재 생산에 치중하고 있는데 그것도 재료는 외국에서 오는 것이다. 아이스크림, 빵, 비누 등으로 중소기업을 도산시키고 중산층을 몰락시켰다." 이런 발언을 하면서 그 재벌 쪽과 상당한 논란을 벌이는 걸 볼 수 있다.

이렇게 재벌은 수십 개의 계열 기업이라는 걸 갖고 있는데 연관성이 없는 것이 대부분이다. 외국의 대기업은 그렇지 않다. 하나의 업종으로 돼 있는 경우가 많고, 여러 기업을 거느리고 있어도 기업들이 상호 관련성이 있다. 그래서 우리나라에서도 주력 기업 중심으로 재벌을 재편성하도록 정부가 유도해야 한다고 1970년대부터 수십 년간 이야기했지만, 그게 안 된다. 요즘 대형 마트나 시장에서 재벌들의 위력이 대단하다는 얘기들을 많이 하는데, 돈이 된다 하면 재벌이나 그 친인척이 다 뛰어들어 거대 자본과 조직으로 중소기업이나 서민들의 경쟁 업체를 위기에 몰아넣는 형태가 일반화돼 있는 한국식 문어발 재벌이 탄생하면서 그렇게 된 것이다. 그렇기 때문에 경제뿐만 아니라 정치와 사회에 영향력이 크다는 이야기를 듣게 된다.

거듭 말하지만 재벌들은 돈이 생기는 데에는 다 뛰어든다. 해방 직후 모리배들이 비난을 무척 많이 받았는데, 재벌들도 1963년과 1964년에 3분 폭리로 비난을 많이 들었다. 그 당시 큰 기업들이 밀가루, 설탕, 시멘트로 엄청난 이득을 냈다. 예컨대 한 자료에는 밀가루로 6억 원 내외, 설탕으로 약 10억 원, 시멘트로 3억여 원, 이런 식의 폭리로 30억 원에서 40억 원을 대기업에서 챙긴 것으로 쓰여 있다.

그런데 이런 방식은 다른 데에서까지, 그러니까 기업 활동이라고 보기 어려운 영역에서도 나타났다. 제일 대표적인 것이 부동산 투기다. 정경유착과도 관련이 있겠지만, 재벌들은 그런 데에 대단한 혜안이 있었다고 할까, 그래 가지고 1960년대부터 부동산 투기에 굉장히 열을 내는 것을 볼 수 있다. 이에 대해 1964년 11월 이정환 재무부 장관은 "재벌들이 자체 자금으로", 이건 기업을 운영해

야 할 돈이라는 뜻인데, "건물, 대지 등 부동산에 치중하고 있다. 정
부 특혜도 소비 성향 기업을 키우는 데 일역을 하고 있다"고 말했
다. 상당히 놀라운 비판을 했다. 그러고 나서 열흘도 안 돼서 쫓겨
났다.°

서울의 제일 노른자 땅이라 하는 것들을 큰 재벌 몇 군데에
서 나눠 갖고 있다고 이야기할 정도로 재벌들은 1960년대부터
1980~1990년대에 걸쳐 부동산 투자를 엄청나게 했다. 부동산 투기
를 잡을 수 없는 한 이유가 되기도 했는데, 하여튼 한때는 재벌들의
이익이 기업에서 나오는 것보다도 부동산 투기 쪽이 컸다는 이야기
를 들었다. 심지어 부동산 투기가 활화산처럼 일어날 때는 '부동산
투기 이득으로 재벌들이 견디고 있다', 이런 심한 얘기까지 나오고
그랬다. 부동산 투기를 너무 많이 하는 것 아니냐는 이야기를 재벌
들은 무척이나 많이 들었다. 그러면서 중소기업 영역까지 파고들어
재벌들이 다 해먹었다.

자본주의 기업 윤리를
상실한 재벌 세습

—— 재벌은 기업 윤리와 거리가 먼 행태를 거듭했다. 재벌 형성 과

° 이정환 장관은 일부 몰지각한 재벌의 부당한 치부가 경제 발전에 큰 해독을 끼치고 있
으며, 재벌들이 자체 자금은 부동산에 투자하고 정부의 특혜 융자를 받아 기업 운영 자
금으로 쓴다고 비판했다. 또한 일부 관리와 언론 기관이 재벌들의 이러한 부당한 치부를
두둔하고 있다고 지적했다. 이 발언 후 이정환은 재무부 장관에서 돌연 경질돼 산업은행
총재로 자리를 옮겼다. 장관에 임명된 지 채 반년도 되지 않았던 때다.

정을 되짚어보면 재벌이 그런 모습을 보이는 건 어쩌면 당연하다는 생각도 든다. 비뚤어진 상태로 하루하루를 보낸 나무가 오랜 시간이 지나면 똑바로, 늠름하게 자란 모습을 보일 것이라고 기대할 수 없는 것과 마찬가지다.

재벌들은 자본주의 기업 윤리를 상실했다는 비난을 1960~1970년대 언론으로부터 끊임없이 들었다. 한국 경제의 모습이 그야말로 그대로 비치는 존재가 재벌 아닌가. 그런 것의 대표적인 예가 재벌 세습이다. 탈세를 해서까지 재벌들이 자식한테 재산을 상속하고, 지분율이 매우 낮은데도 한국 경제의 특성을 잘 활용해 세습을 한다. 당대에 수십 개의 계열 기업을 거느리고 황제 경영을 하는 건 그렇다 치더라도, 자식한테 그런 식으로 승계하는 것은 한국 경제를 어렵게 만드는 중요한 한 요인이 될 수 있는 것 아닌가. 미국이나 일본 등 다른 나라와도 너무나 큰 차이가 난다. 재벌들은 이런 걸 넘어서서 혼맥으로도 정계와는 물론이고 재벌들끼리 서로 얽혀 있다는 이야기를 많이 듣는다.

한국 경제의 제일 큰 어려움이 될 수도 있는 것은 한국 경제가 몇 개 재벌에 의존하고 있지 않느냐 하는 문제다. 이 부분은 뒤에서 다시 한 번 살펴보도록 하자. 아울러 역시 1970년대부터 끊임없이 나온 이야기인데, 재벌들은 사회나 국가나 민족을 너무 생각하지 않는 것 아니냐는 비판을 많이 받았다. 다시 말해 번 돈의 사회 환원, 공공 부문에 대한 헌신 같은 것을 찾아볼 수가 없다는 것이다. 그러면서 대표적으로 앤드루 카네기 등이 사회에 환원한 예를 언론에서 계속 강조했다.

사회성·경제성 망각하고
정치 권력과 밀착한 한국 재벌

── 재벌이 욕먹는 건 특혜 문제와 떼어놓고 생각할 수 없지 않나.

한국 재벌들이 국민들한테 그렇게 욕을 얻어먹었던 이유는 1950년대에서 1980년대에 걸쳐서 금융 특혜라든가 수출 상품에 대한 정부의 이윤 보장이라든가 그 밖의 각종 특혜들에 의해 재벌이 된 것과도 관련 있다. 그런 각종 특혜는 국민의 세금과 관련되는 것들이고 국민의 희생에 의해, 특히 내수 희생에 의해 재벌이 성장한 면이 많다. 그렇기 때문에 정말 다른 나라 기업보다도 사회 환원을 많이 해서 국민에게 충분히 보답해야 하는 것 아니냐, 이렇게 생각할 수 있는 것이다. 그런데 사실은 바로 그런 식으로 재벌이 커졌기 때문에 사회성과 경제성을 망각한 재벌이 탄생한 것이다. 물론 재벌들이 문화 재단을 안 만든 건 아니다. 거의 다 만들었을 것이다. 그런데 그 가운데 1980년대와 1990년대에 대우문화재단과 성곡재단, 이 두 개만이 이름에 걸맞은 방식으로 운영됐다는 이야기를 들었다.

한국은행 총재를 지낸 전철환 교수가 1970년대의 기업가에 대해 적절한 이야기를 했다. "1970년대의 기업가는 장래에 대한 명백한 전망이나 능력에 맞도록 투자한 것이 아니고 정부의 중화학 공

●● 한국 언론은 사회 환원에 초점을 맞춰 앤드루 카네기를 조명하는 경우가 많다. 그러나 1892년 '홈스테드 학살'을 비롯한 잔혹한 노동 탄압을 빼놓고는 앤드루 카네기를 제대로 이해할 수 없다.

업화 의지와 특혜만 믿고," 이것에는 재벌 순위 선두로 나서기 위한 측면도 강했는데, "무모하리만큼 과다한 투자, 그와 함께 부동산 투기를 했고, 기업가 정신이나 사업에 적합한 경영 기법이나 기술의 확보를 찾아보기 어려웠다. 그래서 슘페터가 말한 바 있는 기술 혁신에 의해 투자가 이뤄지지 않고 정부 시책에 편승해서 무모하게 사업을 늘리는 방식으로 재벌이 이뤄졌다."

— 그런 식으로 정치 권력과 밀착했기 때문에 정경유착이 심할 수밖에 없었던 것 아닌가.

　　박정희 정권 시기 경제와 관련해서 제일 큰 문제 중 하나는 정경유착이 아주 심했다는 것이다. 예전에 이야기한 정치 자금이니 선거 자금이니 하는 게 다 정경유착에서 나오는 건데 그렇게 큰 정치 자금, 선거 자금이 꼭 필요했던 건가? 1995년 전두환·노태우가 구속될 때 국민들이 정말 깜짝 놀라지 않았나. 도대체 아무리 대통령이라고 하지만 비자금이 5,000억 원 또는 수천억 원이라는 게 말이 되느냐, 어떻게 그런 큰돈을 가질 수가 있느냐고들 그랬다. 그것도 부정하게 거둬들인 검은돈 중 쓰고 남은 자금일 것이다. 이 정경유착은 권력을 아주 뒤틀리게 하고 부패시키고, 기업은 기업대로 경제 논리나 자본주의 정신에 의해 움직이지 못하게 만들고, 사회 전체에 부정부패를 만연하게 하고 가치관 같은 걸 전도시키는 역할을 한다.

　　그동안 쭉 정경유착에 대해 이야기했으니 여기서 더 이야기할 건 없지만 하여튼 우리나라에서는 인허가를 받는다는 게 1950년대부터 어쩌면 지금까지도 굉장한 이권 같은 게 돼버렸다. 사업과 관런해 인허가를 받을 때, 또 차관 보증을 받을 때 얼마나 힘들었나. 또 1970년대까지는 금융권에서 대출을 받기도 그렇게 힘들었다. 은행 문턱에 올라선다는 것이 보통 '빽' 가지고는 안 된다고 그랬다. 천문학적인 금융 특혜 같은 걸 통해 정경유착이 이뤄진 것과 대조적이다.

청와대의 '재벌 사랑'에
뒷전으로 밀려난 중소기업

—— 정경유착과 관련해 짚어볼 문제 중 하나는 재벌들이 자신들을 피해자인 것처럼 포장하는 대목이다. 예컨대 전두환·노태우 비자금 문제가 세상에 드러난 후 이들에게 거액을 준 재벌 회장들이 검찰 조사를 받는데, 그에 관한 기록을 살펴보면 재벌들이 하나같이 '어쩔 수 없이 돈을 줬다'는 태도를 취한다. 총칼로 권력을 잡은 자들에게 시쳇말로 찍히면 망할 수 있었기 때문에 돈을 바칠 수밖에 없었다는 말이다. 독재 정권의 눈 밖에 난 기업이 공중 분해된 사례가 있다는 점에서 이들의 주장이 전혀 근거 없다고까지 볼 수는 없지만, 그렇다고 해도 재벌들의 그런 태도는 이해하기 어렵다. 청와대와 손잡고 오랫동안 엄청난 특혜를 누린 재벌들을 피해자로 볼 수는 없기 때문이다. 역대 정권의 재벌 편향 정책들만 살펴봐도, '어쩔 수 없이 돈을 줬다'는 식의 재벌 측 해명은 설득력을 얻기 어렵다. 이처럼 재벌 위주 정책이 오랫동안 지속되면서 중소기업은 뒷전으로 밀려나지 않았나.

경제 성장

재벌 중심으로 한국 경제가 편성됐다는 건 중소기업이 그만큼 큰 어려움을 맞게 됐다는 것을 얘기해준다. 한 나라 경제에서 중소기업이 해야 할 역할, 차지해야 할 비중 같은 것이 아주 잘못된 방향으로 가게끔 만들었다고 볼 수 있다.

대만의 장개석과 장경국이 중소기업을 많이 육성했고 스페인의 프랑코 정권도 그렇게 했다는 걸 강조하지 않았나. 또 이탈리아 경제를 활성화한 것이 중소기업이라고 얘기들을 한다. 그러면 한국은 어땠느냐. 한국에서 경제 제일주의를 표방하면서 본격적으로 경제 건설에 뛰어든 장면 정권은 중소기업 육성을 중요 정책으로 제시했다. 예산에 특별히 반영하고 그랬다. 그런데 모든 걸 성장 속도에 맞춰 군인 정신으로 처리하려 했던 박정희 정권은 중소기업에 호감을 갖기가 어려웠다.

그렇지만 중소기업은 자유 기업의 상징이자 중산층의 원천으로서 경제적 민주주의를 이뤄내는 데, 또 사회적·정치적 안전판으로 중요시되고 있지 않나. 수출과 외자에 의한 산업화라는 박정희의 정책은 재벌 중심으로 경제를 이끌어가게 했는데, 그 때문에 중소기업은 박 정권 아래에서 심한 홀대를 받았다. 얼마나 홀대를 받았는가는 성장률에서 단적으로 드러난다. 1964년에서 1979년 사이에 전체 제조업은 연평균 22.4퍼센트 성장했다. 굉장한 성장이다. 그런데 중소기업은 같은 기간에 연평균 16.4퍼센트밖에 못했다.

노동자 숫자를 봐도 똑같은 현상이 일어났다. 1960년에서 1979년 사이에 중소기업에 속한 노동자 숫자를 보면, 19만 명이었다가 1979년에는 84만 명으로 늘어났다. 약 4.4배로 증가했다. 그런데 대기업은 같은 기간에 처음에는 6만 명으로서 중소기업 노동자 19만 명의 3분의 1 정도밖에 안 됐는데, 1979년에 가면 127만 명이 된다.

20배가 넘게 된 건데, 참으로 무서운 간극이 생겨버린 것이다. 특히 500인 이상 대기업을 보면 같은 기간에 27.8배나 성장했다. 대만의 예에서 볼 수 있는 것처럼 중화학 공업에서 중소기업의 역할이 큰 데도, 1970년대 후반 한국에서 중소기업은 크게 밀려나고 말았다.

다른 나라와 비교해볼 때 한국 중소기업이 얼마나 취약한가가 더 잘 드러난다. 미국을 보면 1972년에 중소기업의 노동자 수가 전체 노동자 수의 58.2퍼센트나 차지한다. 부가가치는 51.4퍼센트나 된다. 일본의 경우 1978년 통계를 보면 노동자 수에서 71.4퍼센트, 부가가치에서 57.1퍼센트나 된다. 그러니까 내수도 일본이 중시했을 뿐만 아니라 중소기업 중심이라는 점도 굉장히 중요하다. 한마디로 탄탄한 것이다. 서독도 이와 비슷했다.

그러면 한국은 어떠냐. 앞에서 노동자 수를 이야기했는데, 중소기업의 노동자 숫자와 부가가치액 이 두 가지가 각각 1960년에는 76.0퍼센트, 66.3퍼센트였다. 장면 정권 때만 해도 외국에 지지 않는다. 물론 한국 경제가 낙후해서 그런 면도 있을 것이다. 그런데 그게 1979년에 가면 노동자 수에서 39.7퍼센트, 부가가치액에서는 28.5퍼센트로 확 떨어져서 미국, 일본, 서독 등 선진 공업 국가와 현저한 차이를 보이고 있다.

한국의 중화학 공업화는 대기업의 내구 소비재, 철강 생산 중심으로 이뤄졌다. 이와 달리 비중이 낮은 중소기업의 경우 기계, 금속 제품, 산업용 화학 등 생산재 공업이 높은 비중을 차지해 자립적 산업 구조를 조성하는 데 기여했다. 중소기업에 관해서는 이경의 교수 글에서 많은 도움을 얻었는데, 이 교수는 대기업이나 중화학 공업이 한국에서 자립적 산업 구조와 관계없이 저임금 노동에 기반을 두고 해외 시장에 치중했다고 밝혔다. 중소기업과 대기업, 경공업과 중화학 공업 간의 관련성을 높여 중층적 산업 구조나 분업 구조를 형성하고 자립적 산업 구조로 우리나라가 가도록 해야 하는 건데, 그러한 국가를 우리는 일반적으로 국민 경제에 바탕을 둔 근대 국민국가라고 부르고 있는데, 실제로는 역행했다고 이 교수는 지적했다. 한국의 경우 정부가 외면했을 뿐만 아니라 재벌이 중소기업 부문을 잠식하고 잡아먹고 해서 중소기업 도산의 일역을 맡기도 했다. 자본 축적 메커니즘에 적응하기 어려웠던 중소기업이 살아남지 못하고, 시장을 지배하는 대기업에 종속적인 지위로 떨어져 도태되는 경우도 많이 있었다.

재벌 공화국 만든 박정희, 경제 민주화 내팽개친 박근혜

— 2012년 대선을 전후해 경제 민주화가 한국 사회의 화두가 된 것은 오랫동안 재벌의 폐해가 쌓였기 때문이다. 이 문제는 재벌 위주로 경제의 틀을 짠 박정희 정권과 떼어놓고 생각할 수 없다. 2012년 당시 박근혜 후보조차 경제 민주화 요구를 상당 부분 수용하는 모양새를 취하지 않을 수 없을 정도로 심각한 상황이었다. 그러나 박근혜 정부는 출범 후 얼마 지나지 않아 경제 민주화를 헌신짝처럼 내팽개쳤다. 재벌 문제 해결을 비롯한 경제 민주화는 한국 사회에 여전히 과제로 남아 있다.

예전에 제빵업과 관련된 이야기를 글에서 본 적이 있다. 어느 중소기업에서 좋은 빵을 만들어서 호감을 사고 반응이 괜찮았다고 한다. 그랬더니만 우리가 이름만 들으면 금방 알 수 있는 모 재벌 가족이 여기에 뛰어든 것이다. 가격을 대폭 낮춰 뛰어들어버리니까 중소기업으로서는 가격 경쟁을 할 수가 없었다. 그리고 판매망 부분에서 재벌 쪽이 갖고 있는 강력한 힘이 있지 않나. 중소기업이 이런 시장 메커니즘을 견뎌내지 못하는 것이다. 결국 이 중소기업은 도태되고 말았는데, 그 후 그 재벌 쪽에서 만든 빵이 더 좋았느냐, 값이 쌌느냐 하면 그렇지도 않았다고 쓰여 있다.

몇 대 재벌 중 하나에 들어가는 대재벌인 모 재벌은 1970~1980년대에 몹시 악명이 높았다. 문어발식으로 확장하면서 중소기업을 잠식한다는 비판을 많이 받았다. 이 재벌에서는 하청 기업에 처음에는 굉장히 많이 주문해 그걸 생산하게 한 다음 갑자기 끊어버렸다고 한다. 그렇게 되면 그 하청 기업은 도산할 수밖에 없지 않나. 그때 이 재벌이 그걸 인수했다.

정부가 외면한 것뿐만 아니라 재벌들이 이런 식으로 나온 것도 중소기업을 몹시 힘들게 했다. 같이 살아가야 하고 분업 구조를 이뤄야 한국 경제가 내적으로 충실해질 수 있는 것인데, 이런 행태가 그걸 아주 어렵게 만들어버린 것이다.

참혹한 노동 조건과 '살인 물가', 박정희 운명을 재촉했다

경제 성장, 열네 번째 마당

전태일 분신케 한 참혹한 노동 조건,
권력은 노동 통제에만 관심 있었다

김 덕 련 1960~1970년대 경제 개발에서 반드시 짚어야 할 사안 중 하나가 바로 노동 문제다. 오늘날 다수의 평범한 한국인이 매일 감당해야 하는 현실과 맞닿은 문제이기도 하다.

서 중 석 이 시기 한국 경제의 큰 문제점 중 하나는 정부가 노동자를 통제하고 노동조합도 통제의 대상으로만 생각했다는 것이다. 또 재벌을 비롯한 기업들이 그런 정부에 의존해서 노동자를 압박하고 노조를 어용화해 이윤을 높이려는 쪽으로만 신경을 많이 쓰게끔 하는 면이 1970년대에 많이 보인다는 점이다.

  10인 이상 고용한 기업에서 일한 노동자를 보면 1970년에 108만 4,063명으로 집계됐는데 1975년에는 151만여 명이 된다. 1980년에는 이게 297만여 명이 된다. 전체 고용 노동자는 1970년에 378만 명, 1980년에 648만 명이었다. 그러니까 한국이 고도 산업 사회로 들어간 것은 중화학 공업 때문만이 아니다. 이러한 노동자 상황을 보더라도 한국은 상당히 높은 수준의 산업 사회로 가고 있었다. 따라서 거기에 걸맞은 노동 정책이 있어야 했고 적절한 노동 운동도 필요한 상황이었다. 그러면서 기업도 살고 노동자도 사는 건강한 사회로 한국이 가야 했다. 그런데 1970년대의 경우 박정희 권력이 그 길을 아주 어렵게 만들었다.

  1970년 11월 13일 전태일 이분이 분신자살하면서 노동 문제가 수면 위로 떠올랐다. 전태일은 근로기준법을 지켜 "내 죽음을 헛되이 하지 말라"고 외쳤다. 그렇지만 1970년을 전후한 시기에 한국의

1968년경 전태일 열사의 모습. 1970년 11월 13일
전태일 열사는 "내 죽음을 헛되이 하지 말라"고
외치며 분신자살했다. 사진 출처: 전태일재단

영세 기업들에선 근로기준법이 있는지도 거의 몰랐다고 돼 있고, 어느 정도 규모가 큰 기업이라고 하더라도 근로기준법을 과연 제대로 지켰느냐고들 지적하고 있다.

주당 근로 시간도 한국이 유난히 길었다. 1965년에 한국은 주당 57.0시간인 데 비해 필리핀은 45.6시간, 대만은 44.3시간이었다. 우리하고 대만은 비슷하게 발전했는데도 그랬다. 1970년에 한국은 52.3시간, 대만은 그보다 무려 10시간 가까이 적은 43.3시간이었다. 1975년을 보더라도 한국은 50.5시간인데 대만은 더 낮아져서 38.8시간으로 됐다. 1980년에는 한국이 53.1시간, 필리핀이 46.0시간, 그리고 싱가포르는 50.9시간으로 높게 나왔다. 그런데 대만은 41.1시간이었다. 거듭 이야기하지만 한국과 대만이 성장률에서 같은 페이스로 가고 있었는데 왜 이렇게 차이가 나느냐, 이 점을 생각하지 않을 수 없다.

── 저임금 장시간 노동은 오늘날까지도 한국 사회의 발목을 잡고 있다. 이 문제가 훨씬 심각했던 1960~1970년대 기록들을 보면, 참혹하다는 말이 결코 지나치지 않은 노동 조건에 수많은 노동자들이 놓여 있지 않았나.

전태일 분신 44주년이던 2014년에 한 신문이 1970년대 의류 제조업체에서 일한 여성 노동자들의 노동 상황에 대한 기사를 실었는데 그걸 한 번 보자. "하루 노동 시간이 13시간에서 16시간, 휴일은 한 달에 이틀가량", 이건 전태일 전기《전태일 평전》를 읽어보거나 그 시기 청계천 피복업체에 대한 다른 여러 기록을 봐도 아주 선명하게 알 수 있다. 정말 눈물 나는 게 얼마나 많나. "임금은 일당이 약 60원에서 100원, 그러니까 한 달에 1,800원에서 3,000원 정도 했다. 이때 신문은 20원, 새마을 담배는 10원, 서울 시내버스비는 10원이었다." 그 당시 작업 조건이 얼마나 나빴나. 폐결핵이 만연하고 한 사람이 수많은 병을 앓고 있는 경우가 아주 많았다. 그런데도 건강 검진은 과연 제대로 받을 수 있었나? 그 시기 기록들을 보면 이런 이야기가 끊임없이 나오지 않나.

이러한 열악한 노동 조건을 부추긴 건 정부 정책이었다. 1970년 '수출 자유 지역 설치법'이 만들어지고, 그해에 외국인 투자 기업의 노동조합과 노동 쟁의를 규제하는 임시 특례법이 또 만들어지지 않나. 그러면서 1971년에 악명 높은 국가보위법이 탄생하는데, 여기서는 단체 교섭권, 단체 행동권을 사실상 무용지물로 만들어버린다. 다른 말로 하면, 자율성을 빼앗아 단체 교섭, 단체 행동을 하기 어렵게 만든 것이다. 이에 더해 1972년 유신 쿠데타가 일어난 후 비상국무회의에서 1973년에 노동조합법, 노동쟁의조정법, 노동위원회법 같은 것들이 다 개정되지 않나. 비상국무회의라는 건 도대체가 법적으로 있을 수도 없고 헌법상 존재할 수가 없는 것인데, 거기서 그렇게 했다." 이런 것들을 통해 국가 권력이 거의 완벽할 정도로 노조 활동, 노동 운동을 통제할 수 있게끔 되는 것을 볼 수 있다.

이래서 유신 시대에는 단체 행동권이란 건 전면 규제된다. 그래서 정말 불가사의하다고 해야 할까, 신기하기 짝이 없다고 해야

● 법 제정 및 개정은 국회의 고유 권한이다. 그러나 박정희는 유신 쿠데타를 일으켜 국회를 해산한 후, 비상국무회의에서 국회의 권한을 행사하게 만들었다. 비상국무회의 의장은 물론 박정희 본인이 맡았다.

할까 하는 현상이 일어난다. 뭐냐 하면 1972년, 1973년, 1974년 자료들을 보면 집단 노사 분규 발생 상황이 0으로 처리돼 있다. 그런 건 전혀 없다는 것이다. 한국노총 관련 자료에도, 다른 데에도 그렇게 돼 있다. 단체 행동권이 전면 규제된 상황이니까 집단 노사 분규가 발생할 수 없다고 연역한 모양이다. 그래서 공식적으로건 비공식적으로건 발표되지 않아 0이 돼버린 것이다. 그렇지만 이렇게 노동자가 많은 사회에서 그건 있을 수가 없는 불가사의한 일 아닌가. 그러니까 이제 또 발표가 된다. 1975년에 133건, 1976년에 110건 이렇게 나온다.

중앙정보부·경찰·노동청 등 총동원해
노사 관계에 일상적으로 개입

— 노사 갈등 상황을 0으로 처리하는 어처구니없는 행태는 유신 쿠데타 세력이 어떤 사회를 원했는지를 잘 보여준다. 1970년대에 박정희 정권은 구체적으로 어떤 방식으로 노동자를 통제하려 했나.

사실 1960년대에는 정부가 임금 교섭에는 직접 개입하지 않았다. 그런데 1971년부터 적극 개입하는 것을 볼 수 있다. 이렇게 임금 문제에 적극 개입했을 뿐만 아니라, 이제 노조를 과거보다 훨씬 적극적으로 회유하는 정책으로 나아갔다. 노동청 등 정부 기관이나 경찰, 중앙정보부 등을 통해 일상적으로 노사 관계에 개입했다. 중앙정보부는 노총 및 각 산별 노조에 '담당관'을 두고 주기적으로

1976년 7월 구로공단 여성 근로자 여군 훈련소 입소식 때 훈련소 대표가 선서를 하고 있다. 1970년대 유신 체제는 병영화된 사회였다. 학교에서도 공장에서도 군대식 훈련을 받아야 했다.
사진 출처: 국가기록원

사찰했다. 또 일부 간부를 매수하거나 후원했고 그들과 긴밀히 결탁했다. 요직이던 노총 사무총장, 그리고 산별 노조 위원장급들에게 매월 기밀비를 지급했다. 그러면서 노동자 동태를 일일 보고하게 하고, 주요 노동 문제에 개입했다. 중앙정보부 요원은 노총 중앙위원회나 각종 회의에 '동석'했다. 그러면서 회의 안건을 미리 받거나 성명서, 담화문 같은 걸 사전에 검토하는 걸 볼 수 있다.

　　노사 분규가 일어나면 유신 정권은 바로 기동 경찰을 투입했다. 대규모 공단 등 산업 지대에는 관할 경찰서의 정보과를 중심으로 노사 관계 사찰을 담당하는 부서를 두고, 회사 경영진이 알려주면 해당 노동자라든가 그 노동자의 가족, 친구, 동료까지 조사했다. 윤진호 교수가 쓴 글에 의하면 수출 자유 지역 경찰과 경영진 대표가 매일 회의를 통해 친노조 성향 노동자를 색출했다고 그런다. 그리고 노동 운동 회유, 보상 정책으로 '근로자의 날'이 되면 노조 간부들을 포상하거나 그들에게 훈장을 줬다. 중앙정보부 등에서는 노조 지도부의 개인 비리를 캐서 압박하거나 회유했고, 친정부적 인물이 위원장에 당선되도록 하는 작업을 벌였다.

── 사회 전체를 커다란 병영으로 간주하고 구성원들을 틀어쥐려는 시도와 닿아 있는 것 아니었나.

1970년대 유신 체제는 병영화된 사회다. 제일 먼저 대학과 고교의 병영화가 강력하게 추진됐고, 그와 함께 병영화 현상이 공장에서도 나타났다. 공장 새마을운동이라는 것이 그러한 병영화의 한 모습을 보여준다. 노동 전문가 이원보가 쓴 글을 보면 공장 새마을운동은 1940년 일제의 산업보국회와 유사하다고 돼 있다. 1977년까지 3개소의 공장 새마을 연수원이 상공부 소속으로 지정돼 운영됐다고 한다. 왜 공장 새마을 연수원이 상공부에 속했는지도 의문인데, 하여튼 여기서 교육받은 사람들이 무려 3만 8,797명이라고 돼 있다. 놀랍고 무서운 일이다.

이 공장 새마을 연수원에서 교육받은 한 여성 노동자가 쓴 글을 보면, 운동장에서 군대식으로 점호를 했고 교관 호령에 맞춰 같이 달렸다고 한다. 공장 새마을운동은 정부 방침 하에 경영 측에서 일방적으로 지휘, 명령했다. 봉건적, 온정적, 권위주의적 가족주의 아래서 노사 협조 의식을 주입한 것이다. 그렇게 해서 노사 간 대립의 본질을 은폐하고, 기업 주도 아래서 노동 시간을 연장하고 열악한 작업 조건을 감내하면서 품질 향상에 힘쓰도록 하고, 생산성 향상 운동을 벌이도록 '무보수'로 노동자를 동원하기 위해 만든 것이 공장 새마을운동이라고, 그 시기에 섬유노조 간부였고 그 후 노동 전문가로 활동한 이원보 글에 나와 있다.

박정희 정부 시기에는 이렇게 노동자와 노조를 통제 대상으로만 봤다. 그 때문에 노동자들은 아주 열악한 작업 환경에서 장시간 노동하면서 저임금을 받았다. 물론 중화학 공업은 꼭 저임금은 아니었다. 1970년대 말에 임금이 많이 오른 기업도 있었다. 작은 사업장일수록 저임금이었다. 양면을 다 봐야 한다.

와우아파트와 김현옥, 그리고 '작은 박정희들'

── 박정희 정권은 작업장에서 이처럼 노동자들이 옴짝달싹하지 못하게 하려 했다. 작업장 바깥을 살펴보면, 박정희 정권의 서민 정책은 어떠했나.

이런 노동 정책을 썼으니까 서민을 위한 정책은 어땠겠느냐는 불문가지인데, 몇 가지만 이야기하자. 1960~1970년대 하층 노동자, 빈민 등과 관련 있는 서민 정책을 상징하는 것으로 두 가지를 많이 이야기하고 있다.

와우아파트의 모습(왼쪽)과 와우아파트 붕괴 현장(오른쪽).
1970년 4월, 와우아파트 5층 건물이 성냥갑 무너지듯
폭삭 주저앉아 33명이 사망하고 40명이 다쳤다.
사진 출처: 국가기록원

하나는 와우아파트 도괴倒壞 사건이다. 1970년 4월, 5층 아파트 건물이 성냥갑 무너지듯 폭삭 주저앉아서 33명이 사망하고 40명이 다쳤다. 이 와우아파트 사건이 상징하는 것은 단순히 '서민 아파트가 이렇게 무너져 내렸다', 이것만이 아니었다. 그 아파트를 짓게 한 사람이 바로 김현옥 서울시장이었다는 점을 각별히 주목할 필요가 있다. 김현옥 서울시장은 '불도저 시장'으로 유명하다. 박정희 정권 경제 정책을 상징하는 한 사람을 꼽으라고 하면 가장 쉽게 꼽을 수 있는 사람이 아마도 이 김현옥 시장이 아닐까 싶다. 김현옥은 군인 출신으로 부산에서 이미 불도저 시장으로 유명했고, 그걸 바탕으로 서울시장으로 발탁된 사람이다. 이 사람은 와우아파트 사건 때문에 해임을 당하지만 1년 후 내무부 장관으로 영전한다. 이런 걸 보더라도 박정희에게 김현옥이 얼마나 상징적인, 중요한 인물인가를 알 수 있다.

김현옥 서울시장 때 만든 시민 아파트를 보면 전부 다 언덕바지에다가 아파트를 지어 놨다. 서울이 언덕바지로 돼 있는 도시이기도 하지만, 그것 때문에 그렇게 한 게 아니었다. 그 당시 서울시 간부였고 나중에 시립대 교수가 되는 분이 쓴 글에 그 이유가 나와 있는데, 언덕바지에 지어 놔야 박정희 대통령의 눈에 잘 띌 수 있기 때문이라는 것이다. 그리고 청계 고가 도로, 이것도 박 대통령이 깊은 밤에 강 건너 고급 아파트가 많은 아주 '은밀'한 데를 쉽게 갈 수 있도록 지었다고 돼 있다. 아부에도 불도저였다. 박정희 시대가 그런 시대였다.

── 불도저 시장 하면 김현옥 외에 떠오르는 인물이 또 있다. 이명박MB 전 대통령이다. 서울시장 시절 MB도 그렇게 불렸다. MB

식 불도저가 공공성과 얼마나 거리가 먼 것인지는 토건 자본의 배만 불리고 생태계를 망가뜨린 4대강 사업에서 단적으로 드러났다. MB건 김현옥이건 그 행태와 방식을 보면 '작은 박정희들'이라고 할 수 있다. 오랜 시간에 걸쳐 비싼 수업료를 치른 한국인들이 그런 '작은 박정희들'의 유혹을 이겨낼 수 있을 것인지가 한국 사회의 미래를 결정할 중요한 변수 중 하나라는 생각이 든다. 다시 돌아오면, 박정희 정권의 서민 정책을 상징한다고 볼 수 있는 다른 하나는 무엇인가.

또 하나는 1971년 8월에 일어나는 광주 대단지 사건이다. 다 알다시피 당시 서울에는 엄청나게 많은 무허가 빈민 주거소들이 있었다. 이에 대해 한편으로는 시민 아파트 같은 걸 지어서 거기에 살게 하기도 했고 무허가 주택을 양성화하는 작업도 했지만, 제일 큰 정책 중 하나는 이 무허가 주민들을 서울 밖으로 나가서 집단 거주하게 한 것이다. 그런 대표적인 장소가 지금은 성남으로 불리는 광주 대단지였다. 5만여 명이나 그리로 몰아냈다. 정부에서 이주만 시켜놓고 방치하자, 이 사람들이 들고일어났다. 각종 세금 면제, 토지 불하 가격 인하, 실업자 구제 등을 요구했다. 양택식 서울시장이 약속을 어기고 나타나지 않자, 이 사람들이 성남 출장소에 방화하고 사업소 본부 건물과 차량을 불태우고 지나가는 차량을 빼앗아 거리를 질주하는 사건이 일어났다. 이게 박정희 정권을 직접적으로 위협한 건 아니었지만, 그 당시 굉장히 큰 사건이었고 사회에 충격을 줬다. 특히 운동권에 영향을 많이 끼쳤다.

이 시기 빈민들이 어떻게 살았는가는 조세희가 1978년에 쓴 《난장이가 쏘아 올린 작은 공》('난쏘공'), 우리나라에서 최장기 베스

트셀러로 꼽히는 그 책에 잘 드러나 있다. 언덕바지 서울과 서울 주변의 그 많은 언덕바지, 개천가, 뚝방촌 같은 데에 얼마나 버림받은 사람들이 많았나.

—— '난쏘공'은 2005년 200쇄를 돌파했다. 그해 조세희 작가는 비정규직과 농민 문제를 이야기하며, 200쇄 출판이 자랑거리가 아니라 "오히려 부끄러운 기록"이라고 말했다. 비참한 시대를 기록한 소설이 200쇄를 돌파하며 계속 읽히는 것은 작품의 밑바탕이 된 시대의 불행이 여전하기 때문이라는 뜻에서 한 말이었다. 2000년대 들어서도 카메라를 들고 투쟁 현장을 찾아다니며 시대의 아픔과 함께한 작가다운 이야기였다. 다시 돌아오면, 박정희 정권 시기의 급격한 공업화는 환경 문제도 불러일으키지 않았나.

박정희 정권 때는 지금과 달리 환경 문제는 고려하지 않았다. 환경 문제를 얘기하면 '사치다. 지금 그런 얘기를 꺼낼 때가 아니다', 이렇게 몰아붙이고 그랬다. 공해 대책이라는 걸 세우던 때가 아니었다. 그러나 공장이 들어선 공단과 그 부근에서는 이미 1960년대 후반, 1970년대에 공해가 크게 문제가 됐다.

예컨대 진해화학을 보면, 진해 주변에 수많은 공해 물질이 배출돼 큰 어려움을 줬다. 서울 주변인 안양천 일대도 그랬다. 특히 제일 큰 공단이 들어선 울산은 대기 오염, 폐수 등으로 농수산물 피해가 아주 컸다. 그래서 울산 일대에 대한 기자들의 긴 취재 기사, 원고 매수가 200~300매에 이르는 취재 기사도 나오고 그랬다. 그 부근인 온산의 공해 실태도 심각했다. 서울 대기 오염은 1965년보다 1967년에 5배, 1969년에 8배가 증가하는 걸 볼 수 있고, 1967년에 한강물의 34퍼센트가 상수도로 사용할 수 없을 만큼 오염돼 있었다. 또 소음 공해도 아주 심각했지만, 이런 것을 돌본다는 건 사치라고 여기던 사회였다. 오늘날 우리가 마시고 숨 쉬는 공해가 기본적으로 대개 다 이 시기에 조성되었다.

중화학 공업이 이러한 공해를 더 가중하는 역할을 했다. 당시 중화학 공업은 공장에서 나오는 부산물 재처리라든가 공해 방지 시스템을 별로 고려하지 않았다. 기술적 어려움도 따랐겠지만 '기업 비용이 늘어나면 빨리빨리 성장하는 데 어렵다', 이런 것이 크게 작용하지 않았나 싶다. 1978년을 보면 황이산화물 배출이 아주 높아진 것으로 돼 있는데, 그렇게 된 원천을 공장에서 50.4퍼센트나 제공한 것으로 나와 있다.

박정희 이어받은 전두환도 투덜거린
박정희 집권기 '살인 물가'

── 박정희 집권기 경제 개발과 관련해 빼놓을 수 없는 것이 물가 문제 아닌가.

박정희 정권 시대에 물가 때문에 얼마나 고생을 심하게 했나. 이게 1979년 10월 부마항쟁을 불러일으킨 큰 요인 중 하나였다. 또 엄청난 투기를 불러일으킨 중요 요인이었다. 그런데 많은 사람이 이런 부분들을 잘 모른다. 왜냐하면 전두환 정권 이래 지금까지 30년 넘게 우리는 한 자릿수 물가에서만 살고 있기 때문이다. 그래서 두 자릿수 물가라는 것이 얼마나 사람들을 고통스럽게 하는지, 특히 서민, 노동자, 빈민들을 살기 어렵게 하는 것인지를 별로 생각하지 않는다. 직접 겪어본 사람들은 그 고통을 잘 안다.

한 정치가가 유신 시대에 박정희 정권은 3대 환상을 갖고 있다고 이야기했다. '성장률은 높을수록 좋다', '수출 실적은 많을수록 좋다', '모든 가격은 억제할수록 좋다'가 그것이다. 그런데 성장 지상주의, 수출 제일주의 때문에 한국은 심각한 인플레이션 중병에 걸렸다. 이것도 대만과 아주 큰 차이가 난다. 1970년대에는 성장을 위해 환경만 희생한 게 아니라 물가도 희생했던 것이다. 중단 없는 대외 의존적 성장 지상주의 정책을 추진하다 보니까 이렇게 된 것이다.

이와 달리 대만은 가격 안정 그리고 농촌 개발에 적극적인 관심을 기울여서, 성장에 집착한 박정희 대통령과는 대조적이었다. 대만을 통치하던 국민당이 박정희 정권과 아주 다르게 부정부패를 철저히 추방하려고 했던 것도, 부패 때문에 중국 본토에서 쫓겨난 경험이 큰 요인으로 작용했다고들 이야기하지 않나. 이와 더불어 국민당은 본토에서 패배한 중요한 이유 중 하나가 인플레이션 만연이었다고 분석했다고 한다. 그 때문에 급격한 인플레이션을 억제하기 위해 때로는 성장 속도를 제한해야 한다고 판단했다고 한다.

우리나라가 100억 달러 수출을 달성한 1977년에 남한보다 훨씬 작은 대만은 93억 달러를 수출했다. 인구가 우리나라의 반절밖에 안됐는데 굉장한 것 아닌가. 또 이해 성장률 역시 한국만큼 높지는 않았어도 8.1퍼센트를 기록했다. 그런데 도매 물가 상승률은 2.8퍼센트, 소매 물가 상승률은 7퍼센트였다.

그러면 한국은 어떠냐. 이미 1960년대에도 물가 상승률이 두 자릿수인 때가 많았는데 특히 1970년대에는 아주 심각했다. 도매 물가 상승률을 보면 1974년에 무려 41.9퍼센트, 1975년에 26.1퍼센트를 기록했다. 1980년에는 38.9퍼센트를 기록했는데, 이게 초기 자료에는 40퍼센트가 넘는 것으로 나오나 보더라. 1970년대 서울 소비자 물가 상승률을 보면 한 자릿수였던 해는 1973년 한 해밖에 없다. 그해를 제외하면 전부 10퍼센트 이상이었다.

《전두환 육성 증언》을 보면 물가 얘기가 나온다. '정권을 맡게 됐을 때 물가 때문에 얼마나 고생한 줄 아느냐. 1980년에 도매 물가 상승률이 40퍼센트를 넘었다', 전두환이 이런 이야기를 한다. 유신 체제의 연장선상에서 그러한 일이 있었기 때문에 그런 이야기를 할 수 있었던 것이다. 어쨌건 1971년에서 1980년 사이에 도매 물가 상승률이 연평균 18.8퍼센트였다. 서울 소비자 물가는 같은 기간에 연평균 16.4퍼센트씩 올랐다. 이 시기에 물가 문제가 얼마나 심각했는가를 알 수 있다.

— 그 정도면 살인적인 물가 상승률이라는 표현이 지나치지 않다는 생각이 든다.

박정희 정권 시기에 있었던 엄청난 물가 상승은 노동자, 서민들의 생활을 크게 위협했을 뿐만 아니라 비생산적인 경제 활동에 의해 부를 축적하겠다는 욕구를 불러일으켰다. 그래서 투기가 성하게 되는 것이다. 그뿐만 아니라 경제적으로도 성장 잠재력을 억압하게 되고 사회적으로는 정부에 대한 국민의 불신을 키워 결국 박정희 유신 정권의 운명을 재촉하게 되지 않나.

비정상적으로 높은 인플레이션이 일어나고 있었는데도, 박정희 정권은 어떤 대가를 치르더라도 고도성장을 하겠다고 집착했다. 그러다가 1979년 YH 여성 노동자 사건이 일어났고 결국 부마항쟁을 맞이하게 된다. 아울러 박정희 정권 시대의 물가 통계는 정부의 물가 안정 정책에 따른 강력한 가격 규제를 기초로 작성됐기 때문에 실제 물가가 온전히 반영되지 않았다는 측면도 고려해야 한다.

불균형 성장이 초래한 과도한 격차
농촌은 압축 쇠퇴, 서울은 과잉 팽창

경제 성장, 열다섯 번째 마당

저임금 유지하기 위해
저곡가 강요한 박정희 정권

김 덕 련 1960~1970년대 경제 개발을 거치며 여러 차원에서 커다란 격차 문제가 발생했다. 그 과정에서 배제된 대표적인 곳 중 하나가 농촌이다.

서 중 석 박정희 정권 18년 동안 경제 정책에서 불균형 현상이 여러 면에서 심하게 일어났다. 대기업과 중소기업 간 격차, 계층별 격차가 아주 심해졌고 그와 함께 도시와 농촌 또는 대도시와 중소 도시 사이의 격차도 매우 심각해지는 상황에 들어갔다.

지금 우리 농촌은 심하게 얘기하면 아무도 살려고 하지 않는 땅이 되고 말았다. 오랫동안 우리 마음, 정서의 고향이었는데 이 좁은 국토에서 언젠가부터 농촌을 사람이 살 곳이 아닌 곳으로, 떠나야 할 곳으로 생각하게 된 것이다. 지금은 대부분이 농촌을 떠나고 노인만 남아 있다. 그래서 어린아이 울음소리도 들을 수 없고, 학교도 폐교되고, 60대가 이장 노릇을 하고 50대가 간혹 있으면 청년회장을 맡아서 해야 한다고들 하지 않나. 50대마저 없으면 청년회장도 60대가 해야 한다는 이야기도 나온다.

농업 취업 인구 통계를 보면 1960~1970년대에 세대별로 큰 차이가 나는 걸 알 수 있다. 예컨대 1965년에 14~19세가 농업 취업 인구의 15.4퍼센트였는데 1980년에 5.1퍼센트로 이 연령층이 줄어든다. 무지하게 줄어들었다. 20~29세 연령층은 1965년 25.5퍼센트에서 1980년에 15.4퍼센트로 줄어들었다. 많이 줄었어도 그래도 덜 심하다. 그런데 50세 이상은 18.3퍼센트에서 32.3퍼센트로 증가했

경제 성장

다. 두 배에 가깝게 증가한 것이다.

　이렇게 된 것은 1960~1970년대의 정책이 기본적으로 작용했기 때문이었다. 1950년대에 이어서 1960년대에도 정부는 저곡가 정책을 썼다. 도시 서민들을 무마하기 위해, 그리고 저임금 정책을 쓰려니까 저곡가 정책을 강요할 수밖에 없었던 것이다. 또 원래 한국은 농촌, 농민, 농업을 천시하는 면이 있었다고 이야기하지 않나. 그런 것 때문에 이렇게 농촌이 버림받는 것은 당연하다고 생각하는 사람이 적지 않았는데, 1960년대 농산물 가격 유지법이 저곡가 정책의 무기로 작용한 걸 볼 수 있다. '농업이 공업화의 중대한 원천이다', '농업과 공업은 유기적으로 이뤄져야 한다'고 본 대만과 달리 박정희 정권의 공업화 정책은 농촌을 희생시키면서 이뤄졌다.

한국전쟁 이후 미국산 잉여 농산물이 대거 들어왔다. 미국산 잉여 농산물은 식량난 해소에 다소 도움을 줬지만, 국내 곡물 가격을 급락하게 해 농촌에 큰 타격을 입혔다. 이러한 상황에서, 5·16쿠데타 한 달 후인 1961년 6월 27일 농산물 가격 유지법이 공포됐다. 농산물 가격을 적정 수준으로 유지해 농업 생산 및 농가 경제를 안정시키겠다는 목적으로 만들어진 법이었다. 그러나 이것은 구호에 그쳤다. 정부는 저곡가 정책을 고수하는 데 농산물 가격 유지법을 활용했다. 이 때문에 국회가 반발하는 일도 발생했다. 예컨대 1966년 정부가 국회 동의 없이 하곡夏穀 매입 가격을 낮게 책정하자 야당은 물론 여당인 민주공화당도 공개적으로 반발했다. 야당은 정부의 매입 가격이 생산비에도 못 미치며 이는 정부 스스로 농민 수탈에 솔선하고 있음을 증명한 것이라고 비판했다. 민주공화당 역시 정부가 결정한 것보다 높은 매입 가격을 제시하는 한편, 정부가 양곡 관리법에 의거하지 않고 농산물 가격 유지법을 활용해 국회 동의 없이 일을 처리한 것에 유감의 뜻을 표명했다.

경부고속도로에 대한 왜곡된 기억
고속도로 타고 모든 것이 대도시로 집중

—— 농촌이 체계적으로 배제된 것과 더불어 국토 불균형 문제도
짚어야 할 사안이다. 서울을 비롯한 몇몇 지역에 지나치게 몰
리면서 발생한 여러 가지 문제는 수십 년이 지난 오늘날까지
도 계속되고 있지 않나.

박정희 경제 정책이 중소기업을 소외시키고 재벌 중심으로 이
뤄진 것과 마찬가지로 특정 지역과 대도시 중심으로 이뤄졌다고 볼
수 있는데, 그것과 연관해서 경부고속도로 문제도 생각해봐야 한
다. 여기서 특정 지역은 경상도를 주로 가리킨다.

경부고속도로에 대해 박정희의 결단으로 높이 평가하는 주장
들이 있다. '경부고속도로가 생활에 굉장한 편리함을 갖다 줬다',
'무엇보다도 경제적으로 시간을 단축해서 여러 가지 유리한 조건
을 만들어냈다', 그런 부분은 평가를 할 수 있다.

그런데 경부고속도로를 놓을 때 여러 가지 제안들이 있었다.
한꺼번에 다 놓으려고 하지 말고 부분 부분 놓는 방법이라든가 도
시와 도시 사이에 있었던 국도를 고속도로화하는 방안을 제시하는
사람도 있었다. 경부고속도로를 지금과 같은 형태로 하는 건 좀 문
제가 있다고 그 당시에 문제를 제기한 제일 큰 이유는 그렇게 되면
서울, 부산 등 대도시 중심으로 한국 경제가 편성될 수밖에 없다는
것이었다. 또한 모든 것이 대도시 중심으로 움직이는 방향으로 한
국 사회가 나아갈 것이라는 점에서 이것은 경제에 국한된 문제가
아니라는 것이었고, 한국 사회가 그렇게 돼서는 안 된다는 의견들

1968년 5월 박정희가 대구-부산 간 고속도로
기공식에 참석했다. 경부고속도로가 놓이자 한국
사회는 대도시를 중심으로 문화와 경제가 편성될
수밖에 없었다. 사진 출처: e영상역사관

1968년 12월 서울-부산 고속도로 입구 표지판.
사진 출처: e영상역사관

경제 성장

이었다.

경부고속도로를 놓을 때 제기된 우려는 일정하게 현실이 됐다. 1960~1970년대 서울의 인구를 보면 1960년에 244만 명이었는데 1966년에 379만 명, 1970년에는 543만 명이 됐다. 1975년에 688만 명을 넘었고 1980년에는 무려 836만 명이 됐다. 20년 사이에 세 배를 넘겼는데, 1970년대에 들어서서는 문제가 심각해진다는 얘기를 계속 듣게 됐다. 이것 못지않게 큰 문제는 경제적으로 집중됐다는 것이다. 1980년에 전체 법인세 부과의 50.7퍼센트, 은행 예금의 64.9퍼센트, 대출의 64.4퍼센트가 서울에 다 몰려 있었다.

문화 집중처럼 무서운 게 없다고 예전에 이야기하지 않았나. 병원, 의료, 보건, 금융 기관 이런 것이 다 서울을 중심으로 운용되는 상황에서는 아무리 인구를 분산시키고 전 국토를 효율적으로 잘 이용하도록 하겠다고 해도 안 되는 것이다. 국토개발연구원에서 1984년에 낸 자료를 보면 문화 집중 현상이 아주 심각한 것으로 나와 있다. 신문의 71.4퍼센트, 방송의 51.0퍼센트, 통신의 85.3퍼센트가 서울에 집중돼 있었다. 같은 자료에서 1975년을 기준으로 보면 대학생의 59.7퍼센트, 교원의 61.6퍼센트, 대학원 석·박사 학생의 77.6퍼센트가 서울에 몰려 있었다. 그러니까 머리 싸매고 다 서울로 몰려든 것이다. 교육이라는 게 한국 사회에서 출세하고 돈을 버는 데 얼마나 중요한 위치를 차지하고 있는가를 지난번에 말하지 않았나. 이렇게까지 돼 있으면 이건 바꿀 수가 없는 것이다. 분교를 만든다고 해결할 수 있는 게 아니다.

— 지적한 것처럼, 경부고속도로와 관련해 박정희의 영단을 강조하는 주장이 있다. '박정희 대통령은 순수한 우국충정과 선견

지명으로 경부고속도로 건설을 추진했는데 야당 등에서 반대를 위한 반대를 일삼았다', 대체로 이런 주장이다. 이와 관련해 2009년 이명박 전 대통령이 경부고속도로 문제를 예로 들며 ("경부고속도로를 만들 때 야당 정치권에서 목숨을 걸고 반대했다", "요즘과 비슷한 반대") 4대강 사업에 대한 비판 여론을 '반대를 위한 반대'로 몰아간 적도 있다.

그러나 이는 여러 측면에서 받아들이기 어려운 주장이다. 우선 사실과 거리가 멀다. 일각에서 오해하는 것과 달리, 당시 야당 등은 고속도로 건설 자체를 반대한 것이 아니라 노선의 적합성, 건설 방식 등에 대해 다른 의견을 냈다. 예컨대 남북 종단보다는 동서 횡단 교통망을 구축하는 데, 한정된 재원을 우선 투입해야 한다는 것이었다. 일제가 대륙 침략을 위해 남북 종단 중심의 교통 체계를 구축했고 해방 후에도 그 틀이 유지되던 상황에서 균형 발전 문제를 고려한 주장이었다. 국제부흥개발은행이 1965~1966년에 한국 교통망을 조사한 후 남북 종단이 아니라 동서 횡단 및 지역 연결 도로를 우선 건설할 것을 조언한 것과 일맥상통하는 내용이었다. 경부고속도로 건설 후 지역 불균등 문제가 훨씬 심각해졌다는 점에서도, 당시 야당 등에서 편 주장을 '반대를 위한 반대'로 볼 수는 없다.

박 대통령이 사심 없이 이 문제에 임했는가 하는 부분도 따져 볼 문제다. 이 문제를 "정치에서 이용할 생각은 추호도 없다"고 박 대통령이 언급한 것과 달리, 1969년 3선 개헌 국면에서 박정희 정권이 경부고속도로 건설 실적을 적극 홍보하며 활용한 내용이 당시 언론에 보도되기도 했다. 이와 더불어, 나름대로 충분한 근거를 제시하며 비판한 야당을 향해 '반대를 위한

경제 성장

반대를 하고 있다'고 박 대통령 본인이 몰아붙인 것도 고려할 필요가 있다.

아울러 청와대에서 전투를 치르듯 공사 관계자들을 다그치면서 밀어붙이기식 공사가 강행됐고 그 결과 77명이나 공사 과정에서 목숨을 잃은 점, 일부 구간의 부실 공사 때문에 완공 후 보수비가 건설비보다 많이 든 문제 등도 놓쳐서는 안 될 대목이다. 이러한 점들을 고려하지 않고, 경부고속도로에 관한 왜곡된 기억을 바탕으로 박정희 신화를 내세우는 주장은 위험하다는 생각이 든다.

고속도로 문제와 관련해 개인적인 일화가 있다. 88고속도로가 뚫릴 때 난 동아일보사에서 내는 《신동아》에서 일하고 있었다. 나보고 그걸 취재해오라고 그러더라. 그 취재 지시를 내릴 때는 가서 적당히 해오라는 뜻이 강했던 것 같은데, 내가 그걸 잘 몰랐다. 뭐냐 하면, 1980년 5월 광주 참극이 있고 나서 전두환 정권에 대한 너무나도 강한 반발이 전라도 쪽에 있게 되니까 그걸 완화하기 위해 뚫은 것이 88고속도로였다. 오월 광주 학살 직후에 뚫지 않나.* 그 고속도로 공사를 막 하고 있을 때, 《신동아》에 들어간 지 얼마 안 된 나한테 취재 명령이 떨어진 것이었다.

그렇지만 나는 광주를 기억하지 않을 수 없었고, 무엇보다 사실대로 써야 한다고 봤다. 그래서 내 딴에는 열심히 취재했다. 공사판을 돌아다니며 토건업 쪽 이야기도 많이 들었지만, 지역마다 들러서 경상도 쪽이건 전라도 쪽이건 지역 사람들을 만났다. 그때 특

---
* 88올림픽고속도로는 1981년에 착공돼 1984년에 개통됐다.

히 거창, 고령을 비롯한 경상도 지역 주민들이 '뭣 때문에 이걸 만드느냐'는 이야기를 많이 하더라. 전라도 쪽은 말을 잘 안 했던 것으로 기억한다.

뭐냐 하면 88고속도로가 그 당시 있던 국도하고 노선이 거의 같다는 이야기였다. 내가 양쪽을 다 다녀보니까 실제로 그렇더라. 국도 바로 옆에다가 88고속도로를 놓는 식이었다. 그럴 거면 국도를 잘 연결하면 될 것 아닌가. 예컨대 읍내라든가 이런 데를 우회도로를 만들어서 지나가게 하고 길을 반듯반듯하게 만들면 되는 것 아닌가. 실제로 88고속도로와 국도 간의 길이 차이가 불과 몇 십 킬로미터가 안 되는 걸로 그때 자료에 나와 있었다. 그러니까 국도를 효과적으로 활용하는 방식으로 만들면 된다는 것이었다.

그때 경상도 지역 사람들이 우려하면서 제일 많이 한 이야기가 '이제 우리 지방은 망했다'는 주장이었다. 전부 대구한테 빨려들어갈 것이라고 얘기했다. '지방 경제가 살아날 수 있겠느냐', '사람들이 바로 대구로 가서 뭐든지 하려고 하지 우리 걸 사려고 하지 않을 것 아니냐', '우리 지역의 작은 기업체가 죽어난다'는 얘기였다. 큰 도시에 경제권을 뺏길 것이라는 점을 크게 우려했다. 이런 것들을 기사에 썼다가 '왜 이런 글을 썼느냐'는 이야기를 윗선에서 듣기도 했지만, 나중에 다른 데에서 칭찬도 많이 들었던 기억이 난다.

'농민의 아들' 내세운 박정희 집권기에
농촌은 압축 쇠퇴

── 다시 농촌 이야기를 짚었으면 한다. 박정희 대통령은 정치에

발을 들여놓은 후 자신이 농민의 아들이라고 강조했다. 예컨대 1963년 대선에서 황소를 상징으로 제시하면서, 농민의 아들이자 젊은 일꾼임을 내세웠다. 귀족적인 윤보선 후보와는 출신부터 다르다는 주장이었다. 또한 박 대통령을 숭배하는 이들 중에는 박 대통령이 모내기 현장 등을 찾아 농민들과 막걸리를 마신 일 등을 높게 평가하며 '박 대통령이야말로 농촌 친화적이었다'고 여기는 경우도 있다. 그렇지만 농민의 아들임을 내세우고 농민들과 막걸리를 함께한 것과 실제로 중농 정책을 썼느냐 하는 것은 전혀 다른 문제다. 그런데 이를 혼동하는 경우가 적잖게 있다. 이와 더불어 새마을운동 덕분에 농민이 잘살게 됐다고 잘못 이해하는 경우도 있다. 이 문제, 어떻게 보나.

일부에서 새마을운동으로 농촌이 사람 살기 좋은 곳으로 변한 것으로 착각하고 있는데, 그건 현실을 너무나 모르는 주장이다. 1970년대 중반에 식량 자급이 이뤄졌다고 지난번에 이야기했는데, 그건 새마을운동하고 아무런 상관이 없었다. 농정의 일환으로 그렇게 된 것이다. 다시 말하면, 우리나라는 다른 지역보다 조금 늦게 다수확 품종을 보급하는데 바로 그 다수확 벼를 대상으로 이중 곡가제를 하면서 엄청난 식량 증산이 이뤄진 것이다. 1974년에 3,000만 석으로 돼 있던 수확량이 1977년에는 4,000만 석으로 돼 있다. 사실 이 통계가 맞느냐 하는 것은 그 당시에도 의심을 많이 했다.

어쨌든 식량 자급이 이뤄지면서 1970년대 중반에 농촌이 괜찮아졌다고 했는데, 실제로는 바로 그 순간부터 농촌이 또 나빠진다. 새마을운동 절정기가 끝날 무렵 농촌은 이제 사람들이 과거 못지않게, 아니 그보다 더 심하게 계속 떠나는 장소로 변했다. 1978년

12·12총선, 유신 제2기 총선이었는데 이 선거에서 농민들조차 여당을 외면하는 그런 농촌으로 바뀌어가는 걸 볼 수 있다.

이 시기에 농민들의 삶이 더 팍팍해졌다는 걸 단적으로 얘기해주는 것이 농가와 도시 근로자 가구의 1인당 실질 소득이다. 1인당 실질 소득 자료를 보면, 자료에 따라 차이가 있지만, 이우재 글에는 1965년에 농가가 근로자 가구보다 1.09배 높았던 것이 1970년에는 농가가 도시 근로자 가구의 75퍼센트로 낮아졌다. 그것이 1975년에 높아져서 102퍼센트나 된 것으로 나온다. 그런데 1980년에 가면 1970년보다 더 낮아진다. 69퍼센트밖에 안되는 것으로 나온다. 1인당 GNP를 비교한 걸 봐도 1961년에는 농민 1인당 GNP가 전체 1인당 GNP의 74.3퍼센트였다. 그게 1970년에 62.7퍼센트로 떨어진다. 1975년에 64.1퍼센트로 조금 높아지지만, 1979년에는 55.8퍼센트로 최악의 상태로 떨어지고 만다. 농가 가구당 실질 소득도 연평균 증가율이 1965~1970년에 5.3퍼센트였고, 1970~1975년에는 8.5퍼센트로 커졌지만, 1975~1980년에는 2.7퍼센트밖에 안된다.

통계가 그렇게 나와 있다. 농촌은 그야말로 버림받은 땅으로 돼가고 있었던 것이다. 농업 전문가인 조석곤 교수가 한 글에서 아주 짤막한 말로 당시 상황을 얘기했다. "압축 성장 속의 농업은 압축 쇠퇴를 했다."

1970년대 후반부터 농가 경제가 악화됐다는 건 농가 부채가 이때부터 급증한 것과 궤를 같이한다. 농협 중앙회 자료를 보면, 농가 부채가 1971년에 1호당 2만 9,500원으로 나와 있는데 1976년에는 17만 600원으로 돼 있다. 그러던 것이 농림수산부 자료에 의하면 1980년에 펄쩍 뛰어서 33만 9,000원으로 나온다. 빚이 얼마나 빠른 속도로 늘어났는가를 잘 보여준다.

그렇다고 해서 양곡 자급률이 높아지느냐 하면 그렇지도 않다. 물론 이건 국민 전반의 생활이 좋아지고 있었다는 것을 반영하는 것이기도 한데, 1970년에 86.1퍼센트로 돼 있던 양곡 자급률이 1975년에 79.1퍼센트로 떨어진다. 1980년에는 무려 56.0퍼센트로 떨어진다. 식생활 해외 의존도는 1968년에 15퍼센트였는데 1978년에 26퍼센트가 된다. 이런 여러 자료는 1970년대 중후반에 농촌이 살아가기 힘든 땅으로 얼마만큼 퇴락하고 있었는가를 단적으로 보여준다.

박정희 경제의 병폐… 과도한 해외 의존, '투기 공화국', 성장 만능주의

경제 성장, 열여섯 번째 마당

외채 망국 위기에 몰렸던 한국 경제, 내수 희생 위에서 성장한 한국 기업

김 덕 련 그동안 1960~1970년대 고도성장 과정에서 발생한 문제점을 다각도로 짚었다. 이 사안과 관련해 더 살펴볼 문제로는 어떤 것이 있나.

서 중 석 박정희 집권 18년의 경제에 관해 1970~1980년대에 많은 학자가 우려한 것 중 하나는 과도한 해외 의존이다. 여러 면에서 너무 심하게 우리나라가 해외 의존을 하고 있다는 것이었다.

전철환 교수의 글을 보면 국내 총생산에 대한 대외 의존도, 이건 수출과 수입을 합해 비율을 낸 것인데 이러한 대외 의존도가 1974년에 미국은 15퍼센트, 일본은 16퍼센트, 독일은 14퍼센트로 나와 있다. 그런데 한국은 1974년에 수입 의존도가 전체 국내 총생산의 53퍼센트, 수출 의존도가 38퍼센트로 나온다. 그래서 90퍼센트가 넘는다고 써놓았다. 이분은 나중에 한국은행 총재를 지내는 인물로 수치에 밝은 사람이다. 물론 통계를 어떤 방식으로 내느냐에 따라서 이 수치가 달라지더라. 전철환 교수가 다른 글에서는 다른 방식으로 이야기하는데, 어느 경우건 간에 한국이 유독 대외 의존도가 높은 나라라는 건 틀림없다.

그래서 전에도 말한 것처럼 1980년대 초가 되면 외채 망국론이 나온다. 국제 수지가 누적적으로 적자를 보게 돼서 외채 원리금 상환조차 어렵게 된 것이다. 기일이 도래하는 원리금을 상환하기 위해 다시 신규 외채를 끌어 써야 하는 처지가 된 것이다. 자료에 따라 다소 차이가 나는데, 한 자료에 따르면 1970년대 말에 200억 달러의 외채를 지고 있었던 것으로 나와 있다. 다른 한 글에는 1980년까지 외자 도입액이 도착 기준으로 226억 달러, 확정 기준 그러니까 들어오기로 돼 있던 것 기준으로는 292억 달러였다고 돼 있다.

— 그 정도면 국가 경제가 빚더미에 깔려 허덕였다고 해도 지나치지 않을 것 같다. 이에 더해, 이 시기에는 특히 대일 무역 역조 문제가 심각하지 않았나.

해외 의존이 심한 것에 더해, 일본과 달리 한국은 내수를 희생하는 방식으로 수출 경제를 발전시켰기 때문에 그 의존 방식이 더 나쁜 형태였다. 1970년대 내내 한국 사람들이 겪은 것이지만 텔레비전이건 냉장고건 자동차건 한국 기업이 국내에 파는 것하고 외국에 파는 것의 가격 차이가 너무 심했다. 농민들에게 필수인 비료도 마찬가지였다.

왜 이렇게 국내 소비자의 희생 위에서 수출이 이뤄졌느냐. 이유는 간단하다. 국내 기업들이 국제적인 기업보다 싸고 좋은 상품을 만들기 어려웠던 것이다. 그러니까 국내에는 비싸게 팔고 외국에는 싸게 팔아야 경쟁을 할 수 있었다. 비료 가격을 보면 1970년 기준으로 톤당 2만 7,224달러였던 것으로 나와 있는데, 이건 일본보다 6,344달러가 비싼 가격이었다. 농민들의 희생이 얼마나 컸는가를 알 수 있다.

이렇게 내수 희생 위에서 수출이 이뤄졌다는 것도 문제가 심각한 건데, 중화학 공업을 다룰 때도 말한 것처럼 '일반 기계 공업의 수입 의존도가 대단히 높다. 그래서 한국 공업이 자립성이 약하다', 이것도 아주 심각한 문제였다. 제조업 전체에서 일반 기계의 비중이 1960년에 2.4퍼센트였는데 1980년에는 2.0퍼센트로 오히려 줄어들었다. 공작 기계가 중화학 제품에서 차지한 비중을 보면 1963년에 1.9퍼센트였던 것이 1981년에는 0.1퍼센트로 나와 있다. 산업용 기계가 차지한 비중을 보면 1963년에 3.2퍼센트였던 것이 1981년에 2.4퍼센트로 돼 있다. 이렇게 비중이 계속 낮아진 걸 볼 수 있다. 이런 가운데, 일반 기계 제품이 일본에 크게 의존하고 있었고 그로 인한 문제점이 당시 많이 지적됐다. 이건 공작 기계라든가 산업용 기계를 포함하더라도 마찬가지일 터인데, 그런 문제를 우려하는 목소리가 높았다. 예컨대 1978년 대일 무역 역조의 85퍼센트가 기계류 무역 역조로 돼 있다. 아울러 산업 기계 수입의 70퍼센트가 대일 의존이어서 한국의 중화학 공업은 일본에 종속될 가능성이 크다고 이 시기에 우려하는 것을 볼 수 있다.

— 실물 부문뿐만 아니라 금융 부문도 만만찮은 문제를 안고 있지 않았나. 대표적인 것이 오늘날까지도 논란이 되는 관치 금융 문제다.

금융 자율성 상실, 이것도 큰 문제로 지적됐다. 그야말로 관치 금융이라고 불리는 그대로여서, 우리가 IMF 위기 때도 그렇고 이런저런 국제 금융 위기를 만날 때마다 금융 허약이 큰 문제라는 지적이 나오지 않았나. 그런데 이게 박정희 정권 때, 특히 중화학 공업 시대에 그렇게 만들어진 것이다. 박정희 정권은 수출액 할당, 공장 용지 문제, 외자 도입 등 민간 경제에 대해 시시콜콜, 아주 구체적으로 간섭을 많이 했다. 기업 투자에 대해서도 마찬가지였다. 겉모습은 은밀한 형태를 띠고 있었지만 실제로는 명령이었는데, 가장 강력한 간섭 수단이자 정부 개입을 노골적으로 잘 보여주는 것이 금융이었다. 정책 금융 비중이 무려 80퍼센트나 된다는 것은 정권이 얼마만큼 금융을 통해 기업들을 통제하려 했는가를 잘 보여준다. 그뿐만 아니라 얼마만큼 금융 기관이 권력으로부터 억압을 받고 자율성을 상실했는가, 그리고 그것이 얼마만큼 자원의 합리적 배분이나 기업가 정신 같은 걸 저해했는가를 보여준다.

금융 시스템의 치명적인 약점이 이 시기에 만들어진 것이다. 정부가 지속적으로 금융권에 간섭하고 저금리를 강제로 유지하도록 해서 은행의 자생력, 경쟁력을 상실하게 만든 것이다. 그 때문에 금융 시스템이 계속 악화돼서 금융 산업 낙후가 20세기 끝까지 한국 경제에 많은 부담을 줬다고 박영구 교수는 분석했다. 이 점은 21세기에도 별로 달라지지 않지 않았나. 또한 박영구 교수에 따르면 대출 시장에서 의사 결정을 할 수 있는 기회가 금융 기관들에 충분히 주어지지 않았고 이것이 1970~1980년대에 은행들을 곤경에 빠뜨리는 한 원인이 됐다.

'강남 공화국'의 그늘…
폭등한 땅값, 투기 조장한 정부

— 한국 자본주의의 오늘을 상징하는 곳 중 하나가 강남이다. '강남 공화국'이라는 말이 많은 사람의 입에 오르내릴 정도다. 한적하던 강남을 오늘날과 같은 모습으로 바꾼 계기는 박정희 정권의 개발 정책이었다. 그러나 이 과정은 투기 확산과 뗄 수 없는 관계를 맺고 있었다. 복부인이라는 말이 이 시기에 유행

어가 될 만큼, 강남뿐만 아니라 전국 곳곳이 투기로 몸살을 앓지 않았나.

박정희 정권의 경제 정책에서 또 하나의 심각한 문제점은 투기가 굉장히 조장됐다는 것이다. 투기 성향이 이 시기에 아주 강하게 나타나게끔 하는 정책을 쓰지 않았느냐, 이런 비난을 아주 많이 받았다. 1970년대의 엄청난 물가 상승은 성장 잠재력을 억압하면서 비생산적인 경제 활동, 특히 투기에 의한 부의 축적 성향을 불러올 수밖에 없었다. 박정희 경제의 큰 폐해 중 하나가 부동산 투기를 방임했고 또 때로는 조장한 것 아니냐, 이렇게 볼 수 있는 것들이 많다. 박정희 정권 말년에 가서야 부동산 투기를 규제하지 않나.

부동산 투기 하면 강남 땅 투기, 아파트 투기 같은 게 한국인들한테는 저절로 떠오르는데 지하철 2호선도 원래는 순환선을 계획한 게 아니었다. 그런데 이걸 서울시장이 밀어붙였고, 한홍구 교수에 의하면 이를 반대한 어느 도시 계획 위원에게는 연락도 안 했다고 한다. 그래서 2호선이 강남을 관통하게 된 것이다.●

《주택은행 20년사》를 보면 1977년 하반기부터 아파트 건설, 농촌 주택 개량 사업이 활발해지면서 투기성 유휴 자금이 부동산 시장에 유입돼 1978년 초에 주택 경기가 최고조에 이르렀다고 쓰여 있다. 여기에는 강남고속터미널 주변에 정부가 아파트 단지를 조성한 것이 크게 작용했다. 1978년 잠원동, 반포동 일대 이른바 신반포

● 지하철 2호선은 본래 왕십리와 영등포를 잇는 노선으로 계획됐다. 이를 구자춘 서울시장 (재임 1974~1978)이 순환선으로 바꿨다. 2호선이 강남을 관통하는 순환선이 된 것은 강남에 많은 사람이 몰리게 만든 요인 중 하나다.

1970년대에 지어진 반포아파트(왼쪽),
한국맨션아파트 전경(오른쪽). 당시에
'아파트만 사두면 떼돈 번다'는 말이 엄청나게
돌았다. 그래서 유휴 자금이 아파트 시장으로
몰려 강남 토지 투기에 동원되었다.
사진 출처: 국가기록원

경제 성장

지구 아파트 건설 붐이 아주 거세게 일어나지 않았나. '아파트만 사두면 떼돈 번다', 이런 이야기가 엄청나게 돌았다. 그래서 유휴 자금이 아파트 시장으로 대거 몰려 강남 토지 투기에 동원되었다. 정부는 1978년 8월 8일에 가서야 '부동산 투기 억제 및 지가 안정을 위한 종합 대책'이라는 것을 발표했다. 이처럼 강남을 중심으로 한 투기라는 것이 어떤 식으로 일어났느냐 하는 것을 유심히 살펴볼 필요가 있다. 전에 중동 건설 이야기를 할 때 이러한 투기가 중동 건설의 영향을 받았다고 하지 않았나. 그런 점도 작용했다.*

— 부동산 투기와 관련해 이 시기에 세간을 떠들썩하게 만든 사건이 있다. 1978년에 터진 압구정 현대아파트 특혜 분양 사건이다. 정관계 고위 인사는 물론이고 비리를 감시해야 할 언론인들까지 대거 현대 측으로부터 뇌물성 특혜 분양을 받았다가 들통 난 사건이다. 박정희 집권기 한국 사회의 민낯을 드러낸 이 사건에 연루된 인사만 200명이 넘었다. 그걸 보며 수많은 서민들은 분노와 허탈감을 곱씹어야 하지 않았나.

이정우 교수가 쓴 글을 보면 박정희 정권 시기가 역대 여러 정권 집권기 가운데 지가 상승률이 제일 높은 것으로, 유난히 높다고 이야기해도 좋을 만큼 높은 것으로 나와 있다. 1963년에서 1979년 사이에 연평균 지가 상승률이 무려 33.1퍼센트나 됐던 것으로 나와

---

* 권력 핵심 인사도 강남 땅 투기 문제에서 자유롭지 못했다. 1970년대에 서울시 간부를 지낸 손정목의 책에는 당시 서울시 도시계획과장이 청와대 경호실장 박종규의 지시에 따라 강남 땅을 사고팔아 거액의 차익을 챙겨 정치 자금을 만든 이야기가 나온다. 박정희 후보와 김대중 후보가 맞붙은 1971년 대선을 앞두고 벌어진 일이다.

있다. 전두환 정권 시기인 1980년에서 1987년에는 14.9퍼센트, 노태우 정권 시기에는 17.7퍼센트로 나와 있는데 그것에 비해 월등 높다. 박정희 정권 시기였던 1963년에서 1979년 사이에 전국 지가 총액이 3.4조 원에서 329조 원으로 100배 가까이 폭등했다는 것이다. 그래서 앞에서 말한 33.1퍼센트가 나온 것이다. 이정우 교수는 이렇게 해석했다. "이러한 지가 폭등은 독재 정권의 저돌적 목표 달성주의, 수단과 방법을 가리지 않는 성장 지상주의, 실적주의가 개발 위주 정책으로 나타난 것이다."

이런 무조건적 개발주의로 전국의 땅을 파헤치고 길을 닦고 시멘트를 거기다 들이부었다. 호주 역사학자인 개번 매코맥 교수는 일본을 토건 국가라고 부르면서 이 토건 국가 속에 정경유착의 부패 구조가 자리 잡고 있다고 이야기했다. GDP에서 건설 부문이 차지하는 비중을 보면 일본이 경제협력개발기구OECD 국가 평균보다 높은데, 한국은 그런 일본보다도 높은 것으로 나오고 그랬다. 투기를 조장, 방관하면서 정부가 비용을 들이지 않고 개발하기 위해 한국을 투기 사회로 가게 한 것 아닌가.

그뿐 아니라 박정희 정권도 투기에 적극 나섰다. 강남 개발을 강력히 밀어붙이면서, 정치 자금을 마련하기 위해 서울시 도시계획 국장에게 자금을 줘 투기에 나서게 했다. 검찰을 비롯한 법조계, 모기관원, 힘이 좋은 부처의 관리들도 투기에 나섰다. 이들은 개발 관련 정부 기밀을 누구보다도 빨리 알 수 있었고 권력이 있었다. 건설업자도 투기성이 강했다. 모두 제정신이 아니었다. 그러면서 사회적 위화감이 극대화됐다.

서민 주택 정책은 제대로 자리 잡지 못한 속에서 이런 일들이 벌어지니, 아무리 근면하고 성실하게 일해 월급을 받아봤자 투기꾼들이 버는 돈과 비교해보면 정말 허망하기만 했다. 그 당시에는 아파트 한두 채만 전매하면 노동자들이 몇 년 저축한 것보다도 더 커다란 이득이 떨어지지 않았나. 아파트를 여러 채 갖고 있거나 토지를 좋은 데 사두면 평생 놀면서 부자로 살 수 있는 사회가 됐다. 요즘에도 장관 임명할 때 투기 문제가 항상 등장하지 않나.

투기성 경제와 연관성이 큰 것으로 소비 성향을 이야기할 수 있다. 이건 내수와 상관없는 문제다. 투기성이 강하다고 해서 내수가 좋아지는 건 아니지 않나. 1인당 GNP가 100달러를 겨우 넘어선 1960년대 중반부터 개발 경기에 편승한 고소득층이 생기면서 사치품 문제, 골프 문제가 발생했다. 1960년대에는 골프 치는 것이 욕을 많이 얻어먹었다. 1970년대 후반부터 고급 주택에다가 돈을 마구 쓰는 소비 패턴이 더욱 심해졌다. 이 시기에 룸살롱이 번성하면서 '사회가 타락하고 있다'는 개탄도 많이 나왔다. 그러다가 결국 1990년대 후반 IMF 위기를 맞으면서 '우리가 너무 낭비해왔다'는 반성이 많이 나왔지만, 투기 경제와 연결된 소비 풍조는 마치 한국인의 고유한 습성이 된 것처럼 쉽게 조정되지 않았다. 오랫동안 그랬다.

과다한 홍보·선전,
박정희 정부의 업적주의와 형식주의

—— 기초를 튼튼히 하고 내실을 다지지 않으면 경제가 한순간에 무너질 수 있음을, 한국인들은 IMF 구제금융 위기 때 뼈아프게 경험했다. 수치상으로는 IMF 위기를 극복했다고들 하지만, 위기가 와도 쉽게 무너지지 않는 강인한 체질로 경제가 다시

태어났는지는 의문이다.

1970년대에 기자들이라든가 경제 관련 인사들이 대만에 갔다 오면 많이 한 이야기가 있다. '대만은 과도한 홍보, 선전을 하지 않는다. 우리처럼 무지무지하게 발전해 이렇게 잘산다는 식의 얘기를 잘 안 한다. 오히려 그런 걸 감추면서 내실을 기한다. 우리도 그렇게 가야 하지 않느냐.' 1970년대에 기자들이 쓴 글 같은 것을 보면, 이런 점에서 대만하고 큰 차이가 있다고 하면서 박정희 정권의 홍보, 선전 정책을 비판하는 내용이 나온다.

5·16쿠데타를 일으킨 주역 가운데 박정희건 김종필이건 정보 장교가 많아 이들이 중앙정보부를 만들었다는 이야기도 하는데, 어쨌건 이 사람들은 쿠데타 직후부터 홍보, 선전을 굉장히 많이 했다. 1967년 선거 때도 보면, 성급하게 마이카 이야기도 나온다. 앞에서 한국 사회가 투기와 연관해 소비 사회로 가는 걸 이야기했지만, 너무나 겉에 치중하고 허세, 사치 풍조 같은 게 너무 심하지 않느냐는 비판이 많았다. 군사 문화의 중요한 특징 중 하나가 수치를 주로 담은 차트를 딱 놓고 설명하는 것과 같은 형식주의인데, 그런 형식주의라든가 관료주의, 관료와 기업체의 업적주의 같은 것들이 형식만 중시하는 허세적인 면과 연결되는 측면이 있다는 것이었다.

전에도 이야기한 것처럼 벼 수확량 같은 것을 정확히 확인할 수 없는 상황에서도 어떤 때는 그냥 몇 백만 석이 늘어나고 그랬다. 책상 위에서 늘어난 것 아니겠나. 누군가 그렇게 하라고 분위기를 만든 것 아니냐고 당시에 이야기하고 그랬다. 수출 목표나 성장 목표 달성을 위해 아주 강하게 채찍질을 하고 그러면서 경제 논리, 경제 현실을 무시한 채 목표를 채웠다. 심지어 다음 해에 수출할 것을 그해 안에 당겨서 수출하게 하는 것도 신문에 보도됐다.

이 문제는 텔레비전을 통한 선전, 홍보와도 관련 있었다. 이런 것들이 텔레비전 같은 것을 통해 '이렇게 우리 경제가 굉장하게 발전했다', 이런 선전으로 나가고 그랬는데 그것도 좀 허세적인 측면이 있지 않느냐고 이야기할 수 있다. 그런데 텔레비전에서 그런 걸 본 사람들 중에는 '우리 박 대통령이 정말 열심히 일한다', 이런 생각을 갖게 된 이들이 많은 것 같더라. 그러면서 그때 받은 인상이 계속 남아 21세기에 들어서 대선에 큰 영향을 끼쳤다. 이처럼 박정희 집권기에 있었던 과도한 홍보와 선전 부분에 대해서도 여러 가지로 생각해볼 필요가 있다.

정의롭고 정직하면 바보 되는 세상 만든 박정희식 성장 만능주의

── 그간 경제 개발과 관련된 문제를 짚으면서 대만과 여러 차례 비교했다. 이에 대해 대만 경제의 긍정적인 측면만 주목한 것 아니냐는 의문을 품는 이들도 있을 것 같다.

당시 대만에는 중소기업을 적극 육성하고 중화학 공업화도 재벌 중심으로 하지 않은 점, 부정부패를 철저히 추방하려 한 점, 물가 안정 및 농업과 공업의 연관 개발에 관심을 기울인 점 등 박정희 정권과 다른 것들이 여럿 있었다. 여러 면에서 좋게 볼 수 있는 대목 아닌가. 물론 1990년대 이후에는 양안 관계의 특수성 등 때문에 조금 다르게 볼 수 있는 면도 생기긴 하지만, 1970~1980년대에 한해서 보면 그런 주목할 만한 면이 분명히 있었다.

이제 박정희 집권 시기의 경제 정책, 경제 운용 문제들을 전반적으로 짚어볼 필요가 있다. 박정희 정권 시기의 경제에 대해 당시부터 천민 자본주의라는 비판이 많았다. 전에 내가 하향 평준화라는 이야기를 했는데, 이 시기 경제와 관련해서도 '도대체 이게 경제 논리에 따라 움직이는 것인가. 권력이건 기업주건 그렇지 않느냐', 이런 얘기를 들었다. 권력과 결탁하거나 권력의 비호를 받으면, 투기 같은 걸 잘하면 일확천금할 수 있는데 뭣 때문에 힘들게 일하냐는 이야기가 나올 수밖에 없게 만들었다. 강남 땅이나 서울 근교 땅을 1970년대에 사들였거나 아파트 몇 채를 끌어안으면 아무런 일을 하지 않고도 부자로 잘사는 사람이 많지 않나. 이래서 재벌이나 기업주들도 부동산 투기에 아주 적극적이었고 사업 못지않게 그런 쪽에 신경을 많이 썼다. 해방 직후에 친일파 청산을 못한 것이 한국 사회에 나쁜 영향을 끼친 것처럼 이런 천민 자본주의, 또 성장 제일주의나 성장 만능주의는 인간의 사고방식이나 의식을 바꾸는 데 큰 역할을 했다. 사회 가치관, 정의에 대한 관념, 성실의 개념 같은 것들을 바꿔놓았다.

천민 자본주의라는 비판을 많이 받은 박정희 집권 시기의 자본주의는 금융 특혜를 비롯한 각종 특혜, 정경유착, 온갖 이권 등이 말해주는 것처럼 경제 논리에 의해 움직인 것이 아니라 권력과 맺은 관계에 의해 좌우된 경우가 많았다. 그와 함께 기업주들에게 기업 윤리 의식이 있느냐 하는 것도 계속 문제가 됐다. 기업은 망해도 기업주는 잘산다든가, 미국 등으로 자금을 도피시켜놓는다든가, 부당한 방식으로 중소기업 영역에 침범하고 중소기업을 도산시킨다든가, 부동산 투기에 너무 깊숙이 개입돼 있다든가, 문어발 사업 확장을 한다든가 하는 비판을 끊임없이 받았다.

천민 자본주의 못 벗어난 '조국 근대화', 한국이 나아가야 할 목표 확립에 실패

── 이 시기 기업주들의 행태가 잘 드러난 사례 중 하나가 경제 쿠데타로 불리는 1972년 8·3조치 후 사채 신고 현황이다. 당시 사채 신고액의 3분의 1이 '위장 사채', 즉 기업주가 자기 기업을 상대로 사채놀이를 한 것이었다. 아울러 1979년 박정희 정권 몰락을 앞당긴 YH사건 역시 경영진의 자산 빼돌리기와 관련돼 있었다. 잘나가던 회사의 자산을 경영진이 해외로 빼돌린 후 노조를 탓하며 폐업 공고를 내면서 YH사건이 불거졌다. 경제 발전에 말 그대로 헌신한 다수의 노동자들이 고도성장의 과실을 공정하게 누릴 수 없었던 시대의 풍경이다.

여기서 우리는 박정희 대통령이 내세운 조국 근대화라는 말을 음미해볼 필요가 있다. 18년 동안 굉장히 많이 나온 말인데, 너무나도 뻔한 이야기지만 근대화라는 것은 정치의 근대화, 그러니까 자유와 인권, 민주주의의 진전, 그리고 사회 의식과 시민 의식의 성숙 같은 것과 함께 가야 한다. 그런데 박정희가 말한 조국 근대화라는 말은 사실상 경제 발전만 의미했다. 그 경제 발전과 관련해서도 성장 만능주의, 성장 제일주의에 매달렸다. 그렇게 성장 만능주의에 매달렸기 때문에 그 당시에도 물신 숭배라는 비판을 많이 받았다.

비이성적이고 비인간적인 반공주의와 결합한 정보 정치가 횡행하면서 정치는 찾아보기 어려웠고 쿠데타나 계엄, 긴급 조치와 같은 발가벗은 권력이 장기간 존속했다. 그러면서 '박정희 대통령이 너무 경제에만 빠져 있는 것 아니냐', 이런 비판이 많이 나오게 되니까 한때 대안으로 제시됐던 것이 제2경제였다.

그러나 당시 연설문 등을 보면 이 제2경제는 몇 번 언급돼 있을 뿐이고 그것도 그렇게 구체적인 내용이 들어 있지는 않다. 어쨌건 국민교육헌장 주입 같은 국가주의 교육에서 한국은 벗어나지 못했고, 제2경제와 관련해 정신문화원(한국정신문화연구원, 오늘날 한국학중앙연구원)이라는 게 만들어졌는데 그 정신문화원이라는 것도 유신 체제를 옹호하는 유신 정신 교육 센터에 불과하다는 비판을 들었다. 제2경제라는 것도 국가주의와 얽혀 유신 체제를 합리화하는 기능을 할 뿐이었고 단속, 탄압, 획일주의, 국가주의 같은 것들이 여기에서 많이 엿보였다.

고영복 교수는 박정희 대통령의 근대화, 산업화 이념이 한국의 사회 구조 형성을 제약했다고 보고 그 이유로 몇 가지를 들었다. 우선 사회의 자율성이 살아 있지 못하게 됐다는 것이다. 그리고 권위주의적 성격 구조의 유지, 강화에 기여했다고 지적했다. 또한 계층 구조를 왜곡했다고 비판했다. 이와 관련해, 자본 축적을 위해 수단과 방법을 가리지 않아 생활 방식마저 부박한 풍조에 물들게 했고 밀수, 탈세, 특혜, 투기 등의 부조리가 공공연하게 횡행하게 했다고

박정희 대통령은 1968년 신년 기자 회견에서 "조국 근대화 작업에 있어 외형적인 것, 즉 생산, 수출, 건설에 해당하는 부분을 제1경제라고 하고 정신적인 측면, 즉 근대화의 철학적 바탕에 대한 이해나 국민들의 올바른 마음가짐들을 통틀어 편의상 '제2경제'라고 불러본 것"이라며 제2경제가 중요하다고 말했다. 정신 측면의 후진성을 극복해야 한다는 주장이었다.

고 교수는 지적했다. 계층 상승은 개인 능력에 따라 이뤄지지 않고 현실을 교묘히 이용한 부정부패자에게나 가능했으며, 정직이나 성실이라는 건 무능력자를 가리키는 사회가 됐다는 것이다. 고 교수는 재벌이 끊임없는 불신과 증오의 대상이 된 것은 그러한 근대화 시책의 소산이며, 그러다보니까 결국 우리 사회의 목표 체계 확립에 실패했다고 지적했다.

박정희 망령 배회하는 한국,
박정희 향수가 대선 망쳤다

—— 박정희 집권기에 만들어진 한국 자본주의의 기본 틀은 박정희 대통령이 세상을 떠난 후에도 사라지지 않았다. 그것이 숱한 문제를 발생시켰는데도, 1990년대 이후에 박정희 신드롬이 나타나는 기이한 일이 벌어졌다. 여러모로 걱정스러운 현상이다.

박정희 집권기, 특히 유신 시기의 천민 자본주의나 박정희의 성장 만능주의, 성장 제일주의 곧 조국 근대화론은 한국 사회에 지우기 힘든 영향을 끼쳤다고 난 본다. 한국 사회를 불구로 만든 것 아니냐는 생각까지 들 때가 있다. IMF 위기 시기 이후에도 그런 현상이 있었고 2000년대에 국제 금융 위기를 맞이하면서도 그런 현상이 보였는데, 박정희가 다시 나타나면 한국 경제의 어려움이나 한국의 여러 난제가 해결될 것으로 생각하는 사람들도 있었다.

난 2007년 대선을 보고 정말 크게 놀랐다. 그 시기 한 후보가 여러 가지로 많은 의혹을 사고 있었고 그건 대통령의 자격과 관련

1967년 박정희의 가족들. 육영수, 박근혜(왼쪽 위), 박근영, 박지만의 얼굴이 보인다. 박정희 집권기의 천민 자본주의, 성장 만능주의, 성장 제일주의는 한국 사회에 지우기 힘든 악영향을 끼쳤다. 박정희 집권기에 만들어진 한국 자본주의의 기본 틀은 박정희 대통령이 세상을 떠난 후에도 사라지지 않고 이어지고 있다. 사진 출처: e영상역사관

해 중요한 문제라고 볼 수 있었다. 그런데 '그런 건 상관없다. 별 문제가 아니다. 한국 경제가 발전하고 성장만 하면 되는 것이고 그 후보를 당선시키면 그렇게 될 것 같다', 이런 분위기가 수많은 유권자를 휩쓸면서 의혹을 지워버리고 말더라. 그와 관련해, 대선에서 승리한 그 후보의 집권 후반기에 선대인경제연구소장 선대인이 이렇게 이야기한 것이 인상적이더라.

"지난 대선에서 우리는 박정희 코스프레를 한 이명박 대통령을 택했다. 이명박 정부는 4대강 사업을 중심으로 한 토건 경제, 부동산 거품 떠받치기에 올인한 부동산 거품 경제, 친재벌 경제, 인위적 고환율을 바탕으로 한 극단적 수출 의존 경제 등 박정희 경제를

고스란히 재현했다. 그 결과 지금 민생 경제가 살아났는가. 그런데도 이번 대선에서 여전히 박정희 향수에 젖어 투표한다면 한국 경제는 회복 불능 상태로 빠져들 것이라고 장담한다."

박정희의 딸 박근혜가 보수적 정당 후보였던 2012년 10월 선거 기간에 나온 글이다. 박정희 코스프레, 그러니까 박정희 흉내를 낸 후보를 택한 결과가 그렇다는 것인데 난 이것이 시사하는 게 있다고 본다.

아울러 이와 같은 성장 제일주의, 투기·특혜·정경유착의 천민 자본주의와 정치가 부재한 권력 지상주의는 박정희 추종 세력에게 영향을 끼쳐, 건강한 보수주의가 자라지 못하고 1987년 6월항쟁 이후에도 수구적 냉전 세력으로 퇴행·퇴화하게 했다. 이 점도 기억할 필요가 있다.

─ 한국 사회의 '작은 박정희들'은 이명박 전 대통령 한 사람만이 아니다. 박근혜 대통령도 빼놓을 수 없다. 4대강 사업 등에서 단적으로 드러난 것처럼 '작은 박정희들'을 택한 대가를 한국 사회가 톡톡히 치르고 있다는 생각이 든다. 박정희 정권 18년을 제대로 이해하고 '작은 박정희들'의 유혹에 넘어가지 않는 것이 중요한 과제일 수밖에 없는 이유다.

박정희 집권 시기 경제적 결함을 여러 가지로 지적했는데, 그 결함이 크다 보니까 그것이 마치 체질처럼 돼서 수정할 방법을 찾기가 힘들게 됐다. 예컨대 과도한 해외 의존이라든가 내수 시장 빈약, 경제력이 소수에게 과도하게 집중된 재벌 중심 경제, 부동산 투기 등에서 볼 수 있는 투기성 경제, 타율적 금융, 노동 통제 같은 것들을 마치 당연한 것처럼 여기는 사회에서 우리가 살게 된 것이다. 문제가 있는 경제에서 수십 년 동안 살다보니까 잘못된 것을 오히려 자연스럽게 느끼는 사람도 많아졌다.

그걸 대폭 수정하겠다고 나서면 오히려 선거에서 크게 외면받을 수 있는 상황이 돼버렸다. 2007년 선거 같은 것이 하나의 예가 될 수도 있을 텐데, '성장 제일주의에서 벗어나는 방향으로 우리 경제를 크게 수정해야 한다. 고통을 같이 감수하자. 힘들지만 그렇게 해야 한다', 이러한 주장이 나와야 우리 사회가 변할 수 있을 텐데, 유권자로부터 외면받을까봐 아무도 그러한 호소를 하지 못한다. 금융 위기 등 국제 경제에 큰 위기가 올 때마다 '이건 참 큰 문제다', 이렇게들 이야기하면서도 그것을 넘어서면 또 '이제는 뭐~' 하면서 잘못된 관행, 과거의 경제 모습에 그대로 안주하는 상태다. 정말 큰 위기가 와야 정신을 차릴 것 아니냐고 이야기하는 사람도 있는데, 그렇게 되면 그건 정말 큰 문제이지 않나.

현재 한국 경제를 지탱하고 있는 전자, 자동차 같은 것에서 큰 부분을 차지하는 재벌 기업이 미국의 GM, 일본의 소니, 핀란드의 노키아처럼 되지 않는다는 보장이 없다. 이것과 관련해, 한때 세계의 핸드폰 시장을 지배했던 노키아로 유명한 핀란드의 전직 대통령 그리고 총리가 한 이야기들을 생각해볼 필요가 있다. 그 부분을 짧게 언급하는 것으로 이 부분을 마무리하자. 2014년 10월에 핀란드 전직 여성 대통령인 타르야 할로넨이 뭐라고 했느냐 하면, "대형 기업 한두 곳에 집중한 것이 우리의 실수였다. 지금은 중화학 산업에서 콘텐츠와 네트워크 산업, 그리고 중소기업에 집중하고 있다", 이렇게 얘기했다. 또 같은 해 11월에 방한한 핀란드 현직 총리는 창의성 있는 중소기업을 키우겠다는 이야기를 했다.

박정희 독재와 경제 발전 둘러싼 논쟁과 종속론·사회구성체론에 대한 새로운 이해

경제 성장, 열일곱 번째 마당

박정희 독재로 경제가 발전해 민주화 이룩?
민주주의와 자유는 투쟁으로 쟁취됐다

김 덕 련 경제 발전과 민주화의 관계는 학계는 물론이고 신문 칼럼 등에서도 심심찮게 다루는 주제 중 하나다. 이와 관련해 '경제 성장 →중산층 창출 및 확산→민주화'라는 주장을 도식처럼 적용하는 경우가 적지 않다. 문제는 이런 도식 자체가 역사를 역동적으로 이해하는 데 도움이 되지 않을 뿐만 아니라, 위험한 방향으로 역사를 왜곡하는 데 쓰이기도 한다는 것이다. 예컨대 '경제를 발전시킨 박정희 덕분에 민주화가 이뤄졌다'는 이상한 결론을 내는 데 활용되기도 한다.

예전에 유력 수구 언론이 게재한 어느 칼럼의 필자도 이런 논리를 편 적이 있다. 한때 급진적인 운동권이었다가 뉴라이트로 전향한 그 칼럼 필자는 "박정희 시대는 '민주화의 암흑기'가 아니라 '민주화를 위한 사회경제적 기반 조성기'였다"고 주장했다. "경제 발전을 통해 중산층이 두꺼워지고 도시화가 진전되어야 경제적 자유에 대한 욕구가 상승해 자유민주주의의 진정한 발전을 가져올 수 있"는데, 박정희 집권기에 바로 그 경제 발전이 이뤄졌다는 것이다.

그러나 이런 논리는 결과로 나타난 몇몇 수치에만 주목하고 그 과정에서 수많은 사람이 겪어야 했던 고통의 문제를 직시하지 않은 점, 경제 관련 수치가 나아진다고 해서 민주주의가 저절로 이뤄지는 것이 아니라는 점 등을 고려하지 않았다는 비판을 받았다. 물론 그 칼럼 필자는 "권위주의 통치 기간에 일어난 인권 유린마저 정당화하자는 것이 아니다"라는 단서를 달긴 했지만, 위험한 논리라는 본질은 바뀌지 않는다는 생각이 든다. 그 논리대로라면 1980

년 5월 광주를 피로 물들인 전두환 세력 역시 민주화에 기여했다는 위험한 결론이 나올 수 있다는 점도 큰 문제다. 전두환 집권 중후반기에 국제적인 여건이 변하면서 3저 호황을 누린 결과 경제 관련 수치가 호전됐다는 것에 주목해 '경제 성장→중산층 창출 및 확산→민주화' 도식을 적용하면 그런 결론이 나올 수밖에 없다는 생각이 든다. 이 문제, 어떻게 보나.

서중석 박정희 독재로 경제가 발전해 민주화가 가능하게 됐다는 주장은 개발 독재론과 일맥상통하는 점이 있다. 박정희 대통령이 가장 극단적으로 반공, 반북 캠페인을 벌였던 유신 체제 하에서 경제 발전이 이뤄졌기 때문에 통일의 길이 열렸다거나 전두환·노태우의 민주화 의지가 1987년 6·29선언으로 나타났다는 주장처럼 그야말로 본말이 전도된 억설이고 궤변이고 견강부회의 억지 주장이다.

'히틀러·나치가 경제 발전을 이룩한 것이 민주주의 발전을 가져왔다', 나는 그런 주장을 들어본 적이 없다. 장개석(장제스) 독재로 경제 발전을 이룬 것이 대만에 민주주의를 가져왔다? 프랑코 독재가 경제 발전을 통해 스페인에 민주주의를 가져왔다? 그런 주장을 들어본 적도 없지만, 그런 소리를 했다가는 대만이나 스페인에서 정신 이상자로 손가락질을 받지 않을까 싶다. 그런 주장은 궤변의 수준에도 못 미친다.

해방 후 한국인은 어떤 면에서는, 또 어느 시기에는 정치적으로 굉장히 높은 수준을 보여줬다. 예컨대 정권 차원의 간섭, 탄압, 부정 선거 같은 식으로 이승만 정권이 선거에 깊숙이 개입하기 이전에 치러진 1948년 5·10선거, 1950년 5·30선거는 그 이후 선거와 비교하면 상대적으로 부정이 많이 발견되지 않고 유권자의 정치 의식이 상당한 수준으로 반영된 선거였다. 제헌 국회는 결코 수준 낮은 국회가 아니었다. 2대 국회는 상당히 수준 높은 국회라는 이야기를 많이 들었다. 그런데 그 이후 이승만 정권이 부정 선거를 하도 많이, 그것도 아주 심하게 치르다보니까 그런 것들이 달라진 것이다. 그러니까 민주주의는 그전에 이미 될 수 있었던 것이고, 그것을 할 능력도 한국인들에게 있었던 것이다. 그걸 다 보여준 것이다.

개발 독재론자들도 박정희 독재로 경제 발전이 이뤄졌다고 주장한다. 그런데 박정희 독재로 경제가 발전해 민주화가 가능하게 됐다는 주장이 얼마나 말도 안 되는 억설이고 궤변인지는 1963년에서 1972년, 그러니까 박정희가 유신 쿠데타를 일으키기 전에는 여러 가지 문제가 있긴 했지만 민주주의의 기본적인 룰이 큰 틀에서 지켜졌다는 점에서도 알 수 있다. 이때도 한국 경제가 빠르게 성장했다. 그런데 '이 시기 민주주의가 오늘날 이명박·박근혜 정권보다 뒤떨어져 있었다', 이렇게 얘기할 만한 구체적인 게 별로 없지 않나. 그와 비슷한 것이다. 뉴라이트들이 이런 사실을 무시하고 유신 체제의 박정희를 옹호할 생각만 하다 보니까 그런 궤변이 나오는 것이다.

난 이것(유신 쿠데타 이전과 이후)은 구별해서 봐야 한다고 본다. 거듭 말하지만 제3공화국이라고도 부르는 1963년에서 1972년에는 민주주의 룰이 큰 틀에서 지켜졌고 그 점은 이명박 정권, 박근혜 정권하고 질적인 면에서 별 차이가 없었다. 그런데 그런 민주주의의 기본적 룰이라고 할까, 민주주의 헌법 체제를 유린하고 박정희 대통령이 개인의 권력 욕구로 군대를 사병처럼 동원해 쿠데타를 일으켜 1인 유신 체제를 만든 것 아닌가. 유신 체제는 박정희만의 체제

1972년 12월 27일 유신 헌법에 의해 박정희가 제8대 대통령이 되었다. 박정희는 민주주의 헌법을 유린하고 자신만의 유일 체제를 만들었다. 박정희 말고는 아무도 유신 체제의 대통령이 될 수 없었다. 사진 출처: e영상역사관

였다. 그야말로 박정희만의 유일 체제였다. 박정희 말고는 아무도 유신 체제에서 대통령이 될 수 없었다. 나중에 나타나는 전두환·신군부 체제는 그런 유신 체제를 이어받았지만 그것을 변형한 것이었다.

── 박정희 집권기 중 유신 체제로 한정해서 보면 어떠한가.

유신 체제가 경제 발전에 필수적이었는가는 유신 체제와 관련해서 따로 상세히 얘기할 생각이다. 경제 불황이 크게 작용해 1979년 부마항쟁이 일어났고, 그래서 김재규가 유신의 심장에 총을 쏴

1972년 12월 27일 국무총리 김종필이 유신 헌법을 공포하고 있다. 사진 출처: e영상역사관

박정희 유신 체제가 붕괴한 것 아닌가. 그동안 내가 유신 체제 시기 경제 발전의 성격이 어떠했는가를 여러 가지로 설명했지만, 내가 알기로는 사실 박정희 대통령 측근들 중에도 그렇게 이야기한 사람은 소수다. 박정희도 그런 주장을 하지 않았다. 박정희 대통령의 연설문, 담화문을 읽어봐도 그런 내용이 안 나온다. 그리고 박정희 대통령이 3선 개헌까지만 하고, 그러니까 1975년까지만 집권하고 김종필이든 김대중이든 다른 사람이 1975년에 집권해 정책을 폈더라면 박정희 정권에서 좋은 면은 계승하고 중화학 공업도 발전시켰을 것이고 그러면서 잘못된 것은 수정하면서 더 바람직한 경제 발전으로 나아갈 수 있었을 것이라고 본다. 이런 면은 또 어떻게 설명할 것인가. 이 점은 아주 중요하다고 본다.

아울러 박정희 유신 체제, 전두환·신군부 체제에 협력한 자들, 그 밑에서 권력이나 부를 챙긴 자들이나 언론, 이자들은 지금도 민주주의, 인권, 자유를 탄압하고 있거나 그런 것들과 대립적인 행동을 하고 있지 않나. 1987년 6월항쟁으로 어쩔 수 없이 굴복해 6·29 선언을 하고 민주주의를 인정하긴 했지만, 이들은 아직도 유신 체제 같은 것에 대한 미련을 버리지 못했다는 이야기를 듣고 있지 않나. 그런 면에서도, 박정희 독재로 경제 발전이 이뤄져 민주화가 가능했다는 주장을 하는 자들은 정말 이상한 사람들이다. 그러면 왜 지금이라도 더 나은 민주주의를 하려고 노력하지 않나? 왜 인권이나 언론 자유 같은 것을 중시하지 않나? 왜 지금도 잘못된 권력에 아부하고 기득권을 챙기려 하나?

거듭 이야기하지만 유신 쿠데타가 일어나기 전의 한국 상황을 보면 당시 한국인은 민주주의를 유지, 발전시킬 수 있는 정치 수준을 갖추고 있었다. '민주주의를 유지, 발전시킬 수 없는 나라였다. 민주주의를 발전시킬 수 있는 정치 수준을 갖췄다는 증거를 1963년에서 1972년의 어떤 것에서도 찾아낼 수 없다. 한국인은 민주주의를 운영할 능력이 없다. 그래서 유신 쿠데타가 일어난 것이다', 이렇게 얘기하는 사람은 지금까지 본 적이 없다. 박정희 대통령도 한 번도 그렇게 얘기하지 않았다. 그리고 1979년 10·26이 난 후 일반 시민은 물론이고 고위 군인들이건, 물론 전두환·신군부 쪽은 다르지만, 최규하 정부건 유신 체제는 한 사람한테만 맞는 옷이니까 이제 바꾸겠다고, 민주화 쪽으로 가겠다고 하지 않았나. 경제가 발전했기 때문에 민주화로 간다는 이야기를 한 사람이 아무도 없다. 그렇게 설명할 방법이 없다. 그 시기에 경제가 아주 나쁘지 않았나.

그야말로 어불성설인데, 1980년 서울의 봄을 뺏은 자들, 쿠데타로 다시 민주주의를 뺏은 자들이 누구인가. 왜 지금도 그자들은 민주주의를 위기에 빠트리고 있고, 민주화에 희생적으로 헌신한 사람들을 헐뜯고 있나. 민주주의와 자유는 오로지 투쟁에 의해 쟁취됐다는 것을 우리의 민주화 운동사는 생생히 보여주고 있다.

1970~1980년대 비판 이론의 문제점과 진보 세력이 성찰해야 할 점

— 다른 문제를 짚었으면 한다. 1990년대 중후반에 박정희 신드롬이 일어났다. 그 후 일부 진보 인사들이 박정희 재평가가 필요하다는 이야기를 하기도 했다. 그런데 이런 현상은 1970~1980년대의 비판 이론(민족 경제론, 종속 이론, 마르크스주의 등)이 한국 사회에서 힘을 잃은 것과 닿아 있다는 생각이 든다. 예컨대 '박정희 정권의 경제 개발 방식은 미국과 일본에 대한 종속을 심화시키고 결국은 경제적으로 파탄에 이를 것이라고 생각했는데, 1980년대 이후 한국 경제는 그렇지 않았다. 세계 경제에서 더 위쪽으로 올라갔다. 이걸 어떻게 이해해야 하는 건가' 같은 의문이 커진 것과 무관하다고 보기 어렵다. 그 와중에 중진 자본주의론, 식민지 근대화론 등이 퍼지고 뉴라이트가 목소리를 높이는 일도 생겼다. 이 문제를 어떻게 생각하는지 궁금하다.

과거 박정희 경제에 대한 비판 세력의 논리가 설득력이 약해진 것이 뉴라이트가 기승을 부리는 데 일조했다는 점은 나도 인정할 수 있다고 본다. 그런데 그것보다도 뉴라이트나 수구 냉전 세력이 1980년대 이후 현대사 연구 진전에 크게 불만을 품고 불안감을 느껴서 나름대로 근현대사에서 자신들의 논리를 만들어낸 데 비해, 진보 세력은 현대사 인식이 1980년대 수준에서 별반 나아진 것이 없고 공부를 하지 않고 무사안일로 지냈던 것을 주목할 필요가 있다. 그것이 뉴라이트 논리가 일부 층에 먹혀들어갈 수 있는 소지를 만들어준 것이다. 이게 훨씬 더 심각하고 두려운 현상이다.

박정희 경제에 대한 최초의 체계적인 비판은 종속론에서 나왔다. 매판 자본을 비판하고 해외 자본에 예속되는 것을 견제하는 주장은 한일 회담 반대 투쟁 때부터 나왔다. 그 후 유신 체제 중후반기에 중화학 공업화가 이뤄지면서 자본, 시장, 기술 측면에서 해외 의존도가 급속히 심화되자 중남미 연구자 및 제3세계 연구자들 사이에서 강력한 발언권을 가지고 있던 종속론을 한국 현실과 연결해 논리를 전개한 것이다.

독점 자본이 국내 시장과 산업 관련성이 약하고 대외적인 예속성이 대단히 강해 몇몇 재벌에 경제력이 극도로 집중되고 독과점 현상이 뚜렷하게 나타나고 그와 함께 산업 내부에서 중층적 분업을 갖게 하는 중소기업이 몹시 취약한 것에 대해, 이러한 종속론은 적절한 비판을 제기했다. 그렇기 때문에 산업 구조 전반을 재편성해야 한다는 논리를 폈는데, 이것도 아주 설득력이 있었다고 본다. 박정희 경제 정책을 탁월하게 비판한 변형윤·정윤형·전철환·이경의 교수 같은 분들은 실물 경제에 밝았다. 이들을 광의의 종속론자라고도 볼 수 있지만, 자신의 주장을 펴는 데 종속론을 활용한 측면이 강했다.

그런데 속류 종속론자들은 경제의 종속성이나 자본가의 매판성을 지나치게 강조하면서 민족 경제나 내포적 경제 발전을 강조했고, 민족 경제나 내포적 경제 발전에 대해서도 세계의 변화를 객관적으로 인식하지 못하고 편협하게 해석했다. 문제는 이런 속류 종속론이 한때 강세를 보였다는 것이다.

그러나 구해근 교수 등이 큰 틀에서는 종속론을 원용하면서도 한국의 현실은 중남미 등과 크게 다른 점이 있다고 지적한 것을 눈여겨봐야 한다. 내 생각에 한국은 중남미와 크게 다르다. 난 종속론이 제기될 때부터, 우리는 중남미와 여러모로 다르다는 생각을 많이 했다.

— 그렇게 판단한 근거는 무엇인가.

종속론과 연결해 많이 이야기한 것이 중남미 경제가 미국, 그 이전엔 영국이 될 텐데, 어쨌건 그런 데에 종속돼 있다는 것이었다. 그 근거 중 하나는 직접 투자, 그러니까 미국인을 가리키는 양키라든가 다른 자본가들이 이 지역에 직접 투자를 많이 한 것이었다. 지하자원 개발, 커피 농장이나 과일 농장 같은 농작물 부문, 제조업, 서비스업 이런 데에 투자를 많이 했다. 중미에 있는 조그마하고 힘없는 나라들의 경우 미국인 과일 농장 주인이 대통령도 마음대로 갈아 치운 역사까지 있지 않나.

이와 달리 한국은 직접 투자할 대상이 별로 없는 나라였다. 지하자원이나 농작물에 투자할 것도 별로 없었고, 제조업이나 서비스업에 투자하는 것도 제한적이었다. 그래서 대개 차관으로 많이 들어왔고, 직접 투자 액수는 얼마 안 됐다. 박정희 정부는 물론 그 이후 정부도 직접 투자를 많이 장려했지만, 오랫동안 그 액수는 그렇게 많지 않았다. 이와 관련해 외국인들이 왜 직접 투자를 하지 않으려고 했는가를 알아야 한다. 직접 투자를 하기에는 한국을 너무 모른다는 것도 작용했다. 한국인들의 특성 같은 것을 잘 알아야 하는데 그걸 잘 몰랐던 점도 있었다. 하여튼 종속론과 관련 있는 것 중 하나가 직접 투자 부분인데, 한국과 중남미는 이 문제에서 여러모로 달랐다.

그리고 한국은 역사, 문화, 환경이 중남미하고 아주 다르다. 멕시코에 처음 갔을 때 많이 놀랐다. 브라질이라든가 아르헨티나 같은 그 지역의 여러 나라를 보면서도 또 놀랐다. 그 지방 주민들은 한국, 중국, 일본, 대만 이쪽 사람들하고 기질이 다르다. 한국이나 일본 사람들은 서양 사람들하고도 다르다고들 하지 않나. 서양 사람들이 일본 사람, 한국 사람에 대해 '저 사람들은 이코노믹 애니멀 economic animal 아니냐. 일을 위해 사는 건지, 아니면 인간답게 살기 위해 돈을 버는 건지 도대체 어느 쪽인지 모르겠다', 이런 이야기를 하지 않았나. 그런데 중남미는 그것하고 또 다르다. 인생을 즐기면 되는 것 아니냐는 것으로, 우리처럼 뼈 빠지게 일한다는 관념하고는 다른 것 같다는 생각이 많이 들더라. 이건 역사, 문화, 환경이 다르기 때문이다.

아울러 중남미에선 한국과 달리 토지 개혁이 안 됐다. 또 한국인은 교육 수준이 높고 근면하고 성취욕이 강하며, 사회 전반적으로 평준화가 돼 있다는 점도 달랐다. 그와 함께 전후 미국에게 있어 한국과 대만은 소련과 중국을 막는 반공의 보루, 최전선이었다는 점도 중요하다. 미국이 볼 때는 자원 문제와 좁은 의미의 경제적 이해를 넘어서는 굉장히 중요한 전략적 지역이었던 것이다. '이 지역이 경제적으로 안정돼야 한다. 이 지역에 경제 발전이 필요하다',

이건 미국으로서는 아주 중요한 문제였다. 거기다 베트남전쟁까지 있지 않았나.

종속론에서 설득력 있는 부분을 앞에서 얘기했는데, 몇몇 재벌한테 국가의 운명을 맡긴다는 건 정말 너무나 두려운 일이다. 그런 점에서 볼 때 한국 경제의 종속적 성격을 연구하고 비판한 경제학자들이 전개했던 큰 줄기는 오늘날에도 살아 있고, 우리가 그 문제를 해결하기 위해 노력하지 않으면 안 된다고 본다.

한국 사회를 풍미한
사회구성체론에 문제 많다

— 종속론 이외의 다른 조류에 대해서는 어떻게 평가하나. 다른 조류들 중에서도 특히 사회구성체론은 1980년대 중후반에 큰 영향을 끼쳤다는 점에서 짚고 넘어가야 할 사항이다.

종속론과도 관계가 있고 사회구성체론과도 관련이 있는 이매뉴얼 월러스틴의 세계체제론의 영향도 받고 그랬다. 일부에서 이 주장을 했는데, 이것은 한국을 자본주의 세계체제의 하위 경제 체제로 봤지만 구체성이 결여돼 있었다. 뭐가 문제인지, 그래서 어떻게 하자는 것인지가 막연했다. 그래서 그랬겠지만 별로 영향력이 없었다.

문제는 사회구성체론에 크게 있었다고 난 본다. 1984~1985년경에 종속론을 주장하던 이들 중 일부 학자들이 사회구성체로 우리 근현대사를 설명하자마자 이게 순식간에 진보적 지식인·학생 사회를 풍미했다. 학계를 뛰어넘어 운동권으로 퍼진 것이다. 1985년 2·12총선 이후 운동권이 크게 활성화되는데, 1986년에는 NL-CAPD로 운동권이 나뉘지 않나. 학생 운동권뿐만 아니라 다른 부문에서도 두 쪽으로 나뉘었다. 그런데 여기에 사회구성체론이 아주 큰 영향을 끼치게 된다.

큰 틀에서 보면 사회구성체론도 두 개로 나뉘었다. 1930년대에 일본 강좌파-노농파 논쟁에서 한국인 학자들이 큰 영향을 받은 것처럼, 사회구성체론이 시작되는 데에도 일본인 학자들의 영향이 컸다. 이 논리는 극도의 추상성을 갖고 있었다. 아마도 이런 극단의 추상성이 한국인의 기질에 맞아떨어진 측면이 있는 것 아니냐, 그렇게 생각되는 측면도 있다.

사회구성체론을 주장하는 학자들은 4월혁명이건 유신 체제건 1980년 5·17쿠데타건 모두 국가독점자본주의 같은 것으로 설명했다. 사회 성격도, 역사적 사건도 그러한 자본 논리로 그 당시에 설명했다. 그래서 각 사회의 차별성, 역사적 사건의 차별성 같은 것을 인식하기가 힘들다. 다 국가독점자본주의 같은 것에 의해 그렇게 이뤄져 있다는 식의 설명인데, 분명히 차별성이 있는데도 이렇게 설명하면 처음에는 근사하게 보일 수도 있지만 설득력이 없다. 그야말로 새로운 형태의 경제 결정론이었다.

— 한국 자본주의의 여러 문제를 극복할 방안을 모색하던 이들에게 사회구성체론이 어떤 영향을 끼쳤다고 보나.

농업의 지주-소작 관계를 강좌파는 '반#봉건적 생산관계'로 여긴 것에 반해 노농파는 '자본제적 관계'로 분석했다.

구체성이 극도로 빈약한 것이 사회구성체론의 제일 큰 특징이었다. 당시는 일제 시기 연구도 빈약했지만 특히 해방 후 현대사는 연구가 거의 이뤄지지 않았던 때다. 본격적인 연구가 막 시작될 무렵 이 사회구성체론이 등장한 것이다. 그러다보니까 구체성이 결여된 채 추상적으로만 설명했다. 이 당시 국가에 관한 규정도 미국인 학자나 마르크스주의 이론가들의 주장을 그대로 도입했다.

운동권이 PD, NL로 갈리고 사회구성체론도 큰 틀에서 두 편으로 갈렸는데, 그때 내가 어떤 후배와 상당히 오랫동안 논쟁을 하면서 '참 신기하고 재미나다', 그런 점을 느꼈다. 그 후배는 신식민지 반半봉건 국가독점자본주의 주장을 펴더라. 그 근거로 1960~1970년대 한국 사회에 소작농이 많았다는 것을 역설했다. 그 소작농이 일제 시기의 소작농하고 전혀 다르다는 것을 아주 구체적으로 설명해도, 이 후배한테 먹혀들지 않았다. 상대방이나 일반 국민을 설득하려는 것이 아니라 자신의 신념을 역설하려는 것이더라.

결국 현실적으로 설득력이 떨어지고 운동권도 약해지면서 사회구성체론은 어느 논리보다도 맥없이 사라졌다. 문제는 그것에 있는 것이 아니라, 이것이 운동권에 아주 큰 어려움을 던져줬다는 점이다. 운동권 사람들이 정신적으로 아주 피폐해졌고 허탈감이라고 할까, 무력감 같은 걸 갖게 됐다. 그러면서 운동권에서 새로운 사고의 지평을 열려고 하지 않는 자폐적 분위기를 조성하지 않았느냐는 생각도 든다.

독재가 없었으면 경제 발전도 없었다?
허점투성이 개발 독재론

경제 성장, 열여덟 번째 마당

김 덕 련 박정희 독재로 경제가 발전해 민주화가 가능하게 됐다는 주장은 개발 독재론과 일맥상통하는 점이 있다고 지난번에 지적했다. 개발 독재론을 어떻게 평가하나.

서 중 석 개발 독재론은 1990년대에 들어서 세를 얻기 시작했다. 태국 등 동남아 학자에 더해 싱가포르 정치인도 여기 가담했다.* 개발 독재론은 일부 일본인도 주장했는데, 종속론과 달리 개발 독재론을 주장하는 한국 학자들은 '내가 누구의 개발 독재론을 받아들였다'는 전거를 달지 않는 게 특징이다.

아시아의 '네 마리 용'(한국, 대만, 싱가포르, 홍콩)이 굉장한 경제 발전을 하자, 이걸 어떻게 설명할 것인가를 두고 백인이나 황인들 일부에서 유교 자본주의론, 또는 토지 개혁 같은 것이 제기됐다고 전에 얘기하지 않았나. 그러한 주장과 함께 또 하나 등장한 것이 개발 독재론이다.

원래 이 논리는 독재를 경제 발전에 필요한 것으로, 긍정적인 것으로 본다. 그렇기 때문에 한국의 개발 독재론자들도 이러한 영향을 안 받을 수가 없었다. 이게 아주 심각한 문제점이다. '한편으로 박정희 경제 또는 박정희를 비판한다고 이야기하지만, 오히려 그걸 긍정적으로 보는 또는 보게 만드는 것 아니냐. 대단히 애매하다'는 비판을 들을 수 있었다.

● 리콴유 전 싱가포르 총리를 말한다. 리콴유는 마하티르 모하마드 전 말레이시아 총리와 더불어 개발 독재를 옹호한 대표적인 아시아 정치가다.

허점투성이 개발 독재론의 위험성

—— 독재가 경제 발전에 필요하다는 주장은 매우 위험할 뿐만 아니라, 세계 여러 나라의 역사와 부합하지 않는다는 생각이 든다. 장기 독재가 있었지만 제대로 된 경제 성장과는 거리가 먼 길을 간 국가도 많지 않나.

개발 독재론은 한국하고 대만 등 몇 나라에만 적용이 가능하다면 가능하다. 중남미나 아랍 이런 데는 전혀 상황이 달라서, 아무리 권위주의 통치 곧 독재를 해도 경제가 발전하지 않았을 뿐만 아니라 도리어 그 군부 독재 때문에 경제가 망했다. 그래서 종속론에서는 이런 개발 독재 이야기가 별로 안 나온다. 종속론 주장과 상관없이, 칠레의 경우 아우구스토 피노체트 집권기(1973~1990)에 좀 성장한 때가 있다. 이 시기의 군부 독재자 중 아주 드문 사례라고 볼 수 있다. 그렇지만 그 당시 학자들은 이것을 개발 독재론으로 설명하지 않더라. 신자유주의라든가 다른 요인으로 설명한다.●

개발 독재론자들은 같은 동남아시아라고 하더라도 미얀마처럼 지독하게 독재가 심했던 나라에서는 왜 경제가 발전하지 않았는가를 설명하지 않는다. 그들은 한국, 대만, 싱가포르 등에 대해서도 왜 이런 나라들에서만 경제 발전이 이뤄졌는가, 이런 나라들이 왜 성공했는가를 정확히 해명하려 하지 않는다. 물론 난 이 나라들의

● 1973년 쿠데타로 살바도르 아옌데 정부를 무너뜨린 아우구스토 피노체트는 '시카고 보이스'(미국 시카고대학 경제학과의 대부이던 밀턴 프리드먼이 키워낸 칠레 경제학자들)를 중용했다. '시카고 보이스'는 신자유주의 원리를 앞세워 칠레 경제의 틀을 급속하게 바꿨다.

경우도 그렇게 성공으로만 보지는 않지만, 하여튼 개발 독재론자들은 자신들의 입맛에 맞춰 필요한 부분만 이용하고 있다. 일본에서 개발 독재론이 한때 인기를 끌었는데, 이건 자국의 뒤를 따라오려는 한국, 대만, 싱가포르 같은 지역 주민들의 능력을 인정하지 않으면서도 이 지역에서 이뤄진 경제 발전을 적당히 설명하는 데 개발 독재론이 유효한 것으로 봤기 때문이라고 난 생각한다. 그래서 난 한 자리에서 일본인한테 '그러면 일본의 천황제 파시즘이 일본 경제를 발전시켰다고 한다면 그걸 긍정적으로 볼 수 있느냐. 그렇게 단순화해서 볼 수는 없는 것 아니냐'고 반문했다. 기분 나빠하더라.

사실 개발 독재를 주장하는 태국 등의 외국인 학자들은 한국 상황을 잘 모른다. 전에도 이야기한 것처럼, 유신 체제 이전의 한국 사회와 유신 체제 시기의 한국 사회는 민주주의에서 질적으로 다르지 않나. 그런데 개발 독재론을 펴는 사람들은 그걸 잘 모른다. 그뿐 아니라 유신 체제 이전 시기에 한국에서 경제 발전이 많이 됐다는 것 등 다른 여러 상황도 잘 모른다. 또 대만이 중화학 공업 시기로 들어가는 1972년경부터 장경국(장징궈)이 세를 얻으면서, 점진적이지만 독재가 완화되고 양안 문제 같은 것도 풀어나간 것들에 대해서도 눈감는다. 다시 말해 외국의 개발 독재론자들은 자기들에게 필요한 몇 가지만 인용하는 방식이다.

문제는 한국 학자들이다. 유신 독재를 인정하는 것도 문제이지만, 이 사람들은 자신들의 논리를 이끌어가기 위해 '유신 체제와 그 이전의 정치가 별 차이가 없다. 차이가 있더라도 다 개발 독재로 설명할 수 있다'는 식의 도무지 이해가 안 되는 주장을 하고 있다. 한국인의 99퍼센트가 유신 쿠데타 이후와 그 이전의 정치는 다르다고 보고 있는데도, 그런 주장을 편다. 또 개발 독재 얘기를 하려면 전두환 정권의 개발 독재도 이야기해야 하는데, 이상하게 그 부분은 빼놓고 이야기하는 경우가 많더라.

개발 독재를 초기에 주장한 사람들을 보면 이 시기를 연구한 사람들이 아니다. 유신 경제건 그 이전의 한국 경제건 전두환 경제건 제대로 연구하지 않았다. 기본적으로 알고 있는 몇 가지 사항을 가지고 그렇게 일반화·추상화해서 얘기하는 것이다. 한국 사회를 막연하게 이해하는 사람들한테는 아주 쉽게 써먹을 수 있는 그런 논리다.

이러한 현상을 보면 1930년대와 해방 직후 백남운과 다른 마르크스주의 사회경제학자들의 모습이 떠오른다.

주체적 사고와 교조적 논리…
백남운 사례로 본 민족 문제와 계급 노선

— 어떤 면에서 그러한가.

백남운은 마르크스주의자였지만 식민 사관을 철저하게 비판했다. 단군 신화에 대해 일본인들은 '그건 날조한 것'이라고 한마디로 규정해버렸지만, 백남운은 단군 신화의 역사적 성격을 과학적으로 분석하지 않나. 그러면서 일본의 유명한 학자들이 주장하던 정체성론을 강도 높게 비판했다. 그리고 일제 시기에 이식 자본주의가 한국 경제를 어떻게 굴곡지게 하고 민족의 생존을 위협하는가를, 아울러 식민지 자본주의, 요새 말로 하면 식민지 근대화론인데 이것을 백남운은 강하게 비판했다.

백남운은 마르크스주의자였으며 식민 사관을 철저하게 비판했다. 백남운은 우리 역사에 관한 아주 구체적인 자료를 풍부하게, 그리고 정치하게 제시했다.

그런데 이청원을 비롯한 다른 한국인 마르크스주의 사회경제 학자들은 당시 풍미하던 아시아적 생산 양식, 특히 아시아적 정체론에 빠져 있었다. 그러다보니까 실질적으로 식민 사관을 수용하게 되고, 특히 정체성론을 오히려 뒷받침해주는 주장을 많이 했다. 일본 자본주의에 대해서도 비판적이지 못했다. 그래서 사실상 식민지 자본주의에서 벗어나지 못하는 측면을 보여줬다. 그런 점에서 타율 사관에서도 벗어나지 못했고 타율 사관을 오히려 보강했다고 이야기할 수도 있다.

문제는 어디에 있느냐 하면 이런 이청원 식의 역사 해석, 경제 해석에서 당시 식자층이 헤어나지 못한 데 있다. 백남운의 최대 장점은 우리 역사에 관한 아주 구체적인 자료를 풍부하게, 그리고 정치하게 제시했다는 점이다. 이 과정에서 연희전문학교에서 함께 근무한 위당 정인보의 도움도 받았다. 그런데 이청원의 책을 두 권 다

읽어보면 이건 2류급 사료만 사용했다. 일본인 학자들이 이미 사용한 것을 또 사용했다. 그런데도 당시를 풍미한 건 이청원 쪽이었다.

── 일제 강점기에 백남운이 다른 한국인 마르크스주의 사회경제학자들과 다른 모습을 보인 점을 이야기했다. 해방 후에는 어땠나.

해방 후 한국인은 이제 어떻게 해야 할 것인가, 미소공위에서 통일 임시 정부를 수립할 수 있을 것인가 하는 그야말로 기로에 놓여 있을 때 백남운은 유명한 〈조선 민족의 진로〉(1946년 4월)를 발표한다. 민족 해방을 위해 자산 계급의 일부와 전 무산 계급이 해내, 해외를 막론하고 동맹 관계를 맺었는데, 그것을 연장해서 민족 혁명, 곧 통일 독립 국가를 성공시켜야 한다고 백남운은 이 글에서 역설했다. 일부 유산 계급의 혁명성, 다시 말해 통일 독립 국가를 세우는 데 기여할 수 있는 긍정적인 면을 평가해준 것이다. 그것은 좌와 우가 합작할 때에만 미소공위의 통일 임시 정부 수립이 가능하다는 논리였다. 여운형의 좌우 합작 논리를 이론적으로, 즉 마르크스주의 이론으로 뒷받침한 것이다.

그러자 그 시기 급진적 지식인들이 일제히 백남운을 공격했다. 아주 지독한 인신공격을 퍼부었다. 내가 보기에 백남운이 훨씬 논리성, 현실성을 띠고 있었는데, 당시 지식인 사회를 풍미한 것은 급진적 계급 논리였다. 그 앞에서 백남운은 힘을 가질 수가 없었다. 오히려 아주 잘못된 이론가, 엉터리 마르크스주의자 비슷하게 몰려버렸다.

일제 시기인 1930년대에 극좌 노선으로 계급 노선 또는 계급주의가 풍미하게 된다. 그 당시 이광수가 사회주의자들에 대한 비판을 많이 했다. 조국을 팔아먹느니 어쩌느니 하면서 비판을 퍼부었다. 심지어 이매망량魑魅魍魎이라고까지 표현했더라. 사전에서 이매망량의 뜻을 찾아보면 온갖 도깨비라고 돼 있는데, 이광수가 그렇게 표현했다. 사실 1920년대에도, 1930년대에도 이광수는 두 개의 얼굴을 갖고 있지 않았나. 내가 보기에는 밤에 하는 짓이 다르고 낮에 하는 짓이 달랐던 이광수야말로 이매망량, 도깨비였는데 그런 이광수는 그렇게 민족, 민족 하면서 마치 정말 민족을 위하는 것처럼 이야기를 하고 반대로 사회주의자들은 '민족을 배신하고 민족을 소련 제국주의한테 넘긴 사람들'이라는 식으로 두들겨 맞은 것이다. 그 당시에 누가 더 설득력이 있었겠느냐 하는 건 간단한 문제가 아니지 않나.

해방 직후에도 계급 노선이 한때 풍미했다. 급진적인 사회주의자들은 원리·원칙에 사로잡혀 민족 감정을 이해하지 못하고, 신탁통치 문제가 제기됐을 때 그야말로 원칙론만 주장하다가 극우 친일파의 공격에 된통 당했다. 이승만, 한민당, 친일파 이쪽이 자기들이야말로 민족 진영이라고 하면서, 적반하장 격이기도 하지만 사회주의자들을 '민족을 팔아먹는 자들'이라고 비판하는 일이 벌어진다.

'민족'을 버려야 진보가 산다?
'민족'에 담긴 역사성 기억해야

— 새로운 사회를 꿈꾼 이들에게 민족 문제와 계급 문제의 관계는 지난 한 세기 동안 참으로 풀기 어려운 과제였다는 생각이

든다. 현명한 해법을 찾기가 쉽지 않았던 만큼 아쉬운 순간도 적지 않지 않았나.

역사를 되돌아볼 때 여러 가지로 생각나는 것이 참 많다. 그와 관련해, 약간 다른 문제가 끼어 있기는 하지만 포스트모더니즘 같은 부분에 대한 이야기를 좀 해보자. 진보 세력이 자신을 쇄신하지 못하고 화석화돼가던 지식, 사회구성체론이 제일 대표적인데, 어쨌건 그런 것에 묶여 있던 시기에 대해 지난번에 이야기하지 않았나. 그래서 운동권 사람들이 정신적으로 무기력하다고 할까 공백 상태 비슷한 어려운 상황에 빠져 있을 때, 또 1990년대 중후반 퇴화해가던 NL 일부 학생 운동권에서 진부한 방식으로 민족을 막 외치고 있을 때 그 틈을 비집고 들어온 것이 포스트모더니즘 같은 조류들이었다. 이제 미셸 푸코가 칼 마르크스를 대신하는 것처럼 보였다. 국가독점자본주의 대신 '규율', '질서' 같은 언어가 위력을 발휘했다.

하지만 한국에서 포스트모더니즘은 유럽에서처럼 새로운 비판 세력 역할을 한 게 아니다. 일본에서처럼 진보 세력을 피폐하게 하는 데 한몫했다. 결과적으로 뉴라이트에 유리한 정황을 만드는 데 기여했다고 본다. 이러한 조류들의 선봉에 선 사람들을 보면 한국사 전공자가 없었다. 사실 한국 전근대사 전공자도 잘 모르는 한국 근현대사를 이 사람들이 제대로 알 턱이 없었다. 이 사람들은 주로 서양사, 서양 철학에 대한 지식을 갖고 있었다.

── 그러한 지적 조류가 어떤 부정적인 영향을 끼쳤다고 보는가.

이러한 조류들은 한국 근현대사의 산물이자 상징이라고도 볼 수 있는 민족이라는 말을 기피하게끔 만들었다. '쇼비니즘(국수주의)', '민족은 만들어진 말이다', 이렇게 비판했다. 나중에 가서는 한국 근현대사 전공자들이 동요했고, 그러면서 이 사람들 사이에서도 동조자를 얻는 현상이 일어났다. 수십 년 동안 '민족 고대', '민족 연대', '민족 성대' 같은 식으로 한때 민족이라는 말을 쓰지 않으면 안 될 것 같은 상황이 있지 않았나. 그런데 그것에 대한 역풍이 몰아쳐서 이제는 민족이라는 말 사용을 두려워하게 된 것이다.

이렇게 된 데에는 민족, 혁명, 사회주의, 민중 등의 거대 담론을 회피하고 가볍게 살려는 소시민적 분위기가 전반적으로 영향을 크게 끼쳤고, 계급주의로 무장한 PD 학자나 운동권에서 민족주의와 민족이라는 말을 집요하게 비판했던 것도 한몫했다. 민족은 근대의 산물로, 이 말은 3·1운동을 통해서 그리고 3·1운동 이후 대중적 기반이 마련되지 않나. 그래서 해외는 말할 것도 없고 국내에서도 동포, 겨레라는 말과 같은 의미로 사용됐고, 의지할 것 없던 한국인들의 마음의 고향이 됐다. 그래서 이 말이 그렇게 가슴에 와 닿을 수밖에 없었던 것이다. 민족은 한국인에게 영원한 것으로, 이건 이광수도 그렇게 주장했는데, 그렇게 새겨져 있었던 것이다. 독립 운동, 민족 해방 투쟁에 반드시 따라다녔던 소중한 말이었고 민중, 인민과 동일시됐고 당하는 자, 억압받는 자, 서민을 가리키기도 했고 아리랑이라든가 눈물 젖은 두만강이 상징하는 백의민족을 가리키기도 했다. 그런데 그렇게 1990년대 후반 이후 휘둘리게 된 것이다.

분단 시대에 이승만, 박정희, 친일파를 비판하는 데 '민족'이라는 어휘처럼 유효적절한 것은 없을 것이다. 이승만과 박정희는 민족의 최대 비극인 분단을 자신의 독재 권력을 유지하는 데 이용하고, 민중을 억압했으며, 두 사람 모두 세계에서 가장 극단적으로 냉전 논리를 폈다. 그뿐 아니라 박정희 대통령은 일제 시기에 대한 강렬한 향수 속에서 군국주의 만주 인맥과 깊숙한 관계를 맺으며 친일 정책을 추진했고, 유신 체제는 군국주의 파시즘의 정화精華인 쇼와 유신과 관계가 깊었다. 그러한 이승만, 박정희를 비판하는 데 민족은 적절한 용어가 될 수 있다.

단재 신채호의 가르침을
되새기는 이유

—— 1960~1970년대 경제 개발에 관한 이야기 마당을 닫을 때가 됐다.

단재 신채호, 이분은 남한과 북한에서 함께 존경받는 아주 드문 분으로 난 언제나 이분을 생각하면서 살아간다. 단재 신채호는 일찍이 왜 한국에서는 조선의 공자, 조선의 석가, 조선의 예수가 되지 못하고 공자의 조선, 석가의 조선, 예수의 조선이 되느냐고 비판했다. 그러면서 동화同化의 비극을 이야기했는데 난 그게 한말, 일제 초기에만 한국인을 절절히 울릴 수 있는 것이 아니라 해방 이후 우리 역사에 딱 들어맞는 게 아니냐는 생각을 하고 있다.

우리가 문명을 받아들이는 건 당연한 것이다. 자유도 마찬가지다. 그런데 그런 문명 같은 것을 받아들인다고 하면서 오히려 일본이나 서양에 동화돼 자기 자신을 상실하고 그쪽으로 빠져버리는 일

단재 신채호는 일찍이 왜
한국에서는 조선의 공자, 조선의
석가, 조선의 예수가 되지
못하고 공자의 조선, 석가의
조선, 예수의 조선이 되느냐고
비판했다.

이, 예컨대 한말 친일 개화파의 경우처럼 너무나 극적으로 많이 나
타나지 않았나. 그래서 신채호는 우리 조선을 위해 서구 문명을 받
아들이고 조선을 위해 자유의 세계를 만들려고 하는 것이 아니라,
그런 말을 구두선처럼 하면서 사실은 자기를 상실해버리는 상태를
비판했다.

　나는 경제 전문가, 경제학자 이분들한테 1960년대에서 1980년
대까지를 제발 좀 많이 연구해주십사 하는 부탁을 한다. 박정희 신
드롬을 극복하고 해체할 때만이 경제 문제뿐만 아니라 정치·사회
문제, 문화와 인간 문제, 한반도 평화와 남북 관계에서 미래를 열어
갈 수 있다.

　현대사 연구가 제대로 안됐던 것이 극우 반공 권력 때문만은

아니다. 1960년대건 1970년대건 감옥 갈 각오를 하고 우리 근현대사를 연구했더라면, 그리고 진보 세력이 1990년대와 2000년대에 와서도 끊임없이 자신을 쇄신하려는 노력을 했더라면 우리가 포스트모더니즘 같은 조류나 뉴라이트, 수구 냉전 세력에 더 생동감 있고 역동적으로 대응할 수 있었을 것이라고 본다. 그 경우 우리의 현재와 미래는 훨씬 달라질 수 있었을 것이라고 생각한다.

나가는 말

1

1965년 한일협정이 체결됐습니다. 이를 통해 해방 후 20년 만에 한국은 일본과 국교를 정상화했습니다. 그렇지만 침략과 강점으로 얼룩진 지난 역사를 깊이 있게 되짚으며 교훈으로 삼는 과정을 충실히 밟지는 않았습니다. 일본 정부를 쥐락펴락한 우익들은 진정성 있게 반성할 생각이 없었습니다. 한국의 박정희 정권은 일본이 그렇게 하도록 애쓰는 모습을 보이지 않았습니다. 일본 측에서 망언을 해도 모른 척하거나 심지어 덮어주기까지 했습니다.

그렇게 해서 체결된 한일협정은 문제투성이였습니다. 탄생 과정을 돌아보면 당연한 결과라고 할 수 있습니다. 국교 정상화 후 한국의 독재 권력과 일본 우익의 검은 유착이 거듭되고 지금까지도 한일 관계가 뒤틀려 있는 것은 문제투성이 한일협정과 무관치 않습니다. 근래 일본군 '위안부' 피해자 문제에서도 잘 드러나듯이 가해자가 오히려 큰소리치는 어처구니없는 현실 역시 거슬러 올라가면 한일협정 문제와 닿아 있습니다.

그런 의미에서 한일협정을 찬찬히 돌아보는 것은 미래로 함께 나아가는 한일 관계를 만들기 위해 반드시 필요한 작업입니다. 《서중석의 현대사 이야기》 7권에서 한일협정 문제를 하나하나 되짚은 것도 그 때문입니다.

2

《서중석의 현대사 이야기》 8권 주제는 경제 개발입니다. 한일협정과도, 오늘날 한국 사회를 악취로 뒤덮은 박근혜·최순실 게이트와도 이어져 있는 주제입니다.

1960~1970년대 경제 개발 과정, 구체적인 당시 상황 등에 대해서는 본문에서 상세하게 짚었으니 여기서는 독자 여러분과 함께 생각해보고 싶은 물음 몇 가지만 언급할까 합니다. 우선 '모든 것은 위대한 김일성 수령(또는 경애하는 지도자 김정일 동지) 덕분'이라는 북한 방송 같은 것을 접하면 여러분은 어떤 생각이 드시나요? 오늘날 대다수의 한국인은 그러한 선전에 혀를 끌끌 차거나 피식 웃으며 어이없다는 반응을 보이지 않을까 싶습니다.

그런데 '한국 경제가 이만큼 발전해 우리가 이 정도 먹고사는 건 박정희 대통령 각하 덕분'이라고 목청을 높이는 이들이 한국 사회 일각에 있습니다. 잘된 건 김일성(또는 김정일) 덕분이라는 궤변과 논리 구조에서 별반 다르지 않은 이러한 주장, 여러분은 어떻게 생각하시나요? 만약 '모든 것은 위대한 김일성 수령(또는 경애하는 지도자 김정일 동지) 덕분'이라는 선전에는 혀를 끌끌 차거나 피식 웃으면서 '우리가 이 정도 먹고사는 건 박정희 대통령 각하 덕분'이라는 주장에는 고개를 끄덕인다면, 그건 앞뒤가 안 맞는 일 아닐까요?

본문에서도 자세히 살펴본 것처럼 '한국 경제가 이만큼 성장한 건 박정희(또는 박정희와 몇몇 재벌 회장들) 덕분'이라는 인식은 사실과 부합하지 않는 위험한 착각입니다. 허리띠 졸라매고 죽도록 고생해서 경제를 발전시키고 나라를 일으킨 대다수의 평범한 국민들을 뒷전으로 미뤄놓고 성장의 주역 문제를 논하는 것이 과연 타당한 일일까요? 한국 경제가 빠르게 성장할 수 있었던 역사적 조건은 어떠했는지, 성장의 진정한 주역은 누구였는지, 성장의 과실을 공평하게 나눴는지 등을 차분하게 살필 때입니다.

　　위험한 착각에서 벗어나는 것은 한국을 일으켜 세운 국민들이 심지어 '민중은 개돼지'(이것이 과연 나향욱이라는 고위 공무원 한 사람만의 생각일까요?)라는 취급을 받는 기막힌 현실을 바꾸기 위한 의미 있는 한 걸음일 것입니다. 이와 관련, 한 가지만 더 짚어볼까요? 박근혜·최순실 게이트는 박정희 추종 세력의 기괴한 본모습을 그대로 드러냈습니다. 지금으로서는 그 끝이 어디일지 가늠하기도 쉽지 않습니다. 그런데 생각해보면, 이 추악한 게이트가 터지기 전에도 박근혜 정권은 민주주의를 심각하게 뒷걸음질 치게 만들었습니다. 극단적인 박정희 추종자를 제외한다면, 이것이 박정희 집권기를 빼닮은 모습임을 부정하는 사람은 거의 없을 것입니다.

그래도 경제만은 다르다고요? 그렇게 주장하는 이들도 있을 것 같습니다. 한 번 살펴볼까요? 지난 몇 년간 곳곳에서 위험 경보가 울릴 정도로 경제가 가라앉았습니다. 이러한 경제 침체는 박근혜 정권 출범 이후 계속된 재벌 편향 정책, 극심한 양극화, 기승을 부리는 투기 및 정경유착 등과 떼어놓고 생각할 수 없습니다. 그러한 현실은 많은 부분 박정희 집권기 경제와도 뗄 수 없는 관계를 맺고 있습니다. 예컨대 재벌 편향 정책, 투기와 정경유착은 박정희 집권기 경제의 중요한 특징으로 많은 사람이 꼽는 사항입니다. 그리고 오늘날과 같은 극심한 양극화와는 그 양태가 다르긴 했지만(그 차이는 박정희 집권기 한국 자본주의와 오늘날 한국 자본주의의 발전 단계, 세계 경제 상황 등이 다른 것과 관계가 있습니다), 박정희 집권기에 빈부 격차를 비롯한 각종 격차가 지나치게 커진 것 또한 분명한 사실입니다.

이 대목에서 같이 생각해봤으면 합니다. 박근혜 정권이 경제에서 죽을 쑨 건 '신화적'이라는 박정희 정권의 경제 정책을 따라 하지 않아서일까요, 아니면 시대도 세계도 변했는데 박정희 정권의 '시대 착오적인' 경제 정책을 따라 하다 그렇게 된 것일까요?

3

다음에는 유신 쿠데타를 해부한 책으로 독자 여러분께 인사를 드리겠습니다. 연재에 관심을 보여준 언론 협동조합 프레시안 박인규 이사장과 연재 정리를 도와준 프레시안 후배 최하얀·서어리 기자, 그리고 작업 공간을 제공해주는 등 물심양면으로 지원해준 인문 기획 집단 문사철의 강응천 주간께 감사 인사를 전합니다.

2017년 1월
김덕련

서중석의 현대사 이야기 ❽

초판 1쇄 펴낸날	2017년 2월 13일
초판 3쇄 펴낸날	2020년 8월 17일
지은이	서중석·김덕련
펴낸이	박재영
편집	이정신·임세현·한의영
마케팅	김민수
디자인	조하늘
제작	제이오
펴낸곳	도서출판 오월의봄
주소	경기도 파주시 회동길 363-15 201호
등록	제406-2010-000111호
전화	070-7704-2131
팩스	0505-300-0518
이메일	maybook05@naver.com
트위터	@oohbom
블로그	blog.naver.com/maybook05
페이스북	facebook.com/maybook05
인스타그램	instagram.com/maybooks_05

ISBN	979-11-87373-13-1 04900
	978-89-97889-56-3 (세트)

이 도서의 국립중앙도서관 출판시도서목록(CIP)은 e-CIP홈페이지(http://nl.go.kr/ecip)와
국가자료공동목록시스템(http://www.nl.go.kr/kolisnet)에서 이용하실 수 있습니다.
(CIP 제어번호 : CIP2017002178)

책값은 뒤표지에 있습니다. 잘못된 책은 바꾸어 드립니다.

만든 사람들

책임편집	박재영
디자인	조하늘

이 책에 실린 사진은 저작권을 가지고 있는 분들과 기관의 허락을 받아 게재했습니다.
저작권자를 찾지 못하여 게재 허가를 받지 못한 일부 사진은 저작권자가 확인되는 대로
게재 허락을 받고 통산 기준에 따라 사용료를 지불하겠습니다.